国家社会科学基金一般项目（22BJY051）
国家自然科学基金青年项目（71803181）
河南省高校科技创新人才支持计划（人文社科类）（2021－CX－019）
河南省软科学研究计划项目（222400410123）
河南省哲学社会科学规划项目（2020BJJ067）
河南省高校哲学社会科学创新团队支持计划（2022－CXTD－05）
郑州轻工业大学重点重大项目培育基金（哲学社会科学类）（22ZDPYSK01）

畅通国内大循环的基础要素市场配置策略研究

李程宇　严祥武　著

中国农业出版社

北　京

本研究成果为河南省高等学校人文社会科学重点研究基地、河南省高校新型品牌智库——郑州轻工业大学"产业与创新研究中心"系列成果。

前　言

　　2022 年 1 月国务院办公厅印发了《要素市场化配置综合改革试点总体方案》，主要从六个方面提出了一系列改革措施：一是在土地要素方面，以推进土地集约高效利用和建立健全城乡统一的建设用地市场为重点，探索赋予试点地区更大土地配置自主权，支持产业用地实行"标准地"出让、不同产业用地类型合理转换，支持探索深化农村宅基地和集体建设用地改革；二是在劳动力要素方面，提出要合理畅通有序流动，围绕进一步深化户籍制度改革，试行以经常居住地登记户口制度，支持建立以身份证为标识的人口管理服务制度，推动加快畅通劳动力和人才社会性流动渠道，激发人才创新创业活力；三是在资本要素方面，提出要强化服务实体经济发展的功能，聚焦增加有效金融服务供给，建立公共信用信息同金融信息共享整合机制，鼓励金融机构开发与中小微企业需求相匹配的信用产品，推动发展多层次股权市场；四是在技术要素方面，提出要向现实生产力转化，着力完善科技创新资源配置方式，探索对重大战略项目、重点产业链和创新链实施创新资源协同配置，构建项目、平台、人才、资金等全要素一体化配置的创新服务体系，强化企业创新主体地位；五是在数据要素方面，提出要探索建立流通技术规则，聚焦数据采集、开放、流通、使用、开发、保护等全生命周期的制度建设，推动部分领域数据采集标准化，分级分类、分步有序推动部分领域数据流通应用，探索"原始数据不出域、数据可用不可见"的交易范式，实现数据使用"可控可计量"，推动完善数据分级分类安全保护制度，探索制定大数据分析和交易禁止清单；六是在资源环境市场方面，提出要加强制度建设，着力推动资源环境市场流通交易与制度创新，支持完善电力、天然气、矿业权等资源市场化交易机制，进一步健全碳排放权、排污权、用能权、用水权等交易机制，探索开展资源环境权益融资，探索建立绿色核算体系、生态产品价值实现机制以及政府、企业和个人绿色责任账户。

推进要素市场化配置综合改革，在理论与实践中都符合市场经济深层次规律的系统性科学规划，同时也是中国特色社会主义市场经济在新发展阶段中关于经济体制改革的深化，《要素市场化配置综合改革试点总体方案》的出台，至少在三个方面具有显著的创新性：第一，详尽与深刻地阐述了生产要素对于经济规律的客观作用，传统的经济研究过于重视单一要素的贡献，而伴随着生产结构与社会组织的多样性与复杂性的日益增加，深入探讨要素之间的效率差异以及其相互替代关系，则显得尤为重要；第二，创造性地提出了数据要素市场的概念，与传统的基础要素市场不同，数据要素能够更容易体现出数据时代中信息的价值，这种价值在关键的领域代表了企业的核心竞争力，而且通常必须通过购买与付费才可以获得，数据的经济学属性日益突出，目前中国的数字人民币试点工作也已经走在全球前列；第三，要素市场的改革更容易在超大规模的市场主体中得到突破，且具有规模经济的特点，中国特色社会主义市场经济注重市场在资源配置中的决定性作用，这将有利于提升生产要素跨行业、跨部门、跨地区流动的效率，有助于全面推动新时代中国经济的高质量发展。

2020 年 5 月习近平总书记强调，要"逐步形成以国内大循环为主体、国内国际双循环相互促进的新发展格局"。面对越发复杂的国际贸易环境，畅通国内大循环是迫切的现实需求，其作用不仅体现在地理空间上的畅通，更体现在重要生产要素的优化配置上。这将会是对于传统的城市群概念以及传统的产业链聚集理论的一次重要升级，并将进一步丰富与完善社会主义市场经济的理论框架。基础要素市场的改革离不开国内大市场的建设，两者之间的联系体现在经济社会的方方面面，而且较为深刻的经济理论往往很容易在普通的经济现象之中得到反映。2021年"内卷"和"躺平"两个词成为热门的网络流行词，"内卷"在早期是一个学术名词，用以形容自宋朝以后中国的农业技术虽然在不断进步，却并没有带来更高农业生产的低效率竞争问题，其更多地理论价值则是反映出了基础要素资源的相对稀缺性，而其实质则是竞争中的个体通过各种途径使得自身变得比以往更加优秀了，但是全社会的工作岗位、获利机会等却没有随之增加；"躺平"则反映出生活成本的快速增加和激烈的社会竞争，限制了年轻人的发展空间，最终使得人们放慢生活的脚步与停止奋斗的状态，"躺平"问题在西方社会早已出现且日益严重，输掉竞争的一方往往会甘于平庸，时至今日，正是由于在竞争中失利的一方也已经通过"内卷"而变得日益优秀，不再接受"胜者通吃"的游戏规则，仍然会继续争夺稀缺的经济社会资源，在全世界体现在不断激化的社会矛盾，并导致了国际贸易环境的日渐复杂，而中国正在努力构建的"双循环"发展格局和基础要素市场改革的道路，是人类实现共同富裕以及人与自然和谐共生的有益尝试，非常值得我们认真地予以研究。

本书研究工作的开展情况如下：由郑州轻工业大学经济与管理学院李程宇博士负责全书的撰写、统稿与修订工作；浙江财经大学经济学院博士研究生严祥武参加了第4、5、10、11章的撰写；河海大学商学院博士研究生张焰柄参加了第8、9章的撰写；郑州轻工业大学经济与管理学院硕士研究生朱聪慧参加了第2、3章的撰写，李舒颜参加了第6、7章的撰写，王雪妮参加了第12、13章的撰写。

李程宇

2022年5月于郑州

目　　录

第 1 章　国内大循环与基础要素市场的优化配置逻辑

2020 年 3 月 30 日国务院印发了《关于构建更加完善的要素市场化配置体制机制的意见》（以下简称《意见》），为进一步激发全社会创造力和市场活力，推动经济高质量发展提供了持久的动力源泉。《意见》除了对传统的土地、资本、劳动力、技术要素进行了纲领性地指导，更加创造性地提出要加快培育数据要素市场的改革方向。2020 年 5 月习近平总书记强调，要"逐步形成以国内大循环为主体、国内国际双循环相互促进的新发展格局"。2022 年 1 月国务院印发了《要素市场化配置综合改革试点总体方案》，进一步明确了以习近平新时代中国特色社会主义思想为指导，充分发挥市场在资源配置中的决定性作用。

面对越发复杂的国际贸易环境，畅通国内大循环是迫切的现实需求，其作用不仅体现在地理空间上的畅通，更体现在重要生产要素的优化配置上。这将会是对于传统的城市群概念以及传统的产业链聚集理论的一次重要升级，并将进一步丰富与完善社会主义市场经济的理论框架。从中不难发现，实施要素市场改革与构建"双循环"的新发展格局，均是为了解决新时期中国经济高质量发展的重要纲领性文件，具有内在统一的关系。因此，将基础要素市场改革与"双循环"发展格局相结合，将有利于将基础要素市场改革的研究推进到更加深入的研究阶段，具有较强的研究意义。

1.1　基础要素与经济系统：从"李约瑟之谜"谈起

英国学者李约瑟在 1944 年就发出了"尽管中国古代对人类科技发展做出了很多重要贡献，但为什么科学和工业革命没有在近代的中国发生"的疑问，他的观点在 1954 年出版的《中国科学技术史》中得到了详细的描述。从"李约瑟之谜"到"钱学森之问"再到"韦伯疑问"，都共同反映出了同一个现实，那就是从第一次工业革命之后，中国与西方世界的差距拉大了。由于科技因素对于经济的持续增长具有显而易见的正向作用，而且常伴随着变革性的技术进步所带来的生产过程的系统性变化，因此，技术要素是学术界关注的重点，关于"李约瑟之谜"的众多文献也大多是从科技变化的角度入手的。然而，随着考察的深入，人们也发现了技术进步学说的局限性，如果只是孤立地谈论技术要素，往往会得到一些苍白而牵强的结论，因此，我们还需要考察经济系统的周期性变化。另外一个重要的原因，是近30年来中国经济经历了长期高速增长，并成功地实现了第一个百年奋斗目标，其发生的速度非常之快，对于这种转变与跨越的理论解释还相对滞后，如果之前对于"李约瑟之谜"的各种解释是科学的，那么似乎应该很容易就能感受到这些解释在现实中所产生的变化。而在2010年前后，中国学术界试图归纳中国经济长期增长的经验并取得理论创新，但是没有形成统一的意见，后来的成果是在讲好"中国故事"方面取得了一定进展。由此不难发现，解释中国经济的发展进程，离不开中国经济的现实条件和经济系统环境。

1.1.1 科学逻辑体系与经济增长周期

爱因斯坦在1953年的一封信件中，谈到了有关中国科技在一些历史时期相较于西方世界有所停滞的问题，他的观点主要可以总结为两个原因。其一，科学与技术是有一定区别的，中国在技术上的创新，尤其是应用技术方面长期具有优势，但是具有变革意义的基础科学的突破却要复杂得多，中国在这方面是有短板的，根据李·约瑟博士在科技史领域的统计工作表明，中国自宋代以来的发明总量曾一度达到了全球的70%，但爱因斯坦认为这里大多数都属于应用技术的范畴，有时候创新性的科学进步还会伴随着一定偶然性，青霉素、发酵过程、放射性元素甚至是万有引力等都是如此；其二，就是因为近代中国没有形成完整的科学逻辑体系，他认为西方科学史上有两大重要成果，一个是古希腊的形式逻辑体系，另外一个是文艺复兴时的实验逻辑体系。我们从爱因斯坦的经历中不难发现相关解释的原因，1905年当时还在瑞士专利局从事专利审查工作的爱因斯坦在科学领域突然发力，形成了四篇突破性的研究成果，6月9日的《关于光的产生和转变的一个启发性观点》，7月18日的《热的分子运动论所要求的静止液体中悬浮粒子的运动》，9月26日的《论运动物体的电动力学》，以及11月21日的《物体的惯性同它所含的能量有关吗？》，这些文章讨论了对能量、光、物质与时间的革命性的新认识，看起来像是某一时刻的科学偶然性的结果，但背后却隐含着相似的抽象的科学逻辑范式。

以科学探索的逻辑体系差异来解释为什么工业革命不发生在中国的问题，长久以来被很多研究所肯定，但也有学者给出了新的解释，例如，戴尔蒙德（Diamond，1999）从地理状况、英雄理论与中央集权的视角给予了回答，他认为欧洲的地理面貌复杂、曲折漫长的海岸线不利于稳定的大国经济体的出现，却可以繁荣贸易和鼓励冒险行为，少部分从事冒险事业的人也是最有希望成为技术创新的"英雄"，而中国的地理面貌和平滑海岸线却有利于形成统一的大型国家，这使得中国在早期的 1 000 年里得到了更稳定的经济发展。麦迪森（Maddison，1998）则从历史长周期的角度给出了新的解释，从公元 1 世纪到 19 世纪的中国一直是世界上屈指可数的超大经济体，直到 1820 年中国的经济总量仍占到全球的 32.4％，从公元 10 世纪左右的宋朝开始中国的人均收入到达了顶峰，之后便进入了衰退的阶段，而西方在进入到工业革命之后人均收入得到快速增长，但与此同时其经济波动的时期也较短而频度则较多，因此很难理解中国这样独特而漫长的经济长周期，根据他的预测中国将在 21 世纪重新进入经济长期繁荣的阶段。近年来中国经济的快速发展印证了这一观点，图 1-1 显示了 1960—2020 年间部分国家的经济增长状况。

从图 1-1 中可以发现，中国的经济增长速度很快，截至 2020 年已经成为全球 GDP 第二大的国家，中国的 GDP 从 1960 年的 589.198 亿美元增长到 2020 年的 147 271.349 亿美元，增长了近 250 倍，美国的 GDP 从 1960 年的 5 360.502 亿美元增长到 2020 年的 209 000.409 亿美元，增长了近 38 倍。而从 60 年内的累积经济总量来看，美国的累积经济总量为 459.389 万亿美元，排名第一，日本的累积总量为 170.359 万亿美元，排名第二，中国的累积总量为 154.442 万亿美元，排名第三。如果是结合增长速度和总量规模两方面的情况来看，中国的综合经济成长是非常有成效的，中国经济进入长周期增长也是相对更有希望的。

1.1.2 "重农主义"为什么会失效？

事实上，"重农主义"学说是要晚于"重商主义"学说出现的，"重商主义"经济学派形成于 15—17 世纪，"重农主义"经济学派则盛行于 17—18 世

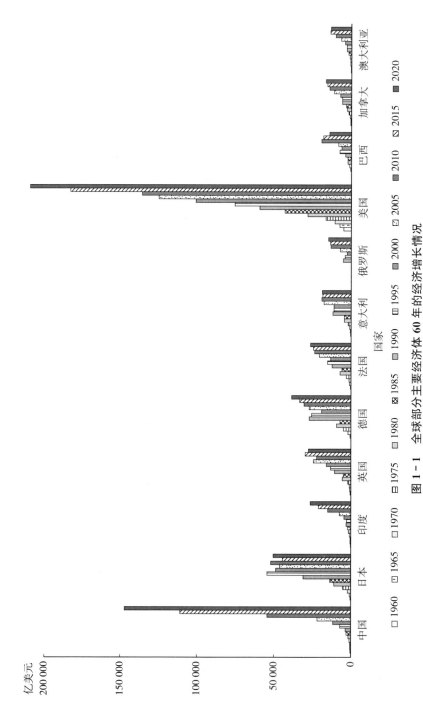

图 1-1 全球部分主要经济体 60 年的经济增长情况

纪。"重商主义"将金银等贵金属作为财富的标志,将一切经济活动的目标锚定在一船一船的金银实物上,而且还严格阻止金银的外流;"重农主义"的代表魁奈却发现法国严重忽视了农业的发展,更重要的是对于农业生产的认识存在误区,这使得法国在一味追逐贸易的过程中损失惨重,因此,"重农主义"主张只有"自由放任"的农业活动才是真实的生产过程。

亚当·斯密(1776)在《国富论》中对于"重商主义"与"重农主义"均有批评。他认为"重商主义"宣称的金银即是财富的论调是荒唐的,货币本身并不是财富的真实代表,而土地与劳动的剩余产品才是财富的源泉,通过交换和贸易,这些剩余产品还能够创造出新的价值,而"重商主义"限制进口、鼓励出口以及防止贵金属外流的做法,从根本上也是错误的,因为这将是以牺牲消费者利益的方式来确保生产者利益。而对于"重农主义"学说,斯密也指出了其问题所在,"重农主义"过度强调农业的重要性,而否认了手工业同样属于生产活动,甚至还否认了匠人、工人与商人属于生产者的社会属性,而且"重农主义"所推崇的完全自由且公正的生产环境和制度安排,也是一个不现实的假设条件。

无论是"重商主义"还是"重农主义",都是有一定的可取之处的。"重商主义"强调财富原始积累的重要性,将工商业作为国民经济的根本,西欧的封建经济瓦解、地理大发现甚至是欧洲国家的局部战争等一系列偶然因素,促成了文艺复兴之后贸易的快速繁荣,这时候信奉"重商主义"的国家率先发现了资本原始积累的好处,以及长期保持贸易顺差的重要性。"重农主义"强调自然秩序的重要性,实际上从更深层的思维中肯定了要素在生产中的基础性作用,正如威廉·配第所说"劳动是财富之父,土地是财富之母",另外,"重农主义"学说中也包含了较为深刻的生态环保思想,魁奈在《经济表》中就对中国的《易经》多有引论,将中国古人抽象化的自然生态思想进行了更加实物化的描述,他认为《经济表》就是算数的象形文字,同时对于后世经济学家影响深远的均衡思想在《经济表》中也得到了体现,"重农主义"对工商业者的态度与中国古代社会的重农思想十分接近。从今天的视角来看,"重商主义"重视贸易以及提倡商品交易的做法,与"双循环"格局中的发展外循环的思路有一些相似的地方,而"重农主义"重视要素禀赋以及强调人与自然和谐相处的观点,与"双循环"格局中的重点畅通内循环的思路也有一些类似的逻辑脉络。通过对于经济思想史的梳理,我们可以发掘传统经济思想中的一些经验,这对于今天理解中国的发展问题具有现实启示。

"……假如平均分配土地，每个人仅拥有维持其生活所必需的土地，则不可能存在商业……投入农业、制造业或商业的货币所产生的利润应比贷款利息更多……"

安·罗伯特·雅克·杜尔哥《关于财富的形成和分配的考察》

"重农主义"将社会成员分为三个阶级：土地所有者阶级、生产阶级、不生产阶级，将农业生产中的产品称为"纯产品"。虽然这种阶级的分类出现了严重错误，同时在剩余价值的讨论中也只讨论了地租这一种形式，但是其已经开始认识到了剩余价值的产生，马克思在《剩余价值理论》中将"重农主义"学派称为"现代政治经济学的真正鼻祖"。"重农主义"另外一个严重错误在于其只关注土地这一项基础要素，对于劳动也只关注了与农业生产相关的劳动，"重农主义"的著作中虽然已经出现了现代经济学中要素理论的相关思想，但是其对于基础要素的认知存在较强的局限性，因此，他们只能主观地认为土地投入的回报要高于资本投入的回报，而这在现实中几乎是不可能的，同时也被之后几百年的经济发展事实所否定。我们可以举出很多例子来证明其他要素投入的潜在回报是更高的，例如各国现在通用的 GDP 的指标，其实计算的是每个国家或地区每一年的国民经济的增加值，而对于增量来说就要考虑投资时间的问题，农业生产由于要经历播种、种植、收获和出售的漫长周期以及随时可能发生的天灾和不确定性风险，其投入的实际产出尤其是以货币计算的产出，早已经远远不及资本或者技术要素的产出水平了。

1.1.3　从简单分工到人工智能的跨越

关于分工理论在学术界一般公认的其开创性的贡献者是亚当·斯密，值得一提的是在斯密所处的时代，科学研究的方法论与"重农主义"盛兴的时期别无二致，依然是源于古希腊斯多亚派的自然哲学思想，在承认自然的客观性的同时，有组织、有系统地去认识与解释自然规律，斯密的贡献一是很好地解释了"自利"情绪是出于人的自然本性，二是他已经认识到了"经济因素"应当具有相对于自然哲学较为独立的某些方面。斯密分工理论的核心观点是分工可以提高效率，他从三个层面对此进行了解释：第一，专业的分工可以提高劳动者的熟练程度，进而提升生产效率，这一解释对于简单工作尤其适用，斯密还介绍了伐木工、矿工、泥水匠、针扣业者由于分工的专业性操作而带来的生产效率的提升，在现代管理学中有关操作动作以及标准化理论的相关研究也多来源于此；第二，从组织生产的角度来看，分工可以更高效地进行生产活动，厂商总是可以雇佣到具有专业技能的工人，而劳动者之前从一种工作更换到另一种工作往往要经过一些时间的闲逛，而有了分工之后则可以快速地找到适合自己的工作并全神贯注地投入到这份工作之中；第三，分工更容易减少劳动者注意力的分散，进而降低次品率，同时注意力集中的好处还表现在各种有利于提高劳动效率的便利性的发明以及创新上。

在最近 100 多年里，资本与收入的变化趋势非常值得关注。法国经济学家托马斯·皮凯蒂在他那本著名的《21 世纪资本论》中描述了这样一种长期趋势，在 1770—2010 年的英国的国民收入构成中，劳动收入大致平均下来占到 60% 左右，而资本收入则大致占到 40% 左右，而自从进入到 21 世纪以来，资本与劳动的替代弹性已经达到 1.3~1.6 之间，这意味着资本的作用正在逐渐增强，尤其是我们还不能忽视，很多创新的收入也会被计入其发明这些新技术的劳动收入之中，那么资本的替代效率实际上就应该更显著了。同时，我们还应注意到由于收入带来的不平等是相对较为温和的，在 1970—1990 年这段时间劳动收入分配较为公平的北欧国家，工资收入的 20% 被收入最高的 10% 的阶层所获得，而工资收入的 35% 被收入最低的 50% 的劳动者所获得，而在相对应的时间，收入分配较为不公平的欧洲国家，工资收入的 25% 被收入最高的 10% 的阶层所获得，而工资收入的 30% 被收入最低的 50% 的劳动者所获得，这种差距并不至于引发剧烈的冲突。在很多发达或者不发达国家，资本收入的不平等却表现得非常极端，即使在德国、法国、英国这样的富裕国家，不到人口 10% 的阶层却掌握着国民收入的 60% 左右，而占人口 50%~60% 的贫困阶层却只掌握了 5%~10% 的国民收入，这使得社会中的阶层对立问题日渐严重，在 2016 年和 2020 年的美国大选中"铁锈带"阶层就表现出了强烈地对于收入公平的愿望。之所以会出现这个问题，主要原因是资本相较于劳动而言，呈现出多元投资的特点，这也使得其获得回报的途径及额度更加显著。

除了爱因斯坦有关中国科学逻辑体系的解释之外，近年来"李约瑟之谜"还有一些新的有趣解释，其中一种解释就是来自对于能源的使用和成本的原因，中国古代王朝的经济中心大多在黄河流域，至宋朝由于同少数民族战争的原因，经济中心开始向江南转移，而江南地区的主要燃料是木材，缺少了化石燃料也就缺少了产业革命的能源基础，从距离江南最近的产煤地徐州运煤的成本要高出了几倍。相反地，英国的产业革命则得益于其煤钢复合体的便利区位优势和低廉的价格。图 1-2 为澳大利亚"自然边界项目"（The Natural Edge

Project) 对于人类历次科技革命的脉络描述，从中可以看出，每一次科技革命的底层均离不开能源使用的根本性改变，目前人类正在经历的第六波技术革新，其斜率水平最高，这预示着其带来改变的成果将更为明显，同时，其依赖的能源变革来自可再生能源，这是一个好消息。

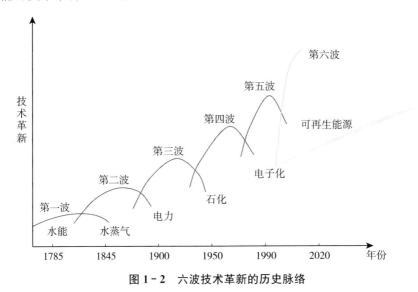

图 1 - 2　六波技术革新的历史脉络

资料来源：*The Natural Advantage of Nations*，2013。

　　当前，人类已经进入了大数据、人工智能的时代，有统计显示当前全球每天产生的信息量或许相当于过去几百年的数据量之和，第六波技术变革改变世界的速度将会更快。至此，我们需要从经济学的角度，对于为什么最近 200 年经济活动得到了翻天覆地的变化予以一个合理的解释。在亚当·斯密的时代，之所以分工可以提高效率，说到底还是因为要素的使用水平较低，大多数生产活动只需要土地和劳动力这两种基础要素，细致化的专业分工提升了劳动力的使用效率，生产效率就提升了，实际上就是用同样的劳动替代了更多的土地使用；到后来，资本开始进来了，生产的目的还是为了降低商品的成本，有了资本之后，谁家的商品价格低就买谁家的就行了，此时，资本就替代了劳动、替代了土地；再往后，煤炭和石油得到了大量使用，能源也进来了，而化石能源的效率比之前其他燃料的效率要更高，就实现了能源对于劳动、土地、资本的替代；随着内生增长模型把技术纳入经济增长之后，技术的效率更高，从而实现了对于劳动、土地、资本和能源的替代。**因此，我们可以发现，之前学术界关于"李约瑟之谜"的种种争论，都是只看到了某种要素自身的变化，而或多**

或少忽视了要素之间的替代关系，人类社会最近 **200** 年的高速发展并不是基于某种要素自身的效率激增所致，而是我们越来越深刻地理解和掌握了基础要素之间的合理配置与相互替代作用。

1.2　要素市场和商品市场的区别与联系

色诺芬在《雅典的收入》中介绍了苏格拉底与克利拖布勒斯关于财产管理的讨论，苏格拉底认为自己的财产足够满足自己所需要的生活，而克利拖布勒斯的财产即使是现在的三倍也不够满足其生活，这是因为克利拖布勒斯要花费大量的财富去准备祭品、招待宾客、投资建设以及维持船只以防战争的发生，在此，苏格拉底用于自身的财产具有更多的商品购置的需求，而克利拖布勒斯的财产却还有用于创造其他财富与守护财富的功能。同时，苏格拉底还叙述了波斯国王为什么把农业生产作为自己工作的重要部分的原因，从居鲁士大帝开始获取的广阔土地需要有部队才可以保卫，而农业生产除了可以为军队提供食物之外还可以提供收入，这使得波斯人在农业工具的改进和畜牧技术方面处于当时世界的领先水平，支撑强大国家持续繁荣的并不是军队而是农业。色诺芬对于古代社会的论述反映了要素市场与商品市场存在着重要的内在联系，是难以进行简单的概念区分的。

1.2.1　要素聚集与"荷兰病"

荷兰是第一个被冠以资本主义强国的国家，在 17 世纪赢得了"海上马车夫"的称号，足见其当时在地区经济和国际贸易上的显赫地位，这种成功在很大程度上要归功于其很好地实现了要素的聚集与分配。荷兰经济的历史对于现代经济的解释仍然有很多值得参考的地方，例如"荷兰式拍卖"和"荷兰病"的出现，背后都有着深刻的经济学底层逻辑，而且对于现实经济仍然发挥着作用。

人们所熟知的"荷兰式拍卖"与"英国式拍卖"的基础规则是正好相反的，英国式拍卖逐渐加价直至价高者得，而荷兰式拍卖则是从高到低叫价直至第一个出价者得，在日本有一家超市就采用荷兰式拍卖进行蔬菜的拍卖，阶梯式的每个小时进行降价可以满足所有的消费者剩余，需要最新鲜蔬菜的消费者愿意在一开始就进行购买，而有足够时间空闲的消费者则愿意在超市多逗留一段时间直到最后时刻获得免费的蔬菜。而荷兰式拍卖的精髓则在于维持了资本与基础要素的相对稳定关系，这个道理却经常被人们所忽视。在荷兰进入到资本要素高度聚集的时期，资本相对过剩的情况就已经出现，为了解决这个问题，就需要有可以承载大量热钱的实物对价商品，就如同现在的比特币以及之前的普洱茶一样，荷兰的郁金香种球经常会被拍卖出"天价"，但是郁金香种球有个问题，就是存储时间一久就很容易发生霉变，为了减少流拍而带来的风险，因此采用向下叫价的拍卖方式，可以有效地避免英国式拍卖中由于情绪化出价而导致的竞价者无法兑现而导致的高流拍率的现象，所以荷兰式拍卖更有利于解决当时的资本相对过剩所产生的利率下降等问题。事实上，一个改变规则的英国式拍卖也可以解决这个问题，那就是将拍卖品给予出价第二高的竞拍者，这样一来人们在进行竞拍的时候可能会出到一个略为高出自己实际承受能力的价格，但又不会高得太离谱，这样几乎所有的出价者给出的都会是真实价格。

在探讨"李约瑟之谜"时，已经解释了近代社会的高速发展，并不是建立在依靠单个要素的跨越式发展之上的，而是源于人们发现了要素之间相互替代组合的合理配置的原则，生产的长期趋势总是向着更加具有要素替代优势的一方倾斜，但是这种理解也存在一定的问题，那就是在传统的经济增长路径之上，全要素的比重应当逐渐提升，而土地以及不可再生的资源的比重应当逐渐下降，但是在现实经济中却时常会出现落后的经济增长模式挤出或者是替代先进经济增长模式的情况，"荷兰病"就是一种典型的代表。需要说明的是这种特殊情况在大多数增长情景下最终还是会得到市场纠正的。

作为建立在贸易优势地位上的发达国家，荷兰的自然资源相对贫乏，而其在人力资本、制造业、科学技术、金融服务等方面具有较高的发展水平，在正常的情况下荷兰应该会沿着进一步提升全要素生产率的经济增长路径发展，但是在20世纪五六十年代荷兰发现了大量的石油与天然气资源，伴随着1973年第一次石油危机的发生，欧洲的能源需求大幅度提升并推高了石油与天然气的价格，荷兰的经济发展模式转向以出口能源为主，在短期带来了非常丰厚的经济回报，但是由于出售资源的经济发展模式对于劳动者技能以及高新科技的需求相对较低，其创造新的就业岗位的能力也相对有限，失业问题变得严重起来。在经过若干年之后，荷兰原本具有优势的制造业和服务业的发展速度明显减慢，资源经济挤出了其他经济发展的路径，同时由于中小型发达国家的社会福利水平的需求却相对较高，居民对于收入的要求在提升，这使得荷兰的经济开始逐渐衰退，并且伴随着越来越严重的其他社会问题，最终在纠正这一经济发展路径的过程中，政府不得不大幅度地缩减社会福利开支，并寻求能让居民降低对收入上升的预期的方法，重新恢复到重视科技进步、发展高技术水平产业的路径上来。

在资源产业繁荣的条件下，劳动力向资源产业流动，同时导致其他生产部门的要素供给不足，资源产业的扩张还推高了利率水平，挤出了投资对于制造业和服务业的流动，并且这些影响还会持续起作用。从图 1 - 3 中可以看出，在第一象限内制造业与服务业的最优组合从 B 移动到了 B^*，这是由于资源产业繁荣带来的出口收入的增加所致，经济的繁荣导致对于制造业与服务业的供需水平均有所增加，反映在第四象限内制造业与服务业的供需水平则从原来的均衡点 C 移动了 C^*，但是由于制造业受到国际市场的价格与技术因素的影响，很难在短期内快速增长，导致了相较于制造业而言服务业占比的提升和价格的提升，因此，在第三象限内市场价格比例从 D 移动到了 D^*。不难发现，在现实经济中最经常出现的荷兰病的结果是资源产业与服务业的快速发展，而制造业被逐渐挤出的现象，这种经济发展模式受到外部经济与国际市场价格的

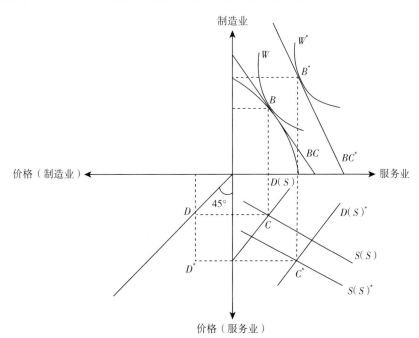

图 1 - 3　"荷兰病"机制下的市场价格与数量的供需变化

影响非常巨大，如果原油等资源的国际价格出现大幅度降低，同时由于国内的制造业已经衰退，而劳动力等要素的价格却维持在较高水平，对于国民经济的负面影响在短期内是很难调整的。

1.2.2 从"荷兰病"到"资源诅咒"

经济对资源产业高度依赖的国家，很多都出现了经济受到外部性影响剧烈以及脆弱性的问题，在学术界被称为"资源诅咒"现象。已有研究认为资源诅咒主要有以下成因：第一，荷兰病。经典"荷兰病"模型认为资源产业的发展会带动服务业，会吸引走本该留在制造业的资本和劳动力，削弱制造业。第二，寻租和制度失效。政府通过资源出口换回大量公共财富，当企业家发现寻租等非生产性活动可以获得更多财富时，他们就会停止生产产品，转而向政府官员进行寻租。组织机构的违法行为和对基本社会经济权力支持措施的缺乏也会产生"资源诅咒"。第三，资金流向改变。因为存在较高的资源租，使资金流向资源产业，从而影响到贸易、教育、产业结构等，最终经济衰退。第四，经济波动。丰富的资源短期内可促进经济增长，但是因为造成波动带来的间接负面影响更深重，一段时期内平均经济增长量较低。

通过构建数学模型，可以解释资源诅咒的发生机制。令 Gp 表示人均 GDP；Gps 表示经济增长率；RA 表示人均资源产业产值；Rg 表示资源产业的 GDP 占比，即资源强度，$Rg=RA/Gp$；t 表示时间。考虑到"资源诅咒"传导需要时间，第 t 期期末的经济增长率不会受到同期期末资源强度的影响，假设是受到该期期初，也即上期期末的资源强度的影响，则参照 S-W 框架建立模型为：

$$Gps_t = \alpha_1 + \alpha_2 Rg_{t-1} + \alpha_3 X_t + \xi_{1t} \qquad (1-1)$$

其中，X 是除资源因素外的其他控制变量，ξ_{1t} 是随机误差项，α_1 是常数项，α_2 和 α_3 是相应变量对 Gps 的影响程度。当 $\alpha_2 < 0$ 时，表示"资源诅咒"发生，$\alpha_2 Rg_{t-1}$ 是期初的资源强度带来的本期经济增长率的减少量。令 Ep_t 是第 t 期本应出现的人均 GDP，$Eps_t = (\alpha_1 + \alpha_3 X_t + \xi_{1t})$ 是剔除资源的影响应实现的经济增长率。（1-1）式可以改写成：

$$Eps_t - Gps_t = -\alpha_2 Rg_{t-1} \qquad (1-2)$$

根据（1-2）式，可推导出：

$$Ep_t - Gp_t = -\alpha_2 RA_{t-1} \qquad (1-3)$$

式中$-\alpha_2 RA_{t-1}$是第$t-1$期期末的人均资源产值造成的第t期的人均GDP减少量。

（1-1）式、（1-2）式和（1-3）式中诅咒效应的滞后期为1，为了建立滞后期大于等于1的模型，可以参考（1-3）式，把第t期的人均GDP做以下分解：

$$Gp_t = RA_t - Ga_t + Gb_t + \xi_{2t} \qquad (1-4)$$

其中，$Ga_t = \varphi_2 RA_{t-n}$，$n \geq 1$，是第$t-n$期的人均资源产值造成的第$t$期的人均GDP的平均减少量，为了讨论方便简称$\varphi_2$为诅咒系数；$Gb_t$表示第$t$期与资源无关的人均产值部分；$\xi_{2t}$是随机误差项。对照（1-3）式与（1-4）式，可知$\varphi_2 = -\alpha_2$，$Ep_t = RA_t + Gb_t + \xi_{2t}$，（1-3）式是（1-4）式中$n=1$时的情况。

假设资源产业部门扩张的平均速度是φ_1，$RA_{t+m} = (1+\varphi_1)^m RA_t$，$m=0$，1，2…，（1-4）式可推导为$Gp_t = (1+\varphi_1)RA_{t-1} - \varphi_2 RA_{t-n} + Gb_t + \xi_{2t} = (1+\varphi_1)(1-\varphi_2(1+\varphi_1)^{-n})RA_{t-1} + Gb_t + \xi_{2t}$。

令$\varphi_3 = (1+\varphi_1)(1-\varphi_2(1+\varphi_1)^{-n})$，则上式可写成：

$$Gp_t = \varphi_3 RA_{t-1} + Gb_t + \xi_{2t} \qquad (1-5)$$

当诅咒效果没有出现时，$\varphi_2 = 0$，$\varphi_3 = (1+\varphi_1)$，（1-5）式转换成：

$$Gp_t = (1+\varphi_1)RA_{t-1} + Gb_t + \xi_{2t} \qquad (1-6)$$

根据（1-5）式容易推出：

$$Gps_t = \varphi_3 Rg_{t-1} + (Gb_t + \xi_{2t})/Gp_{t-1} - 1 \qquad (1-7)$$

Gb_t是与资源无关的人均GDP构成，可令$(Gb_t + \xi_{2t})/Gp_{t-1} - 1 = \varphi_4 + \varphi_5 X_t + \xi_{3t}$，其中，$X$是与资源无关的$Gps$影响因素，$\xi_{3t}$是随机误差项。可将（1-7）式整理成：

$$Gps_t = \varphi_4 + \varphi_3 Rg_{t-1} + \varphi_5 X_t + \xi_{3t}，其中\varphi_3 = (1+\varphi_1)(1-\varphi_2(1+\varphi_1)^{-n})$$
$$(1-8)$$

在诅咒效果未出现时，根据（1-6）式或（1-8）式容易推出：

$$Gps_t = \varphi_4 + (1+\varphi_1)Rg_{t-1} + \varphi_5 X_t + \xi_{3t} \qquad (1-9)$$

（1-8）式描述了诅咒效应滞后期为n，$n \geq 1$时第$t-1$期资源强度与第t期经济增速的关系。当$\varphi_1 = 0$，$n=1$时，（1-8）式等同于（1-1）式。因为（1-1）式是将一般S-W模型的资源强度时间滞后1期建立的，说明与一般S-W框架下常用模型相比较，（1-8）式增加了对资源对经济增长影响滞后性和资源部门扩张的考虑，更贴合实际。

（1-8）式和（1-9）式包括$\varphi_1 \geq 0$和$\varphi_1 < 0$两种情况。因为在开发初始

阶段很少出现资源部门萎缩的现象，同时本研究主要关心是否拐点前存在资源产业发展推动经济繁荣的情况，因而下面仅限于 $\varphi_1 \geqslant 0$ 的讨论。

在 $t \leqslant n$ 的一段时间内，诅咒效果尚未出现，Rg_{t-1} 与 Gps_t 关系由（1-9）式描述，$(1+\varphi_1) \geqslant 1$，两者正相关，简称这类状态为 A 状态，该状态下资源产业扩张带来 GDP 增加，诅咒效应未显现。当 $t > n$ 时，Rg_{t-1} 与 Gps_t 关系由（1-8）式描述。当 $\varphi_2(1+\varphi_1)^{-n} < 1$ 时，$\varphi_3 > 0$，两者正相关，简称这类状态为 B 状态，该状态下资源的负面效应出现，但是正面效应更强，仍旧是资源产业扩张带来经济繁荣。当 $\varphi_2(1+\varphi_1)^{-n} \geqslant 1$ 时，$\varphi_3 \leqslant 0$，两者负相关或不相关，简称为 C 状态，该状态下资源的诅咒效应超过增加收入的正面效应，高资源强度伴随低经济增速。

1.2.3 一个"资源诅咒"与"资源祝福"的解释框架

从上述的论证可以看出，"资源诅咒"的发生受到前期条件的影响，除了时间的阶段性条件之外，其实还有一些综合条件也可以作为解释，例如荷兰虽然国家富裕但是国土狭小，产生了"荷兰病"与"资源诅咒"；德国是国家富裕同时国土也不大，但却走向了"资源祝福"；巴西资源丰富且国土辽阔，也发生了"资源诅咒"；美国的资源丰富且国土辽阔，发生了"资源祝福"。这里面还有科技的因素、生产力水平、劳动者素质等各种可以用来解释的因素，但是却足以让我们看到一个共性的问题，那就是"资源诅咒"和"资源祝福"是相对的，在各种条件合适的前提下，资源的效率就沿着祝福的路径发展，而当各种条件组合的不好的情况下，就有可能掉入诅咒的陷阱，图 1-4 展示了这一过程的其中一个解释。

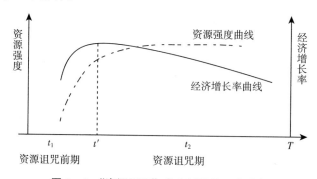

图 1-4 "资源诅咒"发生过程的两个阶段

定义资源强度表示资源产业的 GDP 占比。"资源诅咒"过程存在阶段性是指资源富饶国家在资源对经济的诅咒现象出现之前，可能存在一段高资源强度带动高经济增长的阶段，可把这段时期称为"资源诅咒前期"。两个阶段之间存在一个拐点（图 1-4）。以拐点 t' 为界，之后是"资源诅咒发生期"，之前是"资源诅咒前期"。

图 1-5 是根据前文总结的各种理论解释绘制出的"资源诅咒"发生过程，过程大体由三部分构成：初始阶段，诅咒传导阶段和诅咒发生阶段。图中的每个箭头及其连接的两端都表达了一个因果关系，由左至右就是一个"资源诅咒"出现的因果关系传导链。在宏观经济领域，事件之间的因果关系很少会瞬时发生，通常需要经过一段时间，而图 1-5 显示的存在众多环节的因果传导链更不会短时间内实现，所以资源开发产生的"诅咒"需要经过一段时间才会显现出效果。

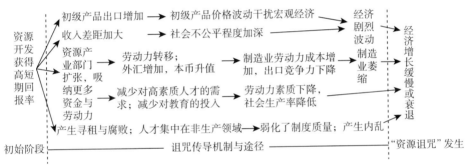

图 1-5　"资源诅咒"成因与传导机制

1.3　数字化时代下要素市场的空间效应

要素市场的空间效应是与当地的禀赋条件、政策条件以及产业结构高度相关的，例如同样是超大型城市的北京和上海两座城市，可能对于区域经济的影响就不太一样，京津冀一体化的发展产生了人口净流出的结果，这主要是由于北京的"虹吸效应"非常显著，一方面北京的教育、医疗等服务业高度发达，会进一步吸引区域内的优势资源进行流入，另外一方面服务业发达而制造业相对不足，就不太需要在周边其他城市进行产业布局；而上海所在的长三角地区则主要是人口的净流入的结果，主要是由于其"辐射效应"非常显著，在要素市场体现在其土地成本较高，而其他要素的费用也比较高，但是又有极为发达的制造业产业群，因此需要在周边地区土地相对便宜的城市进行产业布局，反映在整个长三角地区的人口要素市场就是净流入的结果。可见，要素市场的空间效应是一个重要的现实问题，且应该遵循各个地区的现实条件予以分析。本节重点选取中国的中部地区对于该问题予以分析。

2020 年 5 月习近平总书记强调要"逐步形成以国内大循环为主体、国内国际双循环相互促进的新发展格局"。面对越发复杂的国际贸易环境，打通国内大循环是迫切的现实需求，中部地区在实现双循环战略目标中承担着重要的枢纽作用，这种枢纽作用不仅体现在地理位置上，更体现在重要生产要素的优化配置上。这将会是对于传统的城市群概念以及传统的产业链聚集理论的一次重要升级，并将进一步丰富与完善社会主义市场经济的理论框架，其重要逻辑主要提下在以下三个方面。

1.3.1 深化要素市场化配置的新突破口

2020 年 3 月 30 日国务院印发了《关于构建更加完善的要素市场化配置体制机制的意见》（以下简称《意见》），为进一步激发全社会创造力和市场活力，推动经济高质量发展提供了持久的动力源泉。《意见》中除了对于传统的土地、资本、劳动力、技术要素进行了纲领性的指导，更加创造性地提出要加快培育数据要素市场的改革方向。

成功的要素市场体现在枢纽集聚的功能上。与传统的要素市场不同，数据要素市场是一个"无中生有"地被创生出来的要素市场，既是对于数据与信息在未来经济价值的充分肯定，又是增加了一种对于其他要素市场进行配置的手段工具，是敏锐而深刻的经济理论创新。因此，基于大数据中心与超计算中心的地区型数据通信枢纽是未来进行多要素市场配置的重要支柱。中部地区本身就具有交通枢纽的重要优势，以铁路为例，承接了东西与南北的交通，如表 1-1 所示。如果能很好地将现有优势，与数据通信枢纽建设结合起来，取得发展先机，那么对于中部地区进入经济增长快车道将起到事半功倍的效果。

深化要素市场改革，需要认清各种要素流动的难易程度是不同的。其中，资本的流动最为容易，各个地区都欢迎资本的到来；劳动力的流动也较为方便，且在中国是较为普遍的现象；由于涉及企业的核心竞争力，技术的流动一般较为困难；土地的流动性通常是最差的，但此次《意见》的出台为土地的跨省流动提供了依据，短期内将是"各取所需"的多赢状态，但也可能存在土地价值泡沫的风险。在未来，数据要素的流动性可能是最便利的，并将在激活多要素市场优化配置方面发挥重要作用并有望取得新的突破。

表 1-1　中部地区铁路交通网络

纵向	
京广铁路	安阳—鹤壁—新乡—郑州—许昌—漯河—信阳—武汉—岳阳—长沙—株洲—衡阳
京九铁路	阜阳—麻城—九江—南昌—赣州
大湛铁路	大同—太原—焦作—洛阳—石门—益阳—永州
焦柳铁路	焦作—洛阳—南阳—襄樊—宜昌—张家界—怀化
横向	
陇海铁路	商丘—郑州—洛阳
湘黔—浙赣铁路	怀化—株洲—向塘—鹰潭
宁西铁路	合肥—六安—随州—信阳—南阳

1.3.2　推动实体经济供给侧结构性改革的基础建设

由于要素流动的速度和难易程度的差异，天然地决定了中部地区不具备金融供给侧改革的条件，而更适宜于加强人口、原材料等其他生产要素流动的现代交通物流业的发展。

图 1-6 显示了 2000—2019 年 20 年间中部六省的交通物流业流量比较情

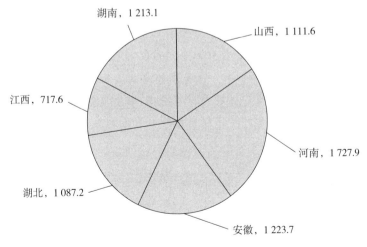

图 1-6　中部地区交通物流业流量比较（单位：亿吨公里）

注：数据由作者自行测算。

况，其中河南省的累积总量最大，而山西省的累积总量最小，这也说明了在中部地区内部，也存在着枢纽地位的差异。一般来讲，各地方的区域经济的差异，通常都是由于要素流转机制是否通畅所带来的客观结果。中部地区由于其特殊的地理位置优势，在推动实体经济供给侧改革方面具备一定的条件，在明确了这个发展方向之后，所有的机制体制的政策配套应该是为基于发展实体经济的强大地区枢纽城市群服务的，尤其是对基础设施的建设要有所侧重。

1.3.3 需要正确理解"数字化"的目的与作用

单一枢纽城市的辐射作用有限，而传统的城市经济的发展理念也需要更新，因此基于共同位置特征的城市群的概念需要加强，但是这里面也有经济发展水平、不同发展目标、资源配置等复杂的协调问题。

大数据、云计算、人工智能等新兴的"数字化"科技领域恰好可以被应用于解决上述问题。要素市场的建设成本，往往是决定实体经济效率的重要因素，随着数字化技术的发展，信息的交易费用被大幅度降低，要素匹配的效率将大幅度提升。针对中部地区枢纽经济的发展而言，有三个潜在的问题需要引起注意。

第一，发挥"数字化"的作用，需要有"新基建"的支持。大型的数据基站建设、超算中心的建设，是数字化有用武之地的物理支持，这方面的基础设施的建设，首先需要解决对于土地、资金、政策等条件的需求。

第二，要正确把握"数字化"的虚拟特征。现在很多地方过多地关注数字经济的智能化、便利性的特征，一谈起数字化就是要搞高端制造业、服务业，重视数字经济的短期高回报，因此也在吹涨虚拟经济泡沫。尤其是对于中部地区而言，数字化是为完善枢纽经济基础建设和高质量发展路径服务的，数字经济本身是条件而并不是结果，类似于对数字金融的追逐，更是脱离了地区的现实条件而容易失败。

第三，发挥市场的主导作用。中部地区各地方在完成"数字化"新基建的同时，要尽量避免过度依赖政策调节的办法，而应该更多地依靠要素市场的自我出清机制。这也是我国创造性地提出了"数字要素"市场之后，利用先进技术，解除原有的要素流动信息不匹配与成本过高矛盾，用数字要素市场激活其他要素市场的重要逻辑。

通过简单扩展可以发现，在新发展时期，中部地区要发挥交通物流枢纽的优势，就需要利用数字化技术，同时迅速地完成打造信息枢纽的优势地位。只有这两个枢纽中心同步进行，才能打造出中部地区新的经济增长高地，而连接这些发展因素的是科技进步的力量，因此，加强对于科技的投资也是当务之急。图 1-7 和图 1-8 分别测算了中部六省 20 年间的物流科技发展指数与电信科技发展指数，指数分析过程是分别计算各省相对于中部地区的总量变化而得到的，其中有几个问题值得注意。第一，湖北省在 2000 年左右的科技进步对于其物流、电信业的贡献显著高于同时期的其他中部各省份，经过了 20 年的发展，虽然湖北省仍然是科技产出最高的，但这种优势已经在逐步减小；第二，通过图 1-7 与图 1-6 的类比可以发现，虽然河南省的交通物流的总流动量在中部地区是最高的，但是在加入了科技进步的影响之后，其发展效率仅高于山西省和安徽省；第三，通过图 1-7 与图 1-8 的比较发现，科技因素对于各省物流业发展的作用程度较为剧烈，而对于各省电信业发展的作用幅度较为接近，这给我们提供了一些新的启示，原本很容易想到的是中部地区由于天然的位置优势与地理接壤，可能更容易在交通物流枢纽的建设上取得进展，结果却是各省在数字"新基建"领域可能会更易完成突破性的城市群共建合作。

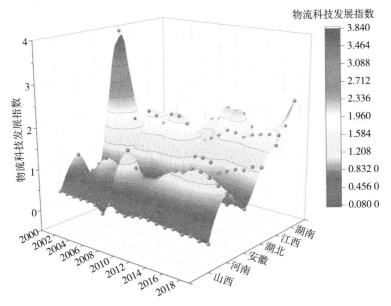

图 1-7　中部地区物流科技发展指数比较

注：数据由作者自行测算。

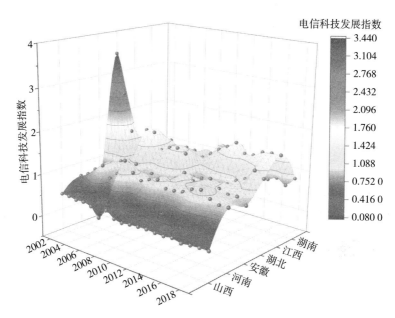

图 1-8　中部地区电信科技发展指数比较

注：数据由作者自行测算。

1.4　匹配国内大循环的基础要素市场联动机制

畅通国内大循环面临一些隐性的约束条件，例如行政垄断与地方保护、产业链薄弱环节、要素供给速度、自主创新水平等影响因素都会对其产生作用，而引领更高水平的经济增长，则需要在建设统一大市场、推进实现更高水平要素效率方面取得实质的进步。建设全国统一大市场会为枢纽经济提供新的发展契机，预期会打通诸多市场壁垒以及隐性障碍，同时也应当提供了更高的宏观调控站位，有望通过这一系统性工程，做到国内大循环与生态保护、碳达峰与碳中和、乡村振兴等宏观战略的协调一致，推动整体经济、区域经济以及基础要素市场的良性互动。

1.4.1　构建全国统一大市场、畅通国内大循环基础

2022 年 4 月 10 日，中共中央、国务院发布《关于加快建设全国统一大市

场的意见》（以下简称《意见》），从强化市场基础制度规则统一、推进市场设施高标准联通、打造统一的要素和资源市场等多方面要求加快建设高效规范、公平竞争、充分开放的全国统一大市场，全面推动我国市场由大到强转变。加快建设全国统一大市场，可以实现在生产、分配、流通、消费各环节，加快培育完整内需体系，为畅通国内大循环提供有力的市场条件。根据《意见》，加快建设全国统一大市场的工作原则是：立足内需，畅通循环；立破并举，完善制度；有效市场，有为政府；系统协同，稳妥推进。主要目标是：持续推动国内市场高效畅通和规模拓展，加快营造稳定公平透明可预期的营商环境，进一步降低市场交易成本，促进科技创新和产业升级，培育参与国际竞争合作新优势。

2021年我国的GDP超过了114万亿元，已经形成了超大规模的国内市场，《意见》的出台是我国经济改革不断深化的结果，标志着"双循环"战略的实施进入实质的政策安排层面。全国统一大市场将对畅通国内大循环至少会在以下几个方面产生深刻的影响：

第一，构建全国交通"一张网"。完善国家综合立体交通网，推进多层次一体化综合交通枢纽建设，推动交通运输设施跨区域一体化发展。建立健全城乡融合、区域联通、安全高效的电信、能源等基础设施网络。从大循环的角度，充分利用好各地区的小循环交通网络，做到无缝对接，同时加快数字化新基建的建设，形成更加运行有效的全国交通网络。从降低物流运输成本、加快枢纽转运中心建设的高度，从中期与长期发展的角度，做好顶层设计的统一布局，不仅要能够提升现有枢纽城市的功能，还要从构建城市群发展以及打造东西部陆海新通道的发展眼光做好交通体系规划。

第二，谋划发展战略"一盘棋"。规划好全国统一大市场，需要充分考虑到各地区的比较优势，并谋划发展更高水平的市场配置机制与运行机制。当前的国际贸易环境较为复杂，西方国家试图重构国际贸易的产业链，例如，将越南的低端制造业，马来西亚的电子产品，泰国的汽车和包装食品，印度尼西亚的机械和石油化工，新加坡的半导体和生物制药等产业在最近几年的增速明显加快，这是对于全球低端、中端和高端产业链的整体解构与重建。相应地，我国各地的资源与要素禀赋各具特点，建设高水平的国内大市场，其目的是形成更加高层次、高效率的产业链结构，率先满足国内市场的需求，并最终借助成熟的产业体系和成本优势，在全球产业链中发挥无可替代的作用。

第三，完善市场信息"一个库"。充分肯定数据信息的商业价值，推动信息平台和数据库的联网建设。将公共资源交易平台覆盖范围扩大到适合以市场化方式配置的各类公共资源，加快推进公共资源交易全流程电子化，积极破除公共资源交易领域的区域壁垒。加快推动商品市场数字化改造和智能化升级，鼓励打造综合性商品交易平台。统一产权交易信息发布机制，实现全国产权交易市场联通。优化行业公告公示等重要信息发布渠道，推动各领域市场公共信息互通共享。优化市场主体信息公示，便利市场主体信息互联互通。推进同类型及同目的信息认证平台统一接口建设，完善接口标准，促进市场信息流动和高效使用。依法公开市场主体、投资项目、产量、产能等信息，引导供需动态平衡。

1.4.2 实现枢纽经济与生态保护的协同发展

在新时期，各地区经济的高质量发展，需要在对接国家发展战略的同时，结合新时期本地区经济的新特点与新机遇，探索构建综合枢纽体系的可行性，加快基础要素流动与优化要素配置的市场化改革，坚持绿水青山就是金山银山，从制度创新的高度全面贯彻新发展理念，努力实现国内大市场与生态环境的协同发展。

为了探索枢纽经济与生态保护的协同机制，从实践的角度来讲，以河南省为例，河南省具有典型的枢纽经济特征，在铁路、公路、航空等运输方式上具有鲜明的特色，在水运、轨道交通等运输方式上也展现出快速发展的趋势，已经具备了加快实现基础要素流动和经济高质量增长的硬件条件，同时，河南省是南水北调中线工程与黄河流域生态保护和高质量发展规划在地理空间上的主要交汇点，河南省土地资源要素的合理规划以及生态环境质量的改善对于国家战略的顺利实现具有关键的生态枢纽作用。

水环境生态系统服务是人类赖以生存和发展的物质基础，南水北调中线工程流经河南区域时，共向 11 个地级市供水，分别是黄河以北的安阳、焦作、濮阳、新乡和鹤壁，黄河以南的郑州、漯河、许昌、平顶山、周口和南阳；黄河流经河南的省辖生态环境保护地区，西起灵宝市，东至台前县，省辖黄河流域面积 3.62 万平方千米，涉及三门峡、洛阳、焦作、郑州、新乡、开封、濮阳、新乡、鹤壁和济源九市一区，可以看出两项国家规划覆盖了河南省的大部分地域，只有商丘、驻马店和信阳三市未被覆盖。该区域沿线地区的城市经济和生态平衡必须协调规划，合理进行产业布局和要素匹配，才能实现"两山论"的科学内涵。在这一过程中，有以下三个问题值得重视。

第一，打造智慧水网，确保生态安全。南水北调中线工程是缓解我国北方地区水资源短缺的国家战略性工程，然而随着全球变暖和越发频繁的极端天气等气候问题，出现了降水带北移的趋势，仅 2021 年南水北调中线一期工程沿线共发生 10 次强降雨过程，河南省多地经历了历史罕见的降水天气，降水量和持续时间均超常年，开展精准的水网实时监测与进行科学的流量分配就成为必要的前提保障。一方面需要借助"新基建"通讯枢纽建设，加强 5G 网络等智能化技术的应用，提高遥感图片质量和监测精度，进一步提升水利项目管理的精细化程度；另一方面黄河生态保护中也出现了新的问题，汛情的增加需要引起关注，尤其是黄河流域的县域水网失修以及乡级水渠荒废的现象，急需得到改善以增强防洪蓄水能力。同时，南水北调中线工程自南向北分别跨越长江、淮河、黄河和海河四大流域，通过调节水库、河道洪水漫溢等方式发生河水串流，会产生外来鱼类入侵等影响水生环境的问题，沿线干支流水域附近一旦出现工业污染泄漏，也极易产生严重的生态安全问题，需要对风险评估建立精细的调查方案。

第二，加强环境保护力度，完善生态补偿机制。自 2017 年起，河南省生态环境厅先后会同交通运输厅、水利厅、农业农村厅、林业局、河南黄河河务局等单位，按照国家要求，联合开展"绿盾"专项行动，截至 2020 年底，河南省黄河流域已有 2 934 个行政村（含 262 个乡镇政府所在地村庄）完成农村环境综合整治任务。这一方面得益于环保的政策制定与政策监管得当、到位，另一方面也得到了包括各民主党派在内的全省各界的广泛支持与参与。根据生态环境厅 2021 年 7 月的汇总，民主监督的各省辖市生态环境问题共 9 369 个，黄河流域专项执法行动发现问题 8 001 个，已整改完成 7 977 个，正在整改 24 个；固体废物及尾矿库环境风险问题 80 个，已全部完成整改。

由于生态环境具有公共性的属性，一般很难通过市场自发地运作而得到改善，必须通过政府的规划而得到治理，但也需要尽可能地使市场发挥作用。早在 2011 年 7 月 19 日，财政部为配合国务院公布的《全国主体功能区规划》〔国发（2010 年）46 号〕，就下发了《国家重点生态功能区转移支付办法》，该办法规定："中央财政在均衡性转移支付项下设立国家重点生态功能区转移支付。"完善的生态补偿机制是现阶段南水北调与黄河保护的有效路径，可以解决很多现实中的疑难问题，该机制应包括省级财政对于核心水源区的纵向财政转移支付、沿线各地市用于生态补偿的横向财政转移支付、围绕生态利益的市场交易支付以及解决资源调配中涉及公平发展或特殊矛盾的经济援助支付等方式，并完善相关立法工作。

第三，提升城市防灾能力，加快海绵城市建设。将高质量水系统发展工程融入城市的现代化管理过程中，通过数字化、智慧化建设，做好正常年份水量调度、城乡水系统的长期疏浚计划以及提升汛期的防灾能力，落实国土空间的均衡发展目标。郑州、焦作、新乡、鹤壁、安阳和濮阳位于南水北调中线工程和黄河流域生态保护共同流经的区域，是发挥河南省生态枢纽作用的重点城市，应从生态系统恢复出发，通过跨尺度构建水生态基础设施，加快海绵城市的建设，在城市雨水洪水管理方面走在前列，并积累绿色城市、智慧城市建设的创新经验。

1.4.3 促进乡村振兴的要素配置与城乡深度融合发展

二元经济结构是中国经济的长期特点之一，虽然近年来在户籍、社会保障等方面的城乡差距已经得到了很大的改善，但是城乡之间的区别仍然是显著的，构建国内统一大市场离不开对于中国乡村市场的高度重视和重点关注。从最近的现实经济来看，一方面各种基于经济理论与经济经验的分析中可以预见未来中国的城市化率将位于发展中国家前列，2021 年 12 月中国社科院人口与劳动经济研究所发布的《人口与劳动绿皮书：中国人口与劳动问题报告No.22》预计，中国将在"十四五"期间出现城镇化由高速推进向逐步放缓的"拐点"，2035 年后进入相对稳定发展阶段，中国城镇化率峰值大概率出现在75％~80％，可以预见城市在要素匹配和经济发展中的作用将会更加突出；但是另一方面，过去 20 年间支撑地方经济快速成长的房地产业正在经历"寒冬"，伴随着中国乡村道路网络和互联网等基础建设的日益完善以及疫情等不确定性因素的影响，越来越多的农村人口会选择回到家乡寻找就业机会，乡村振兴是政府工作的重点任务，伴随着各项利好政策的实施，中国有望走出一条不同于传统发展经济学理论的城乡均衡发展的生态文明之路。在要素配置方面，城市在资本、劳动力等要素聚集上无疑具有明显的优势，关键在于要素流动的效率是很高的，在金融资产方面表现得尤为突出，而中国农村在土地资源方面具有一定优势，2022 年国务院《要素市场化配置综合改革试点总体方案》

针对部分产业用地功能固化、存量用地效率偏低、城乡土地市场融合不足等问题，提出了探索赋予试点地区更大土地配置自主权，支持不同产业用地类型合理转换，以市场化方式盘活存量用地，推进农村宅基地、集体经营性建设用地改革等举措，各种改革的试点方案正在逐步开展，为城乡协调发展提供了建设思路。同时，中国农村的生态资产、自然环境等的定价问题，也是影响到农村要素资源如何参与到市场经济之中的重要现实问题，一些相关的改革试点的路径与经验，都是需要予以必要关注的。

城乡的融合发展是新时期中国经济高质量增长的重要路径之一，但是城乡融合问题的复杂性也是由来已久的，马克思和恩格斯在《德意志意识形态（节选本）》中描述到，"物质劳动和精神劳动的最大的一次分工，就是城市和乡村的分离。——随着城市的出现，必然要有行政机关、警察、赋税等等，一句话，必然要有公共机构，从而也就必然要有一般政治。城市已经表明了人口、生产工具、资本、享受和需求的集中这个事实；而在乡村则是完全相反的情况：隔绝和分散。——消灭城乡之间的对立，是共同体的首要条件之一，这个条件又取决于许多物质前提，而且任何人一看就知道，这个条件单靠意志是不能实现的。"从中可以发现，城市与乡村在很长一段时间内可以处于各自分离且独立运行完备的社会结构，其各自的资源禀赋与要素使用效率存在较大差异，城市的资源聚集效率较高而农村的自然资源较为丰富，禀赋条件的不同和治理体制的差异，或许仍然是城乡融合发展的主要障碍，该问题在世界各地均广泛地存在，率先在此取得一定的突破将有利于实现更高水平的经济发展。

2017 年党的十九届四中全会通过的《中共中央关于坚持和完善中国特色社会主义制度推进国家的治理体系和治理能力现代化若干重大问题的决定》，明确提出要"健全城乡融合发展的体制机制"。2019 年 4 月中共中央发布了《关于建立健全城乡融合发展体制机制和政策体系的意见》，提出实现融合城乡发展，既要立足乡村建设乡村，又要建构城乡之间开放融合的制度体系，完善产权制度和要素市场配置，促进城乡之间要素自由流动，通过要素自由流动推进新型城镇化战略，从治理机制上逐步实现城乡社会服务等职能的融合，并且应缩小城乡收入差距和居民生活水平差距。

2022 全国两会调查结果出炉，"乡村振兴"关注度位居第八位，实施乡村振兴战略是建设现代化经济体系的重要基础，是建设美丽中国的关键举措，是传承中华优秀传统文化的有效途径，是健全现代社会治理格局的固本之策，是实现全体人民共同富裕的必然选择。由此可见，实施乡村振兴战略是一项系统工程，更是能从多层面系统地改善城乡发展不均衡的状况。除了加强顶层设计之外，还应当维持乡村自身社会系统的完善运行，尽可能少地进行大幅度的制度变革，而是应当更多地将改革的注意力放在便利化农村社会服务以及提升居民收入和幸福感，这就需要抓准城乡融合发展的重要建设路径，在短时期内便捷的道路交通系统和强大的物流系统，是实现城乡深度融合发展的必要保障，一方面伴随着道路与网络的普及，中国乡村较低的生产成本和生活成本，有利于产业转移与产业升级的实现，在交通与物流顺畅的条件下，不仅可以实现工业商品的快速流通，甚至还可以实现优质农产品的及时运送，另一方面长期困扰农村社会福利的一个痼疾就是相对落后的社会服务，优质的教育和医疗资源总是集中在城市，而且有越发聚集的趋势，迫使农村人口为了孩子上学和老人看病等现实需求，不得不长时期在城市里承担着较高的生活成本，虽然这些社会服务的均等化面临很多现实因素的制约，短时期内很难实现重大变化，但是至少不应当鼓励社会服务资源的失衡发展，而同时发达的交通系统的建成也能在一定程度上减少乡村人口的流失。

第2章 "二元制"结构与城乡
土地要素的使用差异

"城乡二元结构"是发展中国家从传统农业社会走向现代工业社会的进程中，普遍存在的一种社会经济形态。新中国成立初期，我国逐步建立起城乡分割体制，通过工农产品剪刀差积累工业化资本以服务于国家重工业优先发展战略，后来又通过城乡土地剪刀差积累城市化资本。我国的城乡二元土地制度不仅具有支撑城乡二元结构的功能，同时也限制了农村土地效益的最优化。当前，城乡二元结构体制严重阻碍着我国经济和社会的发展，我们必须要在发展农村经济的基础上走农村城市化道路，优化第一产业结构，促进二、三产业的发展，统筹城乡发展，促进城乡二元经济结构向现代经济结构的转换。

2.1 新中国成立以来的五次土地改革历程

自1949年新中国成立至今的70多年中，我国土地制度的建立和调整大致可分为五个阶段，每一次的土地改革都在各自特殊的历史背景下对当时的社会发展产生了巨大的影响。前三次土地改革发生于新中国成立后的计划经济时期，目的是为了促进城乡土地从私有制到公有制的转变，后两次土地改革发生于1978年之后的改革开放时期，目的是为了实现城乡土地所有权与使用权的两权分离。

2.1.1 第一次土地改革消灭了封建剥削制度

新中国成立初期，约1.6亿农业人口的老解放区已经废除了封建土地制度，提前完成了土地改革，但仍有约3.1亿农业人口的新解放区（主要集中于南方）尚未来得及进行土地改革，大部分农村土地仍归封建地主所有。1950年6月30日，中央人民政府公布实施《中华人民共和国土地改革法》，"废除地主阶级封建剥削的土地所有制，实行农民的土地所有制，借以解放农村生产力，发展农业生产，为新中国的工业化开辟道路。"自 1950 年底开始，按照《中华人民共和国土地改革法》等一系列法规政策要求，一场中国历史上规模最大的土地改革运动，先后在华东、中南、西北和西南各大行政区内开展起来。至 1953 年春，全国除新疆、西藏等少数民族地区以及台湾地区外，我国大陆普遍实行了土地改革。

通过开展土地改革运动，实现了地主阶级封建剥削的土地所有制向农民的土地所有制的转变，完全消灭了租佃制，极大地提高了广大农民的生产积极性，迅速恢复和提高了农业生产力，为国家工业化的起步奠定了基础。

2.1.2 第二次土地改革建立了农地集体所有制

土地改革完成后，一家一户的小农经济开始在全国范围内广泛出现，但小农经济经营规模狭小分散、生产工具匮乏、生产技术落后、抗灾能力脆弱等因素严重抑制了农业生产力的有效释放，无法满足我国迅速工业化战略以及农业生产资料社会主义改造的要求，同时，农村中的贫富差距也在逐渐拉开，开始出现两极分化的现象，农户间的平等发展问题有待解决。

为了防止上述问题的进一步恶化，我国开展了农业合作化和"人民公社化运动"。农业合作化分为三个阶段进行，第一阶段是以家庭分散经营为主、互助合作经营为辅的互助组，一般由 10~20 户农民组成，只在农业生产的某个方面或某个环节进行劳动上的互助合作，土地和其他的生产资料等均保持私有。互助组包括临时互助组和常年互助组两种形式。第二阶段是以家庭占有生产资料、合作统一经营为主的初级农业合作社。初级社是在常年互助组的基础上发展起来的，土地和生产资料仍归农民私人所有，但土地经营使用权从所有权中分离出来，由合作社对土地进行统一规划、统一生产、统一收获。第三阶段是高级农业生产合作社。高级合作社对农民的私有化土地实行无偿转为集体所有，由社员分编成的生产队作为合作社劳动组织的基本单位，实行生产责任制，全社集体劳动、统一经营。1957 年，高级社已吸纳农户 11 945 万人（表 2-1），占全国农户总数的 96.2%。此后，为加强集体协作能力，许多高级农业合作社的小社开始并入大社，迅速掀起了"人民公社化运动"。人民公社的鲜明特点是"一大二公"，所谓"大"指的是入社人员规模大，所谓"公"指的是人民公社内部公有制程度高，原属于各农业生产合作社的土地、宅基地、社员自留地等一切土地及公共财产，均无偿收归人民公社所有。

表 2-1 我国互助组、初级社与高级社发展情况

单位：万，%

年份	互助组			初级社			高级社		
	个数	农户数	比重	个数	农户数	比重	个数	农户数	比重
1950	272	1 131	10.7						
1951	486	2 100	19.2						
1952	803	4 536	39.9	0.4	6	0.1			
1953	745	4 564	39.3	2	27	0.2			
1954	993	6 848	58.4	11	229	1.9	0.02	1	0.0
1955	715	6 039	50.7	63	1 688	14.2	0.05	4	0.0
1956	8.5	104	0.9	69	1 041	8.6	31	10 742	89.2
1957				3	160	1.3	75	11 945	96.2

资料来源：杜润生. 当代中国的农业合作制［M］. 北京：当代中国出版社，2002.

集体经营源于农业合作化、成型于高级社、成熟于人民公社。经过这几个发展阶段，农民的土地私有权逐步转变为集体所有，这是农村土地所有制度的又一次重大变革。

2.1.3 第三次土地改革完成了城市土地国有化

据统计，1949 年中国共产党全面接管城市时，城市土地的 10%由民族资本家所有，20%由外国资本家和官僚资本家所有，剩下的 70%则由小业主所有。中央政府于 1950 年 11 月颁布的《城市郊区土地改革条例》要求没收封建地主市郊土地归国家所有或分配给农民耕种，但此时大量宅基地和个体工商户经营用地的土地产权掌握在私人手中，城市地区呈现出以私有制为主、公有制为辅的二元土地产权并立的情况。1956 年，中央颁布《关于目前城市私有房地产基本情况及进行社会主义改造的意见》，将私人占有城市空地、街基地收归国有，并严格限制私人土地及其附着房屋自由流转。1967 年，国家房产管理局、财政部税务总局出具的《答复关于城镇土地国有化请示提纲的记录》主张一次性将城镇土地全部收归国有。一系列的政策法规都在不断地促进城市土地国有化，直到 1982 年《中华人民共和国宪法》第十条明确规定："城市的土地属于国家所有。农村和城市郊区的土地，除由法律规定属于国家所有的以外，属

于集体所有；宅基地和自留地、自留山，也属于集体所有。"这是新中国成立以来，宪法作为根本大法首次明确并以专设条文的形式确立了中国城市土地国有制和农村土地集体所有制并存的土地所有制架构。

2.1.4 第四次土地改革实现了集体土地两权分离

1978年安徽省凤阳县小岗村农民自发实行分田包产到户，自负盈亏，突破了人民公社集体劳动、共同分配体制并将集体土地所有权与承包经营权分离的家庭联产承包责任制。1980年，中共中央印发《关于进一步加强和完善农业生产责任制的几个问题的通知》，其中明确"可以包产到户，也可以包干到户，并在一个较长的时间内保持稳定"。到1981年，家庭联产承包责任制已在我国绝大部分地区得到推广。1982年，中共中央1号文件指出"联产承包责任制采取了统一经营与分散经营相结合的原则，使集体优越性和个人积极性同时得到发挥"，对家庭联产承包责任制给予高度评价。1983年中央1号文件更加明确地指出家庭联产承包责任制是"在党的领导下我国农民的伟大创造"，分别从实践层面、法制层面和理论层面肯定了家庭联产承包责任制的社会主义性质。1984年底，实行家庭联产承包责任制的农户达到了97.9%。在1978—1984年间，农业生产持续增加，达到了新中国成立以来的最高水平，其中，家庭联产承包责任制的贡献率为42%。

家庭联产承包责任制是由广大人民群众推动的土地政策改革，土地的所有权仍归集体所有，经营权则交由农户手中，弥补了集体经济中经营方式过于单一和管理高度集中的缺陷，极大地提高了农民的生产积极性。

2.1.5 第五次土地改革实现了国有土地两权分离

改革开放初期，城市的土地所有权和使用权由国家统一管理，阻碍了城市土地资源的合理利用，成为商品经济发展的障碍。1987年12月1日，深圳经济特区举行土地使用权拍卖会，这是中国首次以公开拍卖的方式有偿出让国有土地使用权，从此拉开了城市土地市场化的序幕。深圳市国有土地有偿出让的这一举措突破了宪法规定，深圳国有土地使用权"第一拍"取得了良好的实践成效。全国人大常委会于1988年4月通过《中华人民共和国宪法修正案》，删除了有关土地不得出租的规定，新增"土地使用权可以依照法律规定进行转让"的条文。同年 12 月,《中华人民共和国土地管理法》修正案正式设立了"国有土地有偿使用"等条款。1990 年 5 月,国务院进一步出台《城镇国有土地使用权出让和暂行条例》,明确规定对国有土地的使用权可采取"协议、招标和拍卖"等市场交易方式进行转让。

深圳土地改革模式在法律层面上得到了支持,这一做法也引发了全国其他城市的效仿,纷纷进行国有土地的有偿出让,促成了城市国有土地所有权与使用权的两权分离。我国土地使用权具有了商品属性的合法地位,土地这一重要的生产要素向土地商品化、市场化迈出了重大的一步,焕发出前所未有的活力,城市的土地财富价值由此逐步显化。

2.2 城乡二元经济结构与经济软着陆

城乡二元经济结构一般是指以社会化生产为主要特点的城市经济和以小农生产为主要特点的农村经济并存的经济结构。城乡二元对比系数是第一产业与第二、三产业的比较劳动生产率的比值,是衡量城乡二元经济结构的重要指标,在理论上介于 0~1 之间,该指标与经济结构二元性的强度呈反向变动的关系,其值越小,表明城乡经济二元性越显著。如图 2-1、图 2-2 所示,根据城乡二元对比系数的变动态势及城乡收入比值,可以看出,我国城乡二元经济结构呈现波动性变化,总体上有所弱化。

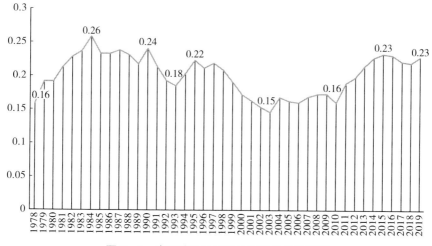

图 2-1 我国城乡二元对比系数的变动态势

资料来源:《中国统计年鉴》。

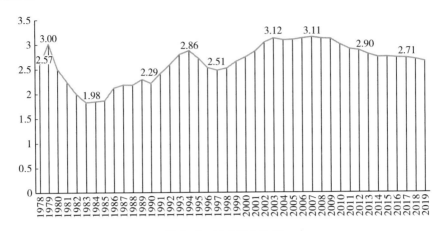

图 2-2 城乡收入比值

资料来源:《中国统计年鉴》。

2.2.1 城乡二元经济结构形成与固化时期（1978年前）

新中国成立初期，我国工业发展进程缓慢，封闭落后的农业经济仍是国民经济的主导力量。为了快速缩小与发达国家之间的差距，政府选择了重工业优先发展战略。但国内工业自身的积累根本无法满足重工业发展的资金需求，农村集体经济确保了工业品具有稳定的产品市场。

为了获得农村中分散的资金，国家对农业实行集体化经营并实行了农产品统购统销制度，压低农产品的收购价格，通过设置工农产品价格差为工业化发展进行资本的原始积累。在集体化经营和统购统销制度的安排下，农业剩余不断地被转移到城市工业中，农民利益受到了一定的损害，于是部分农民离开农村涌入城市，政府开始通过户籍制度严格限制城乡人口之间的自由流动，将农民与农村牢牢地捆绑在一起，向城市提供农产品和生产资料。与此同时，以户籍制度为基础建立起了城乡分割的劳动用工制度、商品粮供应制度以及社会保障制度等一系列制度安排，在高度集中的计划经济时期共同维系、固化着城乡二元经济结构。

2.2.2 城乡二元经济结构缓和时期（1978—1984年）

1978年，家庭联产承包责任制提高了广大农民的生产力水平，对农业生产形成了内部激励;同时《中共中央关于加快农业发展若干问题的决定(草案)》规定,从 1979 年夏收开始,粮食统购价提高 20%,超购价在这个基础上再提高 50%,其他主要农产品收购价格也适当提高,农产品收购价格的提高对农业生产形成了外部激励。在内外激励机制的作用下,1978 年到 1984 年间的农业生产力水平得到了极大提高,农业产出的年均增幅高达 7.7%,其中种植业产出的年均增长率达到 5.9%。在这一阶段,国家还下放了农村集体土地非农利用的权利,引导农村剩余劳动力在乡村内部搞多种经营,大力发展农村经济,于是乡镇企业迅速成长起来,农民收入大幅增加,农民从乡村两级企业得到的报酬收入增长 4.2 倍,年均递增 31.6%。农业生产的快速增长以及农民收入的大幅增加,使得城乡二元经济结构得到一定程度的缓解。

2.2.3 城乡二元经济结构在波动中明显强化(1984 年至 21 世纪初)

进入到 20 世纪 80 年代中后期,农业尤其是粮食比较效益下降,农业生产出现衰退。同时,为了防止农村耕地大规模减少,1986 年国家开始对乱占耕地行为进行管控,上收集体建设用地的审批权,农村集体建设用地市场开始出现萎缩;而城市从 1980 年开始逐渐确立以出让为主的土地有偿使用制度,城市土地使用权市场得到激活,为城市改造和建设积聚了大量资金。1998 年,国家实行以用途管制为核心的农地转用和土地征用审批制度,农地必须经过国家的征用转为国有土地才能进行土地使用权的转让。在土地征用过程中,征地补偿标准过低、就业安置不到位,使农民利益受到严重损害,而城市和城市企业则通过土地征用获得丰厚的土地增值收益。

由此可见,进入到 80 年代中后期,我国农村土地市场进入调整时期,而城市土地市场则不断发育、完善,这就重新强化了城乡二元经济结构。而 90 年代中后期开始实施的土地征用制度,割断了农村集体土地和城市建设用地之间的合理流转,使得城市土地市场依靠征用农村集体土地走上了逐渐扩张的道路,而农村集体土地仅能在有限的范围内流转;城市和城市企业通过土地市场价格和征用补偿之差额,从农村汲取大量的资金,从某种程度上加剧了城乡差距。

2.2.4　城乡二元经济结构逐步弱化（21世纪初至今）

进入21世纪以后，中国国民经济持续快速增长，初步具备了工业反哺农业、城市支持农村的条件。2003年至2012年期间，在国家城乡统筹战略的影响下（表2-2），中共中央对"三农"的资金投入保持着21.5%的年均增长率，农业农村政策实现了由"取"到"予"的转变。

表2-2　国家城乡统筹战略

年份	会议	相关内容
2003	党的十六届三中全会	将"统筹城乡发展"列为五个统筹之首
2007	党的十七大	统筹城乡发展、推进社会主义新农村建设，必须建立"以工促农、以城带乡"的长效机制，形成城乡一体化的新格局
2012	党的十八大	推动城乡发展一体化，加大统筹城乡发展力度，促进城乡共同繁荣
2013	党的十八届三中全会	正式提出"健全城乡发展一体化"的体制机制
2017	党的十九大	做出"建立健全城乡融合发展的体制机制和政策体系"的重大决策部署
2019	党的十九大四中全会	坚持和完善统筹城乡的民生保障制度，满足人民日益增长的美好生活需要

到了党的十八大之后，建立健全有利于城乡要素合理配置和合理流动的"城乡一体化"被正式提出，全面开启了构建城乡融合发展体制机制的新阶段。政府继续加大对农业农村的投入，农业发展环境、农村生活条件以及公共服务水平均得到显著提高。2014年，国务院颁布的《关于进一步推进户籍制度改革的意见》取消了农业户口和非农业户口的区分，统一登记为居民户口，消除了城乡居民自由迁移的制度障碍，户籍人口城镇化率从2012年的35.3%迅速增长到2020年的45.4%。此后，构建城乡一体的基本公共服务体系进入快车道，城乡要素双向流动的机制在这一时期也得到加强，城乡经济结构的二元性正逐步弱化。

2.3　城乡建设用地的产权制度变化

中国的土地产权制度自改革开放时期开始逐渐向土地使用权市场化方向演

变。从理论上讲,集体土地所有权与国家土地所有权都是独立的所有权形式,两者应当享有同等的法律地位,但在实践中,城乡土地的产权强度和权能存在着显著差异。尤其是在建设用地领域,我国国有建设用地使用权制度的发展和完善要早于集体建设用地,相比城市建设用地较为完整的权能,农村集体建设用地的使用、流转等权能的实现受到较大的限制。

2.3.1　建设用地的分类及特点

《中华人民共和国土地管理法》第四条规定,国家实行土地用途管制制度。根据土地利用总体规划,土地按照用途被分为农用地、建设用地和未利用地三大类。其中,建设用地指用于建造建筑物、构筑物的土地,这类土地不以取得生物产品为主要目的,而利用的是土地的承载能力或建筑空间。建设用地按照不同的分类标准有不同的分类结果,具体如表 2-3 所示。

表 2-3　建设用地的分类

分类标准	内　　容
土地所有权的归属	(1) 国有建设用地。包括城市市区的土地、铁路、公路、机场、国有企业、港口等国家所有的建设用地 (2) 集体建设用地。包括农民宅基地、乡(镇)村公共设施、公益事业、乡村办企业使用农民集体的建设用地
建设用地的供应来源	(1) 新增建设用地。指新近某一时点以后由其他非建设用地转变而来的建设用地,主要是农地转为建设用地的供应 (2) 存量建设用地。指新近某一时点以前已有的建设用地
建设用地服务的产业类型	(1) 非农业建设用地。包括①城镇、工矿、村庄用地;②交通用地;③乡镇企业、农村作坊、机械化养殖场、采矿区、废石场、垃圾堆场等三类 (2) 农业建设用地。直接用于农业生产需要或规定用于农业生产配套的工程用地,如作物的暖房、育秧室、农用水泵房、农用道路等建设所需使用的土地
建设用地的规模	(1) 大型项目建设用地 (2) 中型项目建设用地 (3) 小型项目建设用地

（续）

分类标准	内　　容
建设用地的使用期限	（1）永久性建设用地。指建设用地一经使用后就不再恢复原来状态的土地 （2）临时建设用地。指在实施过程中，需要临时性使用的土地
建设用地的具体利用用途	（1）工矿用地 （2）居住用地 （3）商业、服务业用地 （5）交通设施用地 （6）水利设施用地 （7）公共管理与公共服务用地 （8）其他建设用地
附着物的性质	（1）建筑物用地。人们在内生产、生活或其他活动的房屋或场所，如民用建筑、工业建筑、农业建筑和园林建筑等 （2）构筑物用地。人们一般不直接在其内进行生产、生活或其他活动的建筑物，如烟囱、道路、堤坝、水塔和挡土墙等

资料来源：土流网。

相对于农用地和未利用地而言，建设用地主要具有以下特点：

第一，非生态利用性。在土地利用上，建设用地与农业用地存在的一个显著差别就是对生态因素的依赖程度。选择农业用地时，更多考虑的是土壤肥力、气候等自然条件，具有较强的生态利用性；而建设用地是生活场所、操作空间和工程的载体，主要发挥地基和场所的作用。在选择建设用地时，注重的是土地的区域位置、交通条件等非生态因素，如商业建设用地多配置在交通便捷、人口密集的城市繁华地段。因此，建设用地不具有生态利用性，一些水土条件差的土地难以用于农业生产，但可以作为建设用地，甚至可能是优质建设用地。

第二，高度集约性。建设用地属于整个建筑工程的一部分，整个建筑工程既可以单层的形式平摊在地面上，也可以高层建设的形式矗立于地面上，或者向地下延伸（如地铁、地下商场等），即建设用地使用权可在地表、地上、地下设立，这一空间立体利用决定了建设用地的高度集约性。

第三，再生性。建设用地的再生性是指建设用地能够从现有的建设用地（也称存量建设用地）中经过再开发重新获得新的建设用地，例如旧城改造项目。通过投入更多的劳动和资本来充分发挥和利用建设用地的再生性，能使人们在不断开发存量建设用地的过程中,获得更多的操作空间和建筑场所,以缓解建设用地需求不断增长与土地供应紧张之间的矛盾。

第四,可逆性差。一般来讲,农用地的地质条件只要符合工程建设的要求,再加以必要的开发利用和配套设施就可以转变为建设用地。但建设用地转为农用地就非常困难,因为建设用地的地面被硬化,耕作层被破坏,若要恢复成耕地既需要大量的资金投入,也需要长期的时间,付出的代价极大。因此,建设用地的用途一般较为稳定,其上的建筑物和构筑物一旦建成就拥有较长的使用年限。

第五,土地利用价值高。建设用地单位用地面积上所投放的劳动和资本比农用地高得多,其产生的经济效益也要比农用地高得多。农用地或未利用土地变为建设用地后,未来土地增值的预期可以引起地价几倍、几十倍甚至几百倍的上涨,使得建设用地成为货币创造的一个特色平台。

2.3.2 城市建设用地使用权流转的制度变迁

自新中国成立以来,城市土地资源从"无偿划拨"到"有偿出让",实现了从"无偿、无期限、无流动"向"有偿、有期限、有流动"的转变。

"无偿划拨"阶段。1954 年,我国制定和颁布的第一部宪法规定:"国家用经济计划指导国民经济的发展和改造。"在此背景下,国有土地按计划配置,除了国家授权的单位以外,其他任何人不能进行与土地买卖有关的交易。国家对城市用地实施无偿划拨、垄断征地的行政举措,地方政府划拨给土地使用者的城市国有土地,不需要缴纳租金,国有土地产权供公共部门和单位无偿、无限期、无流动使用。

"有偿出让"阶段。1978 年以后,经济体制改革和对外开放使得土地资源的分配和使用开始逐渐从政府主导转变为市场机制主导。1979 年通过的《中华人民共和国中外合资经营企业法》规定,土地使用权属于中国合营者投资的一部分,合营企业要向中国政府缴纳使用费。从此,深圳、广州、北京等多地都开始了土地使用权有偿使用的实践;1988 年《中华人民共和国宪法》明确规定土地使用权可以依法转让,给予了土地流转合法地位;1990 年,《城镇国有土地使用权出让和转让暂行条例》开启了土地所有权与使用权分离的城镇土地批租制度;1992 年,党的十四大明确提出要建立社会主义市场经济体制,自此,城市国有土地使用制度改革进一步深化,国有土地使用权有偿出让的范围不断扩大。

2.3.3 集体建设用地使用权流转的制度变迁

国有建设用地使用权的全面设立和完善，积极推动着集体建设用地使用权的独立设立和发展，其发展历程大致可以总结为三个阶段：

全面管制阶段。改革开放之前，集体建设用地实行集体所有、统一经营；集体建设用地的流转完全依靠行政权力进行划拨和平调且仅限于所有权人之间。在严格管制的计划经济背景下，并无土地市场的生存空间。

严格限制流转阶段。改革开放拉开了中国经济体制转轨的序幕，工业用地和经营性土地的需求越来越大，土地流转的自发行为随之增多，此时的法律建设已经不能满足经济社会发展的需求，在现实中造成了极大的混乱。1988 年《中华人民共和国宪法》改变了土地相关权利一律禁止转让的一刀切式做法；1999 年国土资源部批准浙江湖州市、安徽宪湖市作为农村集体建设用地使用权流转试点城市，我国从农地全面管制阶段进入非耕地有限度放开阶段；2004 年，国务院公布《深化改革严格的土地管理决定的通知》规定"在符合计划的前提下，村、镇、建制镇中的农民集体所有的建设用地使用权可以流转"。

逐步放宽阶段。2013 年《中共中央关于全面深化改革若干重大问题的决定》提出建立城乡统一的建设用地市场，不仅允许土地承包经营权抵押、担保，而且赋予了农村集体经营性建设用地与国有建设用地平等的地位和相同的权能。2015 年，中共中央办公厅联合国务院办公厅，出台《关于农村土地征收、集体经营性建设用地入市、宅基地制度改革试点工作的意见》，标志着我国正式进入城乡建设用地市场全面建设阶段。2019 年最新修订的《中华人民共和国土地管理法》允许集体经营性建设用地通过出让、出租等方式流转，依法取得使用权人还可行使"转让、互换、出资、赠予、抵押"等权能，破除了集体经营性建设用地入市的法律障碍，对盘活集体土地资产，实现乡村振兴具有重大意义。

2.4 新型城镇化与绿色生态城市建设

城镇化是人口向城镇集中并由此推动城镇发展的过程。在过去一段时间内，城镇化推动了我国社会经济的发展，加快了我国产业结构的转型升级，并在城市现代化建设与城乡一体化方面做出杰出贡献。然而，全球生态环境的恶化使得基于工业文明、依靠资源消耗的传统城市发展模式受到诟病。2013 年，中央经济工作会议首次提出"把生态文明理念和原则全面融入城镇化全过程，走集约、智能、绿色、低碳的新型城镇化道路"。自此，我国开启了城镇化的转型之路，绿色生态发展成为我国新型城镇化战略的核心举措，主张人与自然和谐共处的绿色生态城市发展模式应运而生。

2.4.1 我国城镇化发展的现状分析

第一，城镇化速度快速推进。截至 2020 年，我国城市数量达 687 个，城市建成区面积达 6.1 万平方公里，常住人口城镇化率从 1953 年的 13.26％增长至 2020 年的 63.89％（图 2-3）。城镇化是一个系统的大工程，带动了房地产、公共卫生、基建、教育、医疗、就业、环保等诸多行业的发展，是我国最大的内需潜力和发展动能所在。虽然我国目前的城镇化率仍远低于发达国家80％的平均水平（图 2-4），但我国城镇化正处于加速发展阶段，仍是未来很长一段时间内经济保持中高速增长的重要因素。

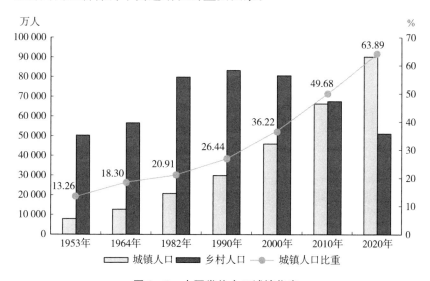

图 2-3 中国常住人口城镇化率

资料来源：国家统计局。

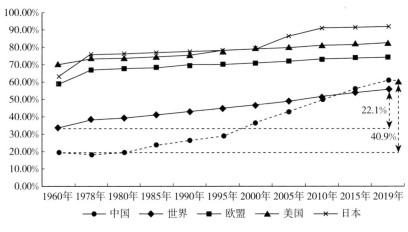

图2-4 中国城镇化速度比较

资料来源: 国家统计局。

第二，城镇基础设施不断完善。新型城镇化是以人为核心的城镇化，注重保护民众的利益。在政府公共财政持续支持下，城市的基础设施不断完善，公共服务能力得到明显提升。截至 2019 年，人民群众日常生活需要的水、电、气等基本生活资料在大部分城市得到充分保障，全国城市用水普及率达98.78%，燃气普及率达 97.29%，人均城市道路面积达 17.36 平方米，人均公园绿色面积达 14.36 平方米（表2-4）。此外，各级政府努力调整财政支出结构，加大城市社会保障资金的投入力度。如 2021 年预算报告显示，在超过25 万亿的全国一般公共预算支出安排中，重点仍集中于民生领域，社会保障和就业支出占比 13.8%，一般公共服务支出占比 7.5%（图2-5）。除了城市人口比例增加和城市规模扩张，人居环境、城市交通、产业支撑等诸多方面也正在由"乡"转变到"城"，向着城乡统筹和可持续发展迈进。

表2-4 2019年各地区城市设施水平

地区	城市用水普及率（%）	城市燃气普及率（%）	每万人拥有公共汽电车辆（标台）	人均城市道路面积（平方米）	人均公园绿地面积（平方米）	每万人拥有公共厕所（座）
全国	98.78	97.29	13.13	17.36	14.36	2.93
北京	99.06	100.00	17.41	7.68	16.40	3.24
天津	100.00	100.00	10.93	12.98	9.21	1.16
河北	99.98	99.46	13.18	19.95	14.29	3.04

（续）

地区	城市用水普及率（％）	城市燃气普及率（％）	每万人拥有公共汽电车辆（标台）	人均城市道路面积（平方米）	人均公园绿地面积（平方米）	每万人拥有公共厕所（座）
山西	99.28	96.43	11.30	17.22	12.63	2.19
内蒙古	99.27	95.80	11.53	23.32	18.71	7.82
辽宁	99.16	97.95	12.14	15.06	11.97	2.02
吉林	94.70	91.80	10.22	14.13	12.54	3.62
黑龙江	98.79	91.09	14.81	15.22	12.43	4.29
上海	100.00	100.00	9.29	4.72	8.73	2.56
江苏	100.00	99.77	15.52	25.41	14.98	4.14
浙江	100.00	100.00	16.42	19.02	14.03	3.02
安徽	99.36	98.70	13.23	23.69	14.80	2.60
福建	99.86	98.42	14.85	21.37	15.03	4.18
江西	98.45	97.87	9.63	19.93	14.53	3.02
山东	99.73	99.14	16.08	25.28	17.57	1.93
河南	97.38	97.05	12.29	15.19	13.59	4.10
湖北	99.16	97.92	10.82	17.45	11.96	2.50
湖南	97.71	96.55	17.94	17.69	11.81	2.41
广东	99.06	97.94	11.93	13.60	18.13	1.85
广西	98.88	98.84	10.10	21.92	13.52	1.46
海南	98.47	97.73	13.38	18.24	10.57	3.01
重庆	97.89	97.36	10.10	14.38	16.61	2.99
四川	95.89	94.95	13.25	16.38	14.03	2.53
贵州	98.33	91.80	11.16	14.53	16.38	2.80
云南	97.08	77.92	12.97	15.00	11.88	4.59
西藏	95.03	60.11	7.62	15.75	9.80	6.34
陕西	96.84	97.80	14.73	16.84	11.62	4.90
甘肃	98.04	92.66	13.29	19.31	14.28	3.05
青海	99.24	93.83	14.09	18.44	11.93	3.65
宁夏	98.39	95.65	12.85	26.20	21.05	2.99
新疆	98.55	98.52	13.39	23.67	14.88	2.74

注：人均和普及率指标按城区人口与暂住人口之和计算，以公安部门的户籍统计和暂住人口统计为准。

资料来源：国家统计局。

图 2-5　2021 年全国一般公共预算支出安排

资料来源：财政部。

第三，综合改革措施稳步前进。在城镇化推进的过程中，一个非常大的阻碍就是现行城乡分割的户籍管理、土地管理、子女教育、社会保障制度等，固化着已经形成的城乡利益失衡格局，制约着农业转移人口市民化。为了解决该问题，促进人口城镇化与土地城镇化协调发展，促进农民工融入城镇的相关政策在不断完善。《2020 年新型城镇化建设和城乡融合发展重点任务》提出，"督促城区常住人口 300 万以下城市全面取消落户限制；推动城区常住人口 300 万以上城市基本取消重点人群落户限制。"保证了农民工的城镇落户和身份转换，二元户籍制度壁垒正在被逐渐打破。同时，依附于户籍制度的社会福利制度也得到极大地改善。在义务教育方面，农民工子女可凭借居住证和社保证明就近到公办学校入学；在社会保障方面，农民工可无障碍地参加城镇职工的社会保险，与城镇职工享受同等待遇；在社会公共服务方面，农民工与当地城镇居民的差距也日益缩小。这些政策措施的落实，为农民工城市融入提供了充分的民生支持，也为城镇化的顺利进行提供了保障。

2.4.2　生态文明对当前城镇化的要求

首先，树立"以人为本"的城市发展理念。新型城镇化不同于传统城镇化"以物为本"的发展理念，其工作的出发点和落脚点是"人"，强调全民共享城镇化的发展成果。当前我国的城镇化面临着"人口城镇化"低于"土地城镇化"

的困局,我们除了要关注城镇商业用地的存量和增量,更要注重为城镇居民提供更加优质的生存环境和社会服务,以创造优良人居环境作为目标追求,着力强化配套承载功能,不断提升管理服务水准,全方位提升人民群众的舒适感、愉悦感、获得感。因此,要善于从城市自身特质和普遍规律出发,突出人的主体地位,把握城市规划建设管理的正确方向,将城市品质不断推向新的高度。

其次,确立城乡兼容的城镇观。我国的城乡二元结构导致了城乡发展的差距,从理想的角度看,城市与乡村的关系不应该是割裂的,而应该是互联共生的。因此,新型城镇化道路必须坚持城乡一体化理念,不能只盲目地对大型城市进行投资,一味地摈弃农村的生产、生活方式,而应把农村文明作为城市文明的组成部分进行吸收和发扬,科学地构建城市与农村和谐共生的新型关系,从而实现城乡经济共同繁荣。

再次,贯彻生态城市的建设规划。人类社会从工业文明向生态文明的转变意味着人类的聚居模式有了新的方向,即生态城市。生态城市的建设是一项复杂且持久的系统工程,探索生态城市的战略规划,可以从以下方面入手:首先,建立适应生态城市建设的法规体系,使生态城市建设制度化、法律化,保障生态城市战略规划的顺利实施。其次,建立生态管理机制,除了增设环境保护方面的指标考核,还应将政策执行层面纳入考核范围之内,加强生态城市建设的监督体系。最后,重视生态技术的开发、应用以及人才的培养,为生态城市建设提供技术支撑和人才支持。

最后,落实集约型的城镇建设布局。我国人口基数大,资源紧缺,必须要贯彻可持续发展理念,放弃高污染、高消耗、高投入的粗放型城镇发展模式,向高效益、低污染、低消耗、低投入的集约型发展方向转变。建立环境友好型、资源节约型的城镇,就需要将重点放在长远的生态效益之上,落实集约型的城镇建设布局,用足、用活城市的存量土地,减少盲目的空间扩张,此外,还需加强对现有社区的重建,尽量拉近生活区和就业区距离,降低基础设施的离散程度,以减少房屋建设的消耗以及通勤成本。

2.4.3 新型城镇化背景下绿色生态城市的建设

2.4.3.1 我国生态城市的建设模式

资源型生态城市的构建:资源型城市是以本地区矿产、森林等自然资源开采、加工为主导产业的城市类型。根据资源开采与城市形成的先后顺序,可将资源型城市分成"先矿后城式"和"先城后矿式"两种模式，前者完全是因为资源开采而出现的城市，如大庆、攀枝花、金昌等；后者是在资源开发之前就已有城市存在，资源的开发加快了城市的发展，如大同、邯郸等。对于资源型城市而言，生态城市的建设可从以下方面入手：首先，资源型城市应积极引进外部资金、技术和人才，提高资源的利用效益，拓展资源型城市的发展空间；其次，资源型城市在污染防治方面，既要注重污染的末端治理，更要加强对污染源头的预防以及生产全过程的控制；然后，资源型城市需要进行产业结构的调整，力求主导产业有序升级，接续产业与主导产业形成良性互动；最后，资源型城市应尽可能降低资源开采，加大资源深加工行业的资金投入，变粗放型经济为集约型经济增长。

旅游型生态城市的构建：旅游型城市是指具有独特的自然风光、人文资源以及旅游接待能力，以旅游产业为主体、旅游业产值占城市 GDP 的 7％以上的一类城市。目前我国诸多旅游型城市，如浙江杭州、湖南张家界、海南三亚、广西桂林、云南昆明等，都在积极开展生态旅游城市的建设。建设生态旅游城市需要遵循以下原则：首先，遵循生态学原理，对旅游资源的各项开发与建设做出科学合理的规划，在保护的基础上进行有限度的开发利用，避免超过承载力的旅游活动；其次，加强城市的基础设施和旅游环境建设。建设生态旅游城市，需要为游客提供高品质的娱乐环境，因此必须加强现代化的城市基础设施和旅游业环境建设，对社会服务、治安防灾、环境整治等实施高效率的管理，完善城市功能；最后，全面提高城市的人口素质。建设生态旅游城市需要整个城市居民的共同努力，通过加大对教育的投资来提高城市的人口素质，有助于形成良好的社会风气和城市面貌，从而推动生态旅游城市的建设。

综合型生态城市的构建：综合型城市是指经济发达、功能全面，能够带动区域经济发展、社会进步、文化传播等社会功能的城市，如北京定位为全国政治、文化、科技创新中心，上海定位为国际经济、贸易、金融和航运中心。根据城市不同的发展特征，综合型生态城市可归纳为创新创业类、经济发展类、社会发展类和环境发展类。在加快推进综合型生态城市建设过程中不能统一模式化，要根据不同的类型特点实施补短板的分类指导性政策建议，如社会发展类城市在保持城市宜居的基础上要激发生态创新积极性，以创新驱动城市经济绿色发展；经济发展类城市需要在推进经济建设的同时加大民生项目建设，注重城市综合能力的全面提升。

2.4.3.2 我国绿色生态城市的未来发展趋势

绿色生态城市将进入快速发展时期。随着可持续发展理念的全面贯彻以及相关利好政策的引导,我国生态城市建设已取得很大成绩。我国作为全球生态城市建设的核心区域,生态城市示范项目、可再生能源建筑应用项目等推动着我国的城镇化迈向环境友好、资源节约、经济持续、社会和谐的可持续发展道路。我国绿色生态城市的发展将从最初的探索阶段进入到快速发展时期,绿色建筑建设将全面铺开。

绿色生态城市发展定位更加注重本地实际。由于各个城市的地理环境、经济发展、自然资源、社会文化等方面存在着显著差异,所以绿色生态城市的发展要因地制宜。我国生态城市建设初期存在着发展动力不明晰、开发强度过大、急于求成、地貌改造过度等问题。伴随绿色生态发展观念的日趋理性以及城市规划的精细化,未来绿色生态城市的建设将逐步进入理性化、科学化的发展阶段,城市定位要与发展需求相匹配,挖掘城市地域特色,根据实际制定本地化的规划与建设方案,分阶段、有重点地实现规划目标。

我国绿色生态建设经验将推动全球绿色城市发展。生态问题无国界,我国在生态治理问题上始终注重加强与世界各国的交流合作,主动承担国际责任。虽然西方国家在生态理念和技术方法方面走在世界前列,但是还尚未形成成熟的经验和模式。党的十八大以来,以习近平同志为核心的党中央在治国理政实践中,始终坚定不移地贯彻生态优先绿色发展理念,我国迅速成为世界上绿色生态城市建设数量最多、建设规模最大、发展速度最快的国家之一,其形成的技术成果和建设经验将对全球可持续发展产生深远影响。

第3章 土地要素市场化的国土空间优化策略

2013 年召开的十八届三中全会明确指出"市场在资源配置中起决定性作用",吹响了全面深化改革的号角。2020 年，中共中央、国务院印发《关于构建更加完善的要素市场化配置体制机制的意见》（以下简称《意见》），深化改革又迈出了坚实的一步。在《意见》中，土地要素位于五大要素市场化配置之首，这也说明了土地是一个核心要素，无论哪个国家和区域的经济发展都离不开土地的合理使用，无论哪个产业的发展都离不开土地要素的制约。事实上，我国土地总量并不是特别紧缺，关键是空间配置、空间调配上存在结构性短缺。例如，城镇化的推进使得农村存在空心村现象；一些城市在土地财政的推动下，盲目扩大城区范围，使得土地闲置或者低效使用；土地的用途类型的转换速度跟不上城市经济转型、产业转型的需要。因此，如何科学地管理使用土地是我们国家在推进工业化和城镇化进程中不得不面对的问题。

2020 年新《中华人民共和国土地管理法》的实施以及土地要素市场化配置改革，推进了城乡建设用地市场一体化，鼓励盘活存量建设用地，增强土地管理灵活性，使得土地使用的决策更加接近市场主体，土地要素的使用更加符合市场的需要，充分发挥了市场配置资源的决定性作用，具有极其特殊而重要的意义。

3.1 土地要素的价值与获利性问题

土地具有使用价值和交换价值，可以进入商品流通，但与一般商品相比，土地具有特殊性。从根本属性来看，土地并非人类劳动所创造的，而是天然赐予的自然物；但从对土地加工的角度来看，经过人类长期直接或间接的开发，现今土地大多都凝结着人类劳动，具有劳动产品的一面。一般商品的价格是其价值的货币表现，而土地的价格一方面是作为自然物的土地价格，另一方面是作为开发的土地价值的价格。

我国土地使用权具有商品属性的合法地位，可以像其他商品一样在市场上流通，但需要通过国家制订一系列法律、法规来保障地产转移或交易的合法性，使地产的所有者或使用者的合法权益能得到国家法律的保护，否则，地产经营就无法顺利进行，也不能在其流通过程中实现它的价值。

3.1.1　马克思地租理论

马克思根据地租产生的原因和条件，将地租分为绝对地租、级差地租和垄断地租，前两类地租是资本主义地租的基本形式，而垄断地租仅是个别条件下产生的资本主义地租的特殊形式。

绝对地租。 是指土地所有者凭借土地所有权垄断所取得的地租。在资本主义制度下，土地为地主所私有，因此不论是优等地还是劣等地，地主都要收取地租。这种由于土地私有制的存在，不论租种好地坏地都绝对必须交纳的地租，马克思将其称为绝对地租。

级差地租。 由农产品个别生产价格低于社会生产价格的差额而形成的超额利润所构成。根据级差地租形成的条件不同，可将级差地租分为级差地租第一形态（即级差地租Ⅰ）和级差地租第二形态（即级差地租Ⅱ）。级差地租Ⅰ是指农业工人因利用肥沃程度和位置较好的土地所创造的超额利润；级差地租Ⅱ是指对同一地块上连续追加投资从而有更高的劳动生产率而产生的超额利润。级差地租Ⅰ和级差地租Ⅱ虽各有不同的产生条件，但二者的实质是一样的，都是由产品的个别生产价格低于社会生产价格的差额所产生的超额利润转化而成。

垄断地租。 是指由产品的垄断价格带来的超额利润而转化成的地租。垄断地租不是来自农业雇佣工人创造的剩余价值，而是来自社会其他部门工人创造的价值。

3.1.2　土地增值成因分析

土地增值是指土地在开发利用或交易过程中发生的土地价格上涨和超额利润的增加。影响土地增值的因素有很多，总体来说，可将其划分为生产性增值和非生产性增值两大类（图 3-1）。

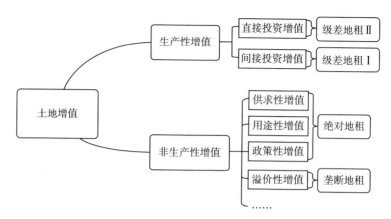

图 3-1　土地增值类型

（1）**生产性因素引起的土地增值。**生产性增值是指对特定地块或相邻区域投入人力、物力、资金等要素，从而使土地资本价值增加，进而推动土地价格上涨。生产性因素进一步又可细分为直接投资因素和间接投资因素。前者是指土地经营者直接对土地进行投资，使特定地块的土地生产力得到提高，从而使该块土地价值增值，属于级差地租Ⅱ的增值；后者是指政府或其他土地使用者对某一区域的土地进行开发或改良，带动了其周边土地价格提升的外部辐射性增值，这也被称为"土地资本效益的扩散性"，属于级差地租Ⅰ的增值。

（2）**非生产性因素引起的土地增值。**非生产性增值是指由于土地稀缺性、土地用途调整、政策性等因素而引起的地价上涨，与资金、劳动力等因素没有关系。我国招拍挂出让造成的土地增值属于溢价性增值，属于地租理论中的垄断地租；而稀缺性引起的土地供求性增值主要是因为社会对土地的需求不断增加，土地又具有不可再生性，因此土地资源供小于求，引发土地价格上涨；土地用途性增值是指同一地块由低收益用途转换为高收益用途时引起的地价上涨，例如，农村集体用地被征收转变为城市建设用地引起地价的增加；政策性土地增值主要是指政策利好引导土地利用的增值。不管是土地需求增加引起土地供求性增值，还是土地用途调整或政策利好引起的土地增值都属于地租理论中的绝对地租增值。

3.1.3　基于不同环节的土地增值收益分配

根据我国实行的城乡土地二元所有制将土地收益划分为集体土地收益和国

有土地收益，国有土地收益是国家、地方政府、房地产开发企业、金融机构、私人业主等参与分配城市建设用地在获取、利用、流转环节中产生的各种收益；集体土地收益是政府、农村集体、农民等参与分配农村土地在被使用过程中产生的各种收益。总体来看，从征地到土地使用权出让再到房地产开发三个环节，土地收益分配对应的三大利益主体分别是农民集体（市民）、地方政府和开发商（图 3-2）。

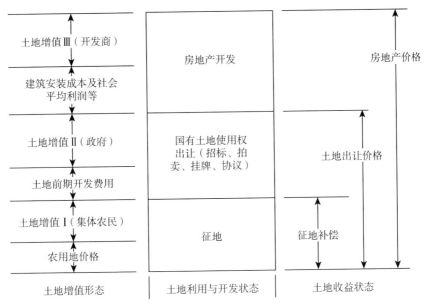

图 3-2　土地增值环节与收益分配关系示意图

资料来源：百度文库。

（1）**征地环节的土地增值及其分配。**根据《中华人民共和国土地管理法》的规定，征地补偿费用包括土地补偿费、安置补助费、附着物和青苗补偿费，由此征地补偿与农用地价格之间形成了征地环节的增值。土地征收一般由地方政府完成。我国现行征地制度存在征地权行使范围过宽、补偿标准低、安置途径单一等缺陷，使得广大农民的权益不能得到有效的保障。针对这些问题，党的十八届三中全会提出，缩小征地范围，规范征地程序，完善对被征地农民合理、规范、多元的保障机制。自 2015 年以来，我国推行农村"三块地"改革，以区片综合地价确定土地补偿费和安置补助费，并在原来的补偿基础上增加了农村村民住宅补偿和社会保障费，为被征地农民构建了一个更加完善的保障体系。

（2）**出让环节的土地增值及其分配。**地方政府作为中央政府代理人，是国有土地所有权出让的供给方。地方政府获得土地收益的主要方式有两种,一是通过土地批租制获得地租收益,即通过招拍挂方式收取国有土地出让金;二是对房地产征收房产税、城镇土地使用税、土地增值税、耕地占用税、契税五税。如图3-3、图3-4所示,从2011—2020年,国有土地使用权出让金总体呈上升趋势,从3.3万亿元增至8.4万亿元;从2011—2019年,"房地产五税"总额由0.8万亿元逐年增至1.9万亿元。

图3-3 2011—2020年国有土地使用权出让金及其占GDP比重

资料来源:国家统计局。

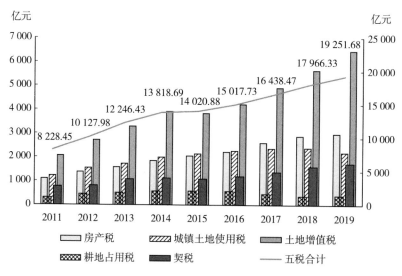

图3-4 2011—2020年房地产五税金额

资料来源:国家统计局。

（3）房地产开发环节的土地增值及其分配。 房地产开发商在获得土地使用权后对土地进行开发利用，其主要收益来源包括土地转让收入、商品房销售收入、房屋出租收入以及其他收入。自从国有土地使用权市场化改革以来，我国房地产行业发展势头迅猛。从主营业务收入结构看，1992—2019 年，房地产开发企业的主营业务收入由 528.56 亿元逐年增至 11.02 万亿元。其中，土地转让收入、商品房销售收入、房屋出租收入以及其他收入分别由 42.74 亿元、426.59 亿元、5.96 亿元、53.26 亿元逐年增至 0.08 万亿、10.41 万亿、0.15 万亿、0.37 万亿元。从平均利润看，1992—2019 年，房地产开发企业的营业利润由 63.52 亿元逐年增加至 1.5 万亿，房地产开发企业成为快速实现资本积累的群体（表 3-1）。

表 3-1　房地产开发企业经营情况

单位：亿元

年份地区	主营业务收入	土地转让收入	商品房销售收入	房屋出租收入	其他收入	税金及附加	营业利润
1992	528.56	42.74	426.59	5.96	53.26		63.52
1995	1 731.66	194.40	1 258.28	25.79	253.19		143.41
2000	4 515.71	129.61	3 896.82	95.32	393.96		73.28
2005	14 769.35	341.43	13 316.77	290.29	820.86		1 109.19
2006	18 046.76	300.65	16 621.36	316.79	807.96		1 669.89
2007	23 397.13	427.92	21 604.21	386.81	978.19		2 436.61
2008	26 696.84	466.85	24 394.12	521.47	1 314.40		3 432.23
2009	34 606.23	498.05	32 507.83	544.27	1 056.08		4 728.58
2010	42 996.48	519.19	40 585.33	742.92	1 149.04		6 111.48
2011	44 491.28	664.66	41 697.91	904.28	1 224.43	3 959.67	5 798.58
2012	51 028.41	819.39	47 463.49	1 151.55	1 593.98	4 731.04	6 001.33
2013	70 706.67	671.42	66 697.99	1 364.01	1 973.25	6 322.76	9 562.67
2014	66 463.80	571.95	62 535.06	1 464.10	1 892.69	6 239.00	6 143.13
2015	70 174.34	600.54	65 861.30	1 600.42	2 112.08	6 412.80	6 165.54
2016	90 091.51	666.32	85 163.32	1 786.97	2 474.89	6 875.67	8 673.23
2017	95 896.90	838.42	90 609.15	1 568.32	2 881.01	6 307.36	11 728.11
2018	112 924.68	1 207.38	106 688.38	1 484.30	3 544.62	7 299.72	18 543.71
2019	110 239.78	874.14	104 126.42	1 539.29	3 699.94	7 420.57	15 439.35

（续）

年份地区	主营业务收入	土地转让收入	商品房销售收入	房屋出租收入	其他收入	税金及附加	营业利润
北京	3 425.84	86.52	2 609.52	180.17	549.63	301.25	425.77
天津	2 126.73	46.79	1 946.86	30.85	102.23	162.45	126.57
河北	2 313.24	13.96	2 237.45	11.55	50.27	210.02	111.21
山西	1 227.24	12.57	1 110.34	7.94	96.39	56.39	71.05
内蒙古	731.43	6.37	710.64	6.15	8.27	52.47	36.72
辽宁	2 492.57	20.96	2 387.94	18.49	65.18	137.72	162.88
吉林	986.81	8.08	962.95	6.97	8.81	40.67	122.68
黑龙江	993.99	9.59	960.37	5.84	18.19	60.60	89.67
上海	5 031.76	25.05	4 236.53	450.47	319.71	492.02	1 236.95
江苏	13 257.25	123.37	12 795.77	78.56	259.55	736.58	1 814.58
浙江	9 247.50	42.74	8 962.31	75.51	166.94	512.49	1 320.00
安徽	5 124.85	23.91	4 959.50	18.35	123.09	201.63	598.66
福建	3 377.07	10.87	3 152.10	45.82	168.27	250.08	641.56
江西	2 529.97	25.81	2 450.03	8.40	45.73	122.81	383.34
山东	6 895.29	61.18	6 615.89	45.51	172.71	417.81	681.08
河南	5 458.19	33.13	5 181.40	33.52	210.13	258.83	789.05
湖北	4 837.02	41.65	4 529.65	49.21	216.50	323.06	779.63
湖南	3 900.54	38.98	3 722.97	20.35	118.24	207.61	361.58
广东	16 160.51	47.98	15 495.86	236.78	379.89	1 656.61	3 496.68
广西	2 342.83	16.95	2 238.37	23.47	64.04	95.14	234.04
海南	1 274.87	28.40	1 215.01	5.80	25.66	220.15	124.57
重庆	3 777.44	44.64	3 588.17	45.91	98.72	186.33	812.73
四川	4 992.08	21.34	4 829.50	50.81	90.42	307.67	514.96
贵州	1 718.81	8.97	1 609.46	12.01	88.37	106.28	116.10
云南	1 820.70	65.75	1 641.12	25.86	87.97	115.96	59.88
西藏	50.23	1.27	47.98	0.79	0.20	2.01	13.42
陕西	2 038.81	3.71	1 906.89	16.17	112.04	93.86	212.58
甘肃	779.19	2.75	751.79	6.53	18.12	29.85	41.96
青海	202.01	0.29	193.10	1.35	7.27	7.29	9.46
宁夏	393.88	0.03	378.26	6.55	9.03	13.43	18.24
新疆	731.13	0.51	698.65	13.59	18.37	41.49	31.75

资料来源：《中国统计年鉴》。

3.2　增强土地管理灵活性的制度改革措施

为了突破城乡二元土地市场结构造成的土地利用效率不高、城乡建设用地结构失衡、资源配置不公平等现实困境，各个地方基于自身情况和优势，加强对土地管理的灵活性，对农村集体建设用地的流转和管理提出了不同的制度改革创新措施。

3.2.1　重庆的"地票制"

地票是指将闲置的农村宅基地及其附属设施用地、乡镇企业用地、农村公共设施和农村公益事业用地等集体建设用地进行复垦变成耕地，经由土地管理部门严格验收后产生的建设用地指标。2008 年，重庆农村土地交易所挂牌，该交易所以"地票"作为主要交易标的，中国的地票交易制度就此诞生。地票的运行分为复垦、验收、交易、使用四个环节（图 3-5）。所有法人和具有独立民事能力的自然人，均可通过公开竞价购买。地票交易产生的收益，除了缴纳少量税费外，其他绝大部分归农民家庭所有。

重庆地票的创设，一方面使农村多余的建设用地通过复垦形成指标，进入土地交易中心进行交易，有效地激活了农村土地资产，解决了农村建设用地的浪费问题。另一方面，通过激励相容的市场机制，实现了城乡建设用地之间潜在的供需关系，城市建设用地增加和农村建设用地减少挂钩，保证了城乡的建设用地总量不增加、耕地总量不减少。

3.2.2　浙江嘉兴的"两分两换"

国家于 2008 年刚开始实行城乡用地增减挂钩政策之时，浙江省委、省政府就将嘉兴市确定为统筹城乡综合配套改革试点地区，并提出了"两分两换"的发展改革思路（图 3-6）。"两分"，一是将宅基地使用权与农村土地承包经营权分开，二是将土地流转和农民搬迁安置分开；"两换"，一是用原有宅基地置换在城镇或新型农村社区中的房产，按照宅基地的区位和地理条件将住宅安置分为公寓式安置、公寓式和联排安置以及建联排房安置；二是用土地承包经营权换取社会保障，即农民将土地承包经营权转租给农村集体

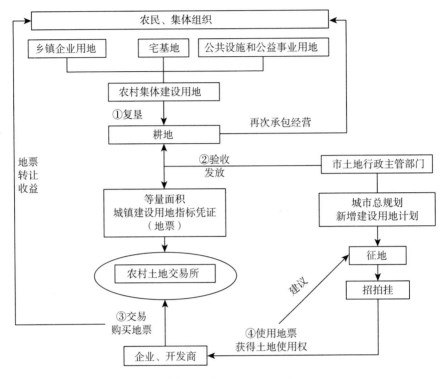

图 3-5　重庆地票流程图

资料来源：百度文库。

经济组织或集体公司统一进行土地经营管理，从而每年获得一定比例的租金或是农产品。

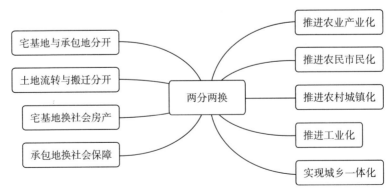

图 3-6　嘉兴"两分两换"

资料来源：百度文库。

嘉兴市农村宅基地使用粗放，人均宅基地面积大，"两分两换"工作极大地提高了嘉兴市农村宅基地的利用效率，盘活了农村宅基地，拓展了城乡发展空间。此外，新农村社区由政府及相关部门进行统一规划，统一配套生活基本设施，改善了农民的居住环境，并且解决了农村建设用地的低效利用问题。更为重要的是，农民的权益在试点工作中得到了有效保障，其生活水平得到了极大的提升。

3.2.3　贵州湄潭的"五明五定"

贵州湄潭县作为全国农村集体经营性建设用地入市改革试点之一，探索出了"五明五定"的改革经验，大胆尝试将农村集体建设用地与国有建设用地"同地同价、同等入市"，为其他地区开展农村土地产权制度改革提供了宝贵经验。

"五明五定"，一是明成员定主体，确定成员资格划定、取得、保留、丧失的界定标准和操作流程，理清集体资产享有和分配的对象；二是明地块定权能，湄潭县对 15 个镇（街道）、132 个村（居）进行普查，建立底数台账。此外，根据资产来源清理权属，清理后的集体经营性建设用地分别登记到村、大队、小组股份经济合作社，明确登记的集体经营性建设用地方可入市；三是明途径定方式，《湄潭县农村集体经营性建设用地入市管理办法》明确了"就地入市、调整入市、城中村整治入市和综合类集体建设用地分割登记入市"四种入市途径以及"拍卖、挂牌、协议"三种入市方式；四是明平台定市场，县财政投入 5 000 万元资金在县中国茶城建立了农村产权交易市场，由政府引导、市场主导，促进农村集体经营性建设用地进入平台公平交易；五是明比例定分配，湄潭县建立了兼顾国家、集体、个人利益的土地收益分配制度，如国家征收调节金比例为总价款的 12%，集体提取公积金不得少于 20%，公益金不得高于 10%，两者总额度不得超过 50%，集体经济组织成员分配比例不得少于净收益的 50%。

湄潭县按照"五明五定"模式，盘活了集体土地资源，促进了农民增收，并且解决了民营（小微）企业发展的用地瓶颈，其成就得到了原国土资源部、原农业部的充分肯定（图 3-7）。

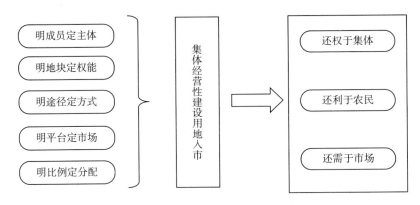

图 3-7　湄潭"五明五定"

资料来源：百度文库。

3.3　"增减挂钩"在国土空间规划中的运用

长期以来，我国人均耕地、优质耕地及耕地后备资源少与经济快速发展带来的建设用地需求增加的矛盾一直存在。基于我国的基本国情，在计划配额管理机制下，控制建设用地总量，确保耕地（特别是永久基本农田）面积不减少，是保障粮食安全的根本出发点及重要战略举措。在中国经济高质量发展背景下，如何有效地协调城市经济发展水平与有限建设用地资源之间的矛盾成为亟待解决的问题。

3.3.1　城乡建设用地指标的管理沿革

我国建设用地指标管理经历了从项目到区域的转变过程。1987年，原国家计委、国家土地管理局下发《关于编制建设项目用地定额指标的几点意见》，从项目层面对特定项目所需占用额定土地面积进行控制。后来，在项目层面控制建设用地指标已不能满足市场化的演进以及各地区项目的独特性差异，于是，以区域作为调控重点成为大势所趋。2008年，国家不再对具体项目用地进行额度控制，而是每年分配给各地区一定额度的土地指标，各个省市就在分配的指标范围内进行项目的管理和分配。自此，以各级政府为主体，以不同年份总量控制为核心的建设用地指标控制体系基本形成，相较于之前全部由中央管控的项目用地指标,以区域为重点的用地指标管理赋予了地方在一定额度内对项目指标分配的自主权。但是,从"用地单位申请,到县、市、省级政府层层审查,再到国务院审批",整个用地审批周期过长,审批效率低下。

2020年,国务院将用地审批权下放,一是将国务院可以授权的永久基本农田以外的农用地转为建设用地审批事项授权各省、自治区、直辖市人民政府批准;二是北京、天津、上海等试点可将永久基本农田转为建设用地和国务院批准土地征收审批事项委托部分省、自治区、直辖市人民政府批准。此次用地审批权下放,使得省级政府在促进经济发展和调整年度用地供应计划上拥有了更大的自主权,同时提高了用地审批效率,有利于试点省市的产业项目以及基础设施建设快速落地。

3.3.2　建设用地指标配置制度与国土空间治理现代化的契合点

(1)**建设用地指标配置制度是国土空间治理现代化的重要组成部分。**《中共中央　国务院关于建立国土空间规划体系并监督实施的若干意见》提出要在2035年实现国土空间治理体系和治理能力现代化,基本形成生产空间集约高效、生活空间宜居适度、生态空间山清水秀的国土空间格局。国土空间治理现代化的首要工作是国土空间规划制度的体系化和有序实施,其次是通过空间用途管制制度对自然资源的开发建设活动进行许可和监督。建设用地指标产生于空间规划体系中的土地利用规划,其使用受到空间用途管制的限制,是空间规划体系中重要的定量控制手段。因此,建设用地指标配置制度是国土空间治理现代化的重要内容和形式。

(2)**国土空间治理现代化是建设用地指标配置制度发展的重要推力。**国土空间治理现代化对建设用地指标配置制度的发展具有推动作用。首先,国土空间治理现代化的推进对建设用地指标配置制度的法治化与民主化具有直接的指导作用。从立法层面看,国土空间规划与国土空间用途管制的立法工作,需要以法律规范的形式对建设用地指标配置制度加以限制;从执法层面看,建设用地指标的配置机制与激励机制对各级政府之间的分配问题和地方政府置换的行为进行约束和规范;从司法层面看,需要建立起农民集体、城市居民以及开发主体在建设用地指标配置过程的司法救济手段。此外,实现国土空间治理现代化离不开政府在国土空间规划和用途管制等方面发挥的主导治理作用,提升政府在规划和管制方面的执政能力与执政水平是国土空间治理现代化的应有之义，作为贯穿其中的建设用地指标配置制度，也将迎来新的发展需求。

3.3.3　建设用地指标跨区域交易的影响展望

从目前来看，我国东部沿海经济发达地区，对建设用地指标需求量较大，城市发展空间不足；中西部地区耕地后备资源丰富，但缺少土地开发资金以及工商业发展的条件，发展动力不足。究其根源，我国建设用地指标分配缺少市场调节机制，不利于土地资源的有效配置。通过土地指标跨区域交易，耕地后备资源不足的发达地区可向欠发达地区购买指标用于扩大建设用地规模，这意味着耕地占补平衡地域由省内平衡向国家统筹转变，打破了市场化交易地域界限，土地市场将迎来全国统一的新局面。

一方面，跨区域指标交易加强了全国性土地资源优化配置。跨区域指标交易进一步促进资源向中心城市和重点城市群集聚，满足大城市不断增长的人口居住需求、产业发展需求和重点项目建设需求，保障大城市继续健康发展。此外，又帮助了发展较慢的城市分享大城市经济增长的成果，带动了内陆城市的持续性发展。在"推动经营性土地要素市场化配置"外，配合"推动劳动力要素有序流动"的方案，既保证了全国用地总量整体规模不变，又保证了人均资源拥有量的平稳增长，实现资源优化分配。

另一方面，跨区域指标交易为贫困地区实现土地增值收益提供了新途径。据统计，自2012年以来，全国通过增减挂钩政策向农村地区输送资金达5 900亿元，项目区贫困群众人均年收入提高了30%以上；2018年，"三区三州"及其他深度贫困县增减挂钩节余指标由国家统筹，允许跨省域调剂使用。增减挂钩节余指标跨省域流转，统筹了发达地区和贫困地区的空间资源，为深度贫困地区带来巨额政策"红利"，为贫困地区提供了超过千亿人民币的"真金白银"，打破了现有以省为单元的经济社会发展模式，为贫困地区实现土地增值收益提供了有效途径。

3.4　土地要素市场改革对接国内大循环的关键问题

"十四五"期间，在外部环境高度不确定的情况下，我国提出了国内国际双循环的新发展格局，以国内大循环为主体，构建完整的内需体系，使经济的增长依赖于本国的生产、交易、分配和消费环节，实现内部的自我循环。我国拥有超大规模市场，这是畅通国内大循环的天然条件，当前，内循环最迫切的任务是扩大内需，而新型城镇化作为内需最大的潜力所在，承载着历史重任。据有关研究表明，城镇化率每提高 1 个百分点，可拉动消费增长 1.8 个百分点，拉动投资增长 3.7 个百分点，至少可维持 4%～5% 的经济增速。

3.4.1　释放城镇化红利以增强国内大循环的动力

（1）城镇化促进消费需求。新型城镇化对人口具有持续吸聚力，人口的存量和未来增量，将会在城市形成规模巨大的内需缺口，消费需求规模将因此扩张。此外，新型城镇化的发展将推动更多优质生产要素向城市集聚，促进第二、三产业的快速发展，为城镇居民提供更多的就业机会，从而增加城镇居民工资性收入水平。根据凯恩斯的绝对收入理论，随着居民可支配收入的提高，消费也会增加。新型城镇化的发展持续释放潜在的消费需求，消费又带动企业生产，为供给端进行优化调整注入强劲动力，最终将形成一个完整的由工业生产到最终消费的经济循环。

（2）城镇化拉动投资增长。一方面，城市功能建设将引发城镇化投资规模效应。一般而言，城市居民对公共产品的需求是远大于农村居民的，比如基础设施、教育、医疗、社会保障、司法系统等。城镇化率每提高 1% 就会有约 1 400 万人进入城市，这无疑将对城市基础设施及公共服务产生可观需求进而带动投资规模。

另一方面，产业转型升级将引发城镇化投资结构效应。城市居民一般追求更高的生活质量，高端庞大的消费需求将引致新的业态，推动产业结构转型和创新能力提升。产业升级、创新驱动与投资优化将形成有机互动关系，投资结构优化将成为内需潜力的重要源泉之一。

3.4.2　推进新型城镇化以提升经济发展的质量

（1）户籍制度和收入分配制度改革。人口向城市的聚集蕴藏着巨大消费潜力，但其实现的基本前提是转移人口市民化。因此，当前新型城镇化的首要任务是弱化户籍制度的约束，放松落户限制。近年来，虽然我国户籍制度改革在不断探索，但依附在户籍上的福利差异问题仍未能得到彻底解决。面对双循环的新发展格局，通过实质性地推进转移人口市民化，实现人口布局与经济布局之间的协调发展，是激发消费需求规模潜力的重要推动力。

与此同时，我国的收入结构和收入水平还远低于发达国家，收入分配制度仍需进一步完善。国家统计局数据显示，我国中等收入群体在"十四五"期间将达到 6.5 亿左右，提高居民的可支配收入水平，尤其是中等收入、低收入人群的收入水平，是加快构建完整内需体系的关键一环。落实到实践中，可在初次分配环节，提高居民收入在国民收入中的占比；在再分配环节，提高对中等收入、低等收入人群的转移支付。

（2）**区域一体化和自贸区发展。** 经过四十多年的改革开放，我国建立了最完整的工业体系，是世界上唯一拥有全部工业门类的国家，这是我国超大规模市场繁荣的重要基础。但是，目前国内还存在着市场一体化程度较低，区域协调联动能力有限、生产要素流动存在壁垒等问题。通过区域一体化形成国内统一的大市场，是构建国内大循环的内在要求。重点推动京津冀协同发展、长江经济带发展、粤港澳大湾区建设，使地理位置、要素禀赋和产业结构不同的地区相互配合，实现单个孤立市场无法达到的规模经济和集聚效应。此外，加强自贸区建设。中国自贸区的"试验"始于 2013 年的上海，目前已设立 21 个自贸区，实现了京津冀、长三角的全覆盖。各城市应依托自贸区政策优势，创造便利营商环境，以自贸区为平台，积极探索建设更高水平开放型经济新模式，建设成为新时代中国开放新高地。

（3）**产业聚集和技术创新推动。** 产业聚集是城镇化的基础，没有产业集聚就无法实现人口聚集，更无法推动产业的进一步创新升级。产业集聚发展到一定阶段形成产业集群，产生规模和溢出效应，有利于提升城市竞争力。目前，城镇化发展要因地制宜地构建具有特色的、有竞争力的城镇新产业群，推动产业升级，实现经济更高水平的增长。此外，受经贸摩擦、疫情、逆全球化思潮等影响，全球产业结构呈现出去国际分工和区域化的新趋势，我国的产业链、技术链"脱钩"风险上升。在此背景下，我国必须强化高技术产业人才体系建设，实施产业链"强链补链"工程，强化国内经济大循环，构建国内国际产业链多环流体系。

第4章 城乡劳动力流动特点及发展趋势

马克思把劳动力或者劳动能力定义为人的身体中存在的、进行生产活动时运用的体力和智力的总和，而劳动力迁移主要指农村劳动力向城市转移，这种劳动力移动对于减小城乡差距和拉动经济增长起着关键作用。

目前，中国的外来务工人员有两个主要来源：一类通常被称为"农民工"，他们的户口在农村，却转移到城市从事劳动，这部分人是农村转移劳动力的主体。另外一种劳动力拥有城市户籍，但从所在城市向另一个城市移动并就业，通常被称为"外来市民"。

"农民工"是中国劳动力市场的突出特点，在城乡劳动力流动中起到重要作用。贾德裕（1998）认为农民工是工作登记在城市，户口属于农村地区的劳动者。张启春（2003）给农民工的定义是拥有农业户口，但转移到城市低端行业从事较低技术水平工作的劳动者。林竹等（2010）认为农民工的户籍留存在农村，是在本地或异地从事非农行业的劳动人群。总之，学者对移居劳动者有比较一致的定义。这类群体的显著特点是户籍在农村，且从事非农事业。此外，农民工可以细分为两类，即1980年以后出生的新生代农民工和1980年以前出生的老一代农民工。

4.1 城市外来务工劳动者的主要特征

作为传统农业国家，改善农民生活水平，促进农业和农村经济发展的方法是中国现代化过程中的一个重要课题。改革开放前，城市和农村之间严格的户籍制度和城乡二元分割体制严重限制了地方人口流动，农村劳动力的非农转换落后于产业结构的升级。改革开放之后，随着政策调整、产业化和城市化的持续发展，许多农村劳动力摆脱了简单农业生产的约束，开始进入城市并参加非农生产活动。据统计，截至2017年底，流动人口占17.55%，总规模达2.44亿人。农民工和外出农民工规模分别为2.870亿人和1.72亿人，占总劳动力的 35.56% 和 21.31%（表 4-1）。农村人口比例由 1978 年的 82.08% 减少到 41.48%。

表 4-1 近年中国流动人口和农民工规模

单位：亿人，%

年份	流动人口		农民工		外出农民工	
	人数	占人口比重	人数	占劳动力比重	人数	占劳动力比重
2010	2.21	16.48	2.42	30.87	1.53	19.52
2011	2.30	17.07	2.53	32.19	1.59	20.23
2012	2.36	17.43	2.63	33.33	1.63	20.66
2013	2.45	18.00	2.69	33.92	1.66	20.93
2014	2.53	18.49	2.74	34.38	1.68	21.08
2015	2.47	17.96	2.77	34.58	1.69	21.10
2016	2.45	17.72	2.82	34.94	1.69	20.94
2017	2.44	17.55	2.87	35.56	1.72	21.31

资料来源：《中国农民工监测调查报告》《中国统计年鉴》。

近年来，农村劳动力的转移趋势呈现出新的状态。一方面，农村剩余劳动力规模巨大，不断流向经济发展较好的地区，政府正努力解决农村劳动力流动带来的就业压力和社会矛盾。另一方面，产业结构的持续调整和农村经济水平的提高提供了大量的就业机会。

(1) 城市流动劳动力的总体情况。中国家庭收入调查（CHIP 2013）范围覆盖东、中、西地区，五个东部省份、五个中部省份和四个西部省份，基本上可以覆盖全国情况。数据库的流动人口有 683 个有效数据，其中，总数据的 48.2% 来自东部，18.7% 来自西部地区，来自中心地区的有 33.1%。

(2) 城市流动劳动力的个人特征。在流动人口统计中，东部流动人口中的 58.66% 认为其生活幸福或相对幸福，而中部地区则占 59.73%，西部地区最低，为 32.81%。西部地区的外来工人生活幸福度不高，可能与西部地区较低的工资水平有关。

总体样本的男女比例为 1.46∶1，东部地区为 1.35∶1，西部地区为 1.56∶1，中部地区为 1.57∶1。由此可以看出东部地区男女比例较小，女性在东部地区也较易找到工作。

从婚姻状态的角度来看，东部地区已婚者的比例为 80.55%，西部地区为

74.22%，中部为 77.43%。整体样本的平均年龄基本是 35 岁，东部的流动劳动力比中部和西部的要年轻一些。

三个地区之间的健康状况差别较大，东、中、西自评健康的人口比重分别为 89.67%、89.38% 和 69.53%。这可能是由于西部地区的生活情况较恶劣，大部分的工作强度都很高，所以外来劳动者认为自己健康状态出了问题。在家庭登记调查中，90% 以上的外出打工者户籍在农村，但是从是否为本地户籍的角度来看，东部地区的劳动者多数来源于外地，东部地区的外来劳动者的流动性较大。总样本中参保比例为 90.19%，中部地区最高，东部地区反而最低（表 4-2）。

表 4-2　流入样本个体特征分析

变量	全体（683）	东部	西部	中部
幸福度	54.17%	58.66%	32.81%	59.73%
男女比	1.46	1.35	1.56	1.57
已婚	78.33%	80.55%	74.22%	77.43%
年龄	34.99%	34.91%	35.02%	35.09%
健康（好）	85.80%	89.67%	69.53%	89.38%
健康（差）	1.76%	1.52%	3.13%	1.33%
户口（农村）	91.80%	90.58%	89.84%	94.69%
户口（本地）	53.73%	39.82%	59.38%	70.80%
参保人数	90.19%	83.28%	93.75%	98.23%

（3）城市流动劳动力的家庭特征。从家庭劳动力数量的角度来看，中部地区的外来打工者数量为 2.64，远高于东、西部地区。关于家里孩子的数量，中部地区的务工家庭的孩子数量比东部和西部多，西部地区最少，可能的原因是西部地区的劳动力工资不高，教育水平低，难以满足育儿和教育的需要。15 岁到 18 岁是接受教育的重要时期，很多外出打工的人都会让他们的孩子去务工的城市借读。从表 4-3 中可以看到，来自东部的务工家庭的儿女平均数是 0.14，高于中部和西部地区，这与东部地区教育水平较高相关。需要注意的是，东部地区 65 岁以上的老年人数量较多，为 0.079。从家庭评估收入的角度来看，总样本中的 11.57% 认为家庭收入高，41.43% 评估自己的家庭收入为低收入。在东部地区，评估家庭收入高的人占比 15.50%，家庭收入评估低的人占 48.63%，两类指标都比中部和西部高。其原因可能是东部地区的收入

差距大，务工者的心理收入差距也很大。

表 4-3　流入样本家庭特征分析

单位：个

变量	全体（683）	东部	西部	中部
家庭劳动力数量	2.43	2.30	2.37	2.64
6 岁以下小孩数	0.23	0.23	0.15	0.27
6~12 岁儿童数	0.29	0.26	0.21	0.37
15~18 岁青少年数	0.12	0.14	0.06	0.12
65 岁以上老人数	0.056	0.079	0.015	0.044
家庭评估收入（高）	11.57%	15.50%	7.03%	8.41%
家庭评估收入（低）	41.43%	48.63%	39.84%	31.86%

（4）城市流动劳动力的社会关系特征。在这部分人口流动样本中，东部地区有 55.02% 的务工人员的就业信息来自亲戚和朋友。东部地区有很多就业机会，对劳动力的需求大，务工人员之间会相互介绍工作。从信赖的角度来看，西部地区 53.91% 的务工者认为可以信赖来自亲戚朋友的信息，但是中部地区相应的比例为 73.89%，东部地方也达到了 71.73%。东、中部的务工者享有很高的信赖度。可能是由于东部和中部的整体氛围和社会环境更好，只有 2.43% 的东部外出务工人员有过被拖欠工资的经历（表 4-4）。

表 4-4　流入样本家庭特征分析

变量	全体（683）	东部	西部	中部
就业信息来自亲戚或朋友	50.22%	55.02%	47.66%	44.69%
亲戚朋友可以信任	69.11%	71.73%	53.91%	73.89%
被拖欠工资的经历	4.54%	2.43%	5.47%	7.08%

同时，与出生于 1980 年前的老一代农民工相比，新一代农民工呈现出更多的特征。具体体现在如下几点。

（1）受教育水平大幅提高。新一代的外出打工者大多接受了完整九年的义务教育，文化知识的显著改善是城市用工情况变化的重要因素，新一代的务工人员渐渐地丢掉了"没文化"的标签，不再是城市的边缘人群。当地居民对农民工的观念逐渐变化，他们的接受和宽容也将使外来务工人员慢慢融入城市。

（2）市民落户的积极性增强。 由于地方乡土文化的复杂和家族观念的深刻以及人口政策的限制，以前的老一代移民即使还住在城市里，也会将户口留在农村。但是，由于新生代务工人员长期居住在城市，已融入城市生活，现存的差异正在缩小。为了得到更好的医疗和教育条件以及长期的发展，很多新一代外出打工人员都有落户城市的意愿。一些地区实行了积分制度，鼓励流动人口在城市里落户，政策的变化和地区居民的开放态度促进了社会对新一代移民工人的理解和宽容。通过个人、政府、社会的共同行动，新一代外来劳动者对市民化的热情明显比以前的外来劳动者强烈。

（3）工作环境的日益改变。 新一代外出务工人员的工作范围较广，但集中在第三产业、建筑等传统产业从业人员的比例有所减少。很少有企业歧视外来工作者，不正当雇佣的概率降低。随着教育和生活水平的提高，新一代外出打工人员对就业的条件要求更高，其中大部分是对就业持有认真和乐观的态度。他们不仅要求工资和社会保障，还要求有机会进行职业训练和晋升；他们的工作不仅支持他们的家庭，还是为了提高他们的生活和个人技能。如果他们对现在的工作不满，他们宁愿辞职。这也引起了新一代外来务工人员的低容忍性和高流动性问题。伴随着职业的变化，人际关系无法维持，人际网络变得不稳定，这些是新一代员工的共同问题。

（4）对生活质量的要求提高。 随着国家经济的发展、物质生活的丰富，新生代外来务工人员从小的生活环境比上一代舒适。良好的生活环境也使得该群体进入城市务工后，对生活质量有了更高的要求，主要体现在以下方面：一是购买能力提高可以满足在饮食、服装、美妆等方面的消费期望，追求更好的物质生活；二是注重精神享受，书籍、手游、旅游等产品受到了新生代的追捧，注重朋友间的往来；三是住房观念改变，宗族血缘观念开始淡化，家族群居的特征在新生代外来务工人员身上体现得不明显，这些人多以独居为主，并且对居住环境的要求明显提高。新生代外来务工人员对基本生活的追求已经大大超越了上一代，但在自我价值表现方面仍有所欠缺。例如，鲜有新生代外来务工人员积极主动参与社区事务，他们与本地居民的互动仍存在隔阂。

4.2　城市务工劳动力的总体就业状况

我国社会随着城市化进程的加快而发生了深刻的变化，外来务工人员还没有真正被城市社会所接纳，不能完全享受与城镇居民同等的待遇，因此在就业方面也呈现出一定的问题。

4.2.1 外来务工人员劳动权益保障缺失

受自身文化水平、劳动素质等条件约束，外来务工人员多数任职于工资待遇低、劳动强度大、工作环境恶劣的劳动密集型企业。用工行为缺乏规范、劳动关系不稳定以及用人单位对外来工人的歧视，导致外来务工人员的权益时常被忽略，主要表现在以下几个方面。

（1）**工资待遇低，拖欠工资现象时有发生。** 除具有一定学历或技能的工人，外来务工人员每月的平均工资远低于城市平均水平。工资拖欠现象也时常发生，即使近几年这类情况已有很大改观，但据相关部门统计，仍有30％左右的外来务工人员存在被拖欠工资的现象，其中用缴纳押金的形式暂扣工资较为普遍。

（2）**劳动强度大，休息权得不到保障。** 休息权是我国广大劳动者享有的宪法性权利，但据调查，目前从事服装制造、超市收银、建筑等行业的工人每日工时在10小时左右，远远高于法律规定。城市外来务工人员工作时间偏长的原因主要包括两个方面，一是部分企业任务量大，因此对外来务工人员提出了更高工作时间的要求；二是对于一些城市外来务工人员来说，他们也希望通过加班获得高工资。如果企业不提供加班机会，这些外来务工人员可能会离职去寻找有加班机会的工作。

（3）**工作环境差，成为职业病易发多发人群。** 市场经济下企业追求经济利益最大化，常常以忽略劳动者身体健康为代价换取高效率、高产量。部分企业不给外来务工人员配发必要的保护用品，使其直接接触有毒物品而导致中毒，有的是通风设备陈旧老化，通风不畅或者根本没有通风装置，无法保障良好的工作环境。出现这些问题，一方面是由于城市外来务工人员职业技能水平较低，只能从事一些技能水平要求低的工作，而这些工作所在的物理环境通常存在较多问题；另一方面，企业为了减少成本，很少采取有效的措施改善工作环境，直接导致外来工人的就业环境存在较多问题，损害了员工的身心健康。

（4）**工作与生活较难平衡。** 多数城市外来务工人员由于长期在外工作，与户籍所在地的联系变弱，很难兼顾好工作与生活。出现这种情况一方面是因为外来务工人员工作时间较长，对个人生活关注较少；另一方面是由于城市外来务工人员的子女教育问题对其工作与生活的平衡产生影响，这也是造成城市外来务工人员工作与生活较难平衡的主要原因。部分外来务工人员将子女接进城里学校借读，这加重了外来务工人员的经济负担；部分外来务工人员则由于经济能力不足，将子女留在户籍所在地读书，这进一步加剧了城市外来务工人员工作与生活的失衡。

（5）**职业培训机会少**。职业技能是劳动者实现顺利就业的关键。当前城市外来工人的文化素质较低，大多数外来务工人员多从事一些技能水平较低的工作，外来务工人员文化技能素质的滞后阻碍了其在城市的长期稳定就业。另一方面，这也是由于所在单位很少提供职业技术技能培训以及当地开展的就业培训质量不高导致的。

（6）**职务晋升机会较少**。劳动者就业的目的之一是满足自己更高发展的需要，但大多数城市外来务工人员在实际工作环境中晋升机会比较少。一方面原因是外来务工人员文化教育水平不高、技能水平低，不满足职务晋升的要求。另一方面可能是受到户籍限制的影响，一些企业对外来务工人员存在偏见，不给予提拔的机会。一些实地调研中发现，部分企业在实际考评中对外来务工人员要求苛刻，不公平公正的对待外来务工人员，对外来务工人员的职务晋升产生了不利的影响。

（7）**福利待遇水平不高**。福利通常是指单位或企业为了保留和激励员工，采用的非现金报酬。狭义上的福利主要包括养老保险、住房公积金和带薪休假等，但享有这些福利的外来务工人员比例较低。社会保险方面，缴纳五险一金的城市外来务工人员不超过一半，而养老保险的参保比例刚刚过半。出现这个问题的原因，一是企业认为社保缴费负担重不愿主动缴纳，二是很多外来工人更希望获得切实的利益，不愿意把钱缴纳上去。

（8）**政府就业服务不完善**。政府就业服务主要包括职业介绍、职业指导、就业训练、社区就业岗位开发服务和其他服务内容。对于政府提供的就业服务和就业政策，大多数外来务工人员认为对其自身影响不大。即使政府采取了一些针对城市外来工人的就业服务政策措施，但仍有不足，效果也不是很好。具体来说，一是职业培训质量不高。表现在：培训内容单一，无法满足求职者的需要；培训周期较长，求职者参与培训的积极性不足；就业培训机构获得的培训资金有限，很难开展一些高质量的培训项目。二是公共就业服务失衡问题较为突出，外来务工人员无法享受到与本地人员同等或接近的就业服务。

4.2.2 外来务工人员社会保障制度不健全

我国大多数外来务工人员常年奔波于城市与农村之间，在城市从事非正式职业或者边缘职业，社会保险覆盖率较低，外来务工人员社会保障制度不完善具体表现为以下几点：①外来务工人员社会保障立法保护存在缺陷。一方面，我国缺乏全国统筹的社会保障机制，长期形成的城乡二元体制使外来务工人员在以户籍制度为基础、社保思路向城市倾斜的制度下面临巨大的鸿沟。另一方面是由于没有统一的社会保障基本法规，社会保障体系并不完整，各地法规、条例"各自为阵"，内容千差万别。②外来务工人员社会保障执法不到位。社会保障由多部门交叉分管，既缺乏统一调配管理，又欠缺组织协调，造成了政府职能分配不明、工作效率低下的局面。此外，社会保障机构监管力度不足，社会监督系统的责任范围安排过于笼统，导致监督功能不到位。③劳动合同签订率较低。目前，仍有较多数量的外来务工人员没有签合同。之所以出现这种情况，主要是单位和劳动者两方面的原因：首先从用工单位考虑，第一，单位相关负责人法律意识较弱，认为劳动合同对企业招聘产生了约束，使企业不能随便辞退外来务工人员，增加了企业的管理难度和运行成本。第二，对于众多季节性用工企业来说，与流动性大的外来务工人员签订劳动合同的过程过于烦琐，不利于企业的高效经营。第三，企业为降低成本，规避法律责任。部分企业不愿意为外来务工人员缴纳社会保险和住房公积金，因此不与外来务工人员签订劳动合同，以便在发生劳动纠纷时能规避法律责任。其次，从劳动者角度来看，第一，很多外来工人认为能够有工作就已经很难得了，不愿再与企业讨价还价。第二，很多外来务工人员法律意识较弱，不愿意为自己维权。第三，一部分外来务工人员不愿意让合同限制自己的行为，他们更愿意在劳动市场自由流动，而且很多外来工人不想缴纳社会保险，更不愿签订劳动合同。

4.3 城乡劳动力就业转移、要素市场扭曲和就业决策调整

4.3.1 部门差异导致农村劳动力被动寻求出路

1995 年前后，多种因素导致农民生产收入方式单一并处于较低水平，城

市经济有所发展并增加了劳动需求，城乡两地收入差距开始出现。因此，农村的劳动力从农村走出来，开始摸索新的道路。现存的农田和资本投入没有变化，劳动力出现绝对剩余。在此期间，农业部门中的劳动力对于资本和土地要素来说严重剩余，农业生产活动的边际产出量呈现减少的趋势。农产品长期稳定的价格和就业机会的稀缺也严重阻碍了农民收入的增长。农业劳动的边际收入持续减少，在农业部门劳动力绝对过剩的状态下，寻求新的生活方式和就业途径成为农民的现实需求。

在这个阶段，在政策指导下的要素分配会导致两个部门间劳动收入差距的扩大，地方劳动力处于被动地位，劳动力相对剩余，就业出现困境。一方面，特惠政策指导下的要素投入的效益差距正在扩大。根据现有理论，农村劳动力相对资本和土地过剩，农业劳动边际产出较低或者为负数，是导致城乡劳动力转移的深层次原因。但是，根据农业部门统计资料显示，农产品税费过高导致农业生产收入低，投资政策倾斜于非农业部门，二者也是城乡两部门收入差距扩大的一个重要原因。而且现有的农地所有权制度限制了农民要素的有效分配，地方资本不足阻碍了农业用地和劳动力的有效组合，这些因素也削弱了增加农业劳动力产出效益的可能性。另一方面，要素市场狭窄的分配空间导致了就业的困境。城乡交流中扭曲的布局人为地限制了耕地和农产品的价格，严重削弱了农民对农业生产投资的积极性，由此产生了转移就业的动机。总的来说，农村劳动力的就业选择很少，收入有限，在一定程度上形成了建立统一劳动市场的阻力。这期间外出打工的工人明显处于被动地位，求职的主要方法是亲戚和朋友介绍，就业存在不确定性。一般来说，这个阶段外出务工者的人力资本很低，具有明显的"候鸟"迁移特性，劳动价格的增加幅度也远低于非农业部门的劳动供求增加幅度。

4.3.2　劳动力就业决策调整和转移就业

随着部门间收入差距和机会不平等的增加，劳动力在乡村-城市之间的转移进一步扩大。1995 年至 2003 年劳动转移呈现出新的特点。

（1）农村非农经济发展发生变化。城市交通规模扩大，农村劳动力迁移就业的推动力增加，城乡收入差距进一步扩大，城市非农业部门的劳动需求持续增加，农村非农经济发展发生变化。具体体现为：农村乡镇企业发展不足、非农业经济活动的成功率低以及农村劳动力的地方非农就业的可能性低。在这种情况下，大多数地方的劳动力都投入到城市的非农业部门。农村劳动力的城市转移是为了解决农村劳动过剩问题而出现的，但是在这个阶段宏观经济变动和政策限制对地方的劳动移动和就业存在很大的抑制效应。城乡差别严重，表面上控制劳动力流动有助于解决城市和地方的劳动分配不平衡，但城市和地方发展不平衡和城乡就业机会的不足才是问题的关键。过度干预会导致城市和地方的劳动分配不平衡，进一步阻碍要素的最佳分配。

（2）劳动力供应过剩和劳动力价格过低。伴随着地方劳动力从乡村转移到城市，农业生产中农民的投入急剧减少，大量农田被抛弃。农村资本向城市和非农业部门的输出开始出现。即使有些劳动力一时在城市找不到工作，他们宁可等待，也不会选择为了从事农业而回到故乡。在二元经济转型的背景下，非农业部门劳动需求的增长是有限的。另外，这个时期还存在着城市失业的问题，其结果是，劳动供给无限接近供求的转换点但始终无法达到。

在劳动力无限供给下，劳动工资长期变化不大，民工收入水平处于较低水平，劳动生产率和劳动价格没有对应关系。随着迁移工人规模的扩大，部分劳动力的个人特点、工作岗位和待遇发生了变化，但是由于转移的地方劳动力超过了城市和非农业部门的吸收能力，所以无限制的单向移动限制了经济效率的提升，劳动力市场更加扭曲，外来务工者的差异化特征开始显示。

4.4 劳动力估价偏误、就业分层及其影响因素

城乡收入差距将导致农村劳动力就业的转移，农业劳动边际产出最终接近或等于社会经济平均产出。但是，官方调查数据和一些研究表明，城乡之间以及地方区域和产业之间的要素收入差距不断扩大，并且有就业分层的锁定或农民收入的固化倾向。

劳动供求差距的持续扩大和农民工就业困难、流动性大的矛盾一直存在。在劳动力长期流动的过程中，对于来自农村的劳动者来说，就业难、就业稳定性不足、难以适应企业的劳动需求等诸多问题并存，而且劳动供求容易受经济波动的影响。劳动价格对劳动供求变动不敏感，劳动价格出现被严重低估和扭曲的情况。劳动和社会保障部调研组（2006）在《农民工就业服务和培训问题研究报告》中指出：与来自城市的劳动力相比，农民工的职业选择集中在低端职业，如商业和服务行业，只有少数农民工从事管理或专业技术等高级职业。张燕（2012）、李文涛（2013）的研究结果表明移民工人主要从事低工资职业，

薪资水平较低，劳动环境和安全保护条件恶劣。

由于政策向城市倾向，中国的劳动市场明显具有城乡分化结构和特点。传统上，受历史、户籍政策等因素的影响，中国的劳动市场分为城市劳动市场和农村劳动市场，劳动者不能在这两个市场自由活动。同时，城市劳动市场的劳动者受到经济环境和人力资本投资的影响较大，薪资水平高，农村劳动市场的劳动者很难受到经济环境和人力资本投资的影响，劳动报酬较低。随着改革开放的推进和城市化进程的加速，大量农村劳动者进入城市劳动市场，二者严格分割的状态开始被打破。2005 年中国人口普查数据显示，城市劳动市场中来自农村地区的劳动力比例在 20％以上。特别是广东、浙江等地区，吸收了更多的农民工，外出打工的人数占总劳动市场份额的一半以上（邢春冰，2008）。在城市乡村二元户籍政策下，城乡劳动转移具有明显的城市倾向。一些农村劳动者进入城市就业后，不能得到和城市居民均等的就业机会和相关权利，工资、晋升途径也有很大的不同。此外，外来工人进入城市后，另外要支付住宿设施、信息不对称、环境适应以及其他进入费用，"城市居民"还对移民工人抱有警戒和偏见。与城市工人相比，农村工人面临更大的参与成本和壁垒，并且大部分农民工从事一些较低的熟练劳动，得到相对较低的报酬。结果城市内部也形成新的分割市场，即本地居民的劳动市场和外出打工劳动者的劳动市场逐渐形成。进一步，中国的劳动市场分为城市居民劳动市场、城市外来劳动市场、农村劳动市场三种情况。

在劳动市场分割的情况下，城乡劳动者的用工机会和报酬不平等也会影响人力资本投资收入和决策。对于城市的劳动者来说，一方面，通过人力资本投资，可以根据自己的能力条件选择成为城市劳动市场的高技能劳动者，并获得较高的劳动报酬，另一方面，他们也可以作为没有人力资本投资的低熟练劳动者直接进入城市就业市场，同时获得少量的劳动报酬。与城市劳动者存在差异，在劳动市场分割的影响下，农村劳动者面临着两种类型的壁垒，一种是进入城镇劳动力市场，另一种是成为高技能劳动者。此外，在城乡劳动市场二元分割的影响下，农村劳动者担负着额外住宿、进入门槛等成本。因此，农村劳动者的实际工资低于城市劳动者，城乡劳动市场的分割程度越高，这种差距越大。

根据发展经济学的研究，由于各种各样的个人和社会原因，不同的人在劳动市场有着不同的位置，劳动市场逐渐分化。有些人只能在低级的劳动市场工作，而其他人可以进入次级劳动市场。由于经济发展水平和个人期望的不同，农村也存在着劳动市场划分和分层问题。

4.4.1 制度环境原因

中国城市化进程中存在的很多问题，大部分是由于不完善的政策体系和改革策略造成的。制度通过社会规则的各个方面的活动来影响城市化的进程。一方面，城市范围的扩大和城市经济的发展为农村劳动者提供了众多的非农业就业机会，刺激了他们对城市生活的向往。另一方面，很多制度上的障碍防止了农民工流向城市，大部分城市务工人员成为城乡间的流动人口。城市的农民工是促进中国城市化发展的重要力量。但是，土地制度、户籍制度、劳动就业制度的缺陷阻碍了农民的市民化过程。武汉大学经济研究所 2007 年对城市移民工人进行了调查，结果显示 92.3% 的移民工人认为影响城市就业的因素是城乡分割的户籍制度、就业制度、社会保障制度和住房购买限制。可见城市工人就业困难的主要原因之一是制度上的障碍。探索城市农民工在非农业就业过程中的制度壁垒，促进城市农民工的非农业就业，真正融入城市社会，对促进中国城市化进程有重要的意义。

第一，二元户籍制度的长期影响。中国户籍管理制度将我们国家的市民分成两部分："农民"、"市民"、"系统内部"和"系统外部"，形成了两元社会福利结构。它不仅造成了城乡两种就业制度和差别性对待的劳动雇佣制度，还结合了住宅、教育、福利补贴、社会保障等社会福利，形成了"隐藏的户籍管理墙"。作为计划经济的产物，户籍制度在农村人口无序流动的时期发挥了积极作用，在特定的历史期间减缓了城市人口的快速增长。随着都市化的进展，户籍制度限制了城市劳动者在城市和乡村的自由流动和就业。这无法满足经济发展的需要，更成为阻碍城市农民工向城市非农业部门转移的壁垒。

户籍制度产生了城市劳动者的非农业就业的制度障碍。现阶段需要转移包括城市务工人员在内的农村劳动力，政府逐渐放宽了入城农民的限制。但是，农民在城市里解决落户问题还有制度上的障碍，就业市场对地方居民也存在排除和歧视。中国的相关法律规定，农民拥有与城市居民同等的劳动权，各地政府不能对农民的就业设置限制。但实际上大部分城市都有地方保护主义。尤其在城市就业现状严峻的情况下，为了缓解失业压力，部分城市实行城乡劳动力分层管理，并着重解决城市劳动者的工作问题。城市居民的特殊待遇实际上造成外来务工人员间接被歧视，剥夺了他们获得理想工作的机会。一方面提供良好的环境、待遇和福利等劳动市场的工作只对当地人开放。另一方面，对外来人口就业采用歧视条件。对进入城市就业的农民数量、产业和类型都做出了限制。城市务工人员因为身份问题，不能享受与城市居民均等的就业机会，很难进入城市主流劳动市场。他们大部分只能进入次级劳动市场，从事工作环境差、工资低、劳动强度高的工作。两个劳动市场的分割进一步加剧了两个劳动市场的供求矛盾，使农村劳动力更加廉价。不合理的就业竞争机制干涉了劳动市场公平竞争的秩序，严重损害了农民工的就业权，并使其丧失就业机会。例如，外来劳动者的孩子们没有被包含在城市的义务教育制度中，不能和市民的孩子们共享同样的教育资源。农民工参加城市社会保险的基础门槛高，手续多、保险不足、保险撤销、保险中断率高。户籍管理制度从就业机会、儿童入学、社会保障等方面影响城市劳动者的生活和就业。武汉大学经济研究所的一个项目，调研了移民工人的市民化意向。调查显示，67.8%的移民劳动者想脱离农民的身份，成为真正的市民。城市-户口二元制度的存在，违反公正和正义的原则，使社会福利进一步恶化，影响和谐社会的建设，不符合城市化本身的原则，更妨碍外来务工农民向市民的转换。

第二，劳动保障制度相对不够健全。劳动安全保障制度是保护城市农民工合法劳动权和利益、获得合理工资和相应社会福利的重要基础。现在外来务工劳动者的权利、工资、福利、社会保障，以及其他诸多权利无法保障，不利于我国的社会稳定和可持续经济发展，也会影响城市农民工的生活和工作。

雇佣相关法规的不足以及不完善的劳动安全保障制度是城市劳动者就业困境的原因之一。现在的劳动安全保障法制有以下问题：关于民工就业权的法律制度不完善，针对城市劳动者的非农业就业的法律更少；现有法律规定不充分，法律责任不合理，操作性不强；相关法律部门监督不力，执法不强。而且，在工人的权利和利益受到侵害和争论后，城市劳动力的权益很难得到保障。基于以上理由，实际上在城市打工的人面临着身份差别、年龄差别、身份差别、工资差别等各种各样的雇佣歧视。有些用人单位出现不购买社保、限制劳动者个人自由、侵犯劳动者人身和财产权的情况，这类行为不仅伤害了劳动者的权益，也很大程度上削弱了打工者的非农业就业积极性。

4.4.2 劳动力供给的问题

劳动市场分割的重要原因之一是劳动力素质的不同。工人素质越高，技能专业化程度越高，越能满足岗位需求，就业竞争力更强。相反，工人素质越低，接受新信息、学习新技能的能力就越低。他们工作的被替代可能性越大，失业的风险越大。对于城市打工者来说，他们的文化品质、专业能力和成功就业的可能性之间有着密切的关系。文化素质低的城市打工者，在劳动市场上可以得到相对较少的就业机会，很难融入城市社会，实现市民身份的改变。

第一，部分劳动者的综合素质偏低。提高劳动力文化素质是实现充分就业的重要条件之一，而高品质教育在推进劳动力文化素质方面发挥着无可替代的作用。一般来说，人力资本投资的增加与劳动质量的提高成正比。由于历史、政策等因素的影响，中国城市和地方教育呈现出不平衡的发展趋势。中国大部分农村地区特别是山区较贫困，经济发展水平低，教育基础设施落后，教师素质差，教育结构单一，地区居民文化素质一般较低。初期农民工的文化知识水平很低。现在，80年代和90年代出生的孩子们一般都是在他们家乡的小学和中学度过，受教育水平比城市低。即使和他们在一线和二线工作的父母生活在一起，他们大部分也是在私立的学校接受教育，教育环境较差，会对成人之后的就业质量有一定影响。

第二，专业化劳动技能的缺乏。城市是生产率高和生产模式先进企业的主要聚集地。为了应对严峻的市场竞争，以知识经济和市场导向型就业制度改革为代表的工作制度改革，需要企业不断提高技术和劳动生产率。因此，劳动市场对专业人才和技术人才的需求大幅增加。欧美的发达国家非常重视提高劳动移动中劳动技能的重要作用，70%以上的地方劳动力接受了职业训练。中国很多城市的农民工都从事农业生产相关的工作，但是他们缺乏城市工作的经验。《中国农民工问题研究总报告》的调查内容显示，中国农村劳动力中接受过初级或中级职业培训和教育的人仅占3.5%。由于职业素质和专业技能不足，在实际操作中常常很难看懂图纸并明确流程，面对新知识、新技术、新要求难以适应，难以在激烈的市场竞争中生存。

第三，部分地区传统劳动观念较落后。农村地区的生产和生活方式相对城市地区较为落后，这决定了农民的思想与城市居民相比会落后、封闭一些。一般来说，农民对土壤有着强烈的感情，具有追求稳定性和安全性的强烈愿望。农民习惯了休闲和自由的农业生活，害怕无法适应城市快速的生活节奏和企业的严格要求，缺少应对激烈竞争的信心。为了实现城市农民工职业的非农业变化，有必要改善他们的竞争意识。

在传统观念的影响下，解决城市职工就业问题主要有两个误区：一是较高的期望。很多雇主雇佣农民工是因为其能忍受低工资和困难的生活条件。但是，一些城市打工者的思想认识和市场需求之间存在着很大的差异。例如，因为郊外城市的农民工生活水平接近城市水平，他们不想从事脏、累、穷的工作，也不愿意过不稳定的生活。他们希望政府能为他们提供理想的工作；年轻的新兴城市打工者的工作要求往往高于他们的实际能力；另一种是欠缺自信。外来打工者想法较封闭保守，就业积极性不高，在来城市工作之前，长期从事单一的农业生产。相当多的城市打工者盼望政府主动上门，依靠政府解决他们的生活问题，并为其安排工作。这导致城市打工者的就业意向不强，没有积极主动地寻找工作。城市劳动者中多数人对城市文化认同度低，加上就业单位和城市居民的偏见和歧视。城市农民工面临着区域、心理等多重壁垒，得不到相应的安全感，成为城市的边界外群体。为实现身份的改变，外来务工人员还需要一个漫长的适应过程。

4.4.3　就业服务体系不够健全

全面实现城市移民工人的非农业就业能够加快中国城市化和工业化的速度。为了实现城市外来劳动者的非农业就业，需要推进相关政策。地方政府应该调整城市和地方的就业，通过推行积极的就业政策，促进城市打工劳动者的就业。统筹就业服务是指政府及各社会团体公开的就业信息，通过提供职业介绍、职业咨询、职业训练等途径，帮助雇佣者寻找雇员，为劳动力就业提供各种信息、技术、经济、政策支持，解决就业中遇到的问题，提高就业率和就业质量。随着就业服务政策的不断完善，农民工的非农业支付成本较少，进而可获得更大的就业空间。目前，中国的就业服务水平相对较低，就业服务体系不完善，存在一些突出问题。

第一，就业方式不够规范。城市农民工非农就业困难的原因之一是缺乏与就业密切相关的就业服务系统。农村缺乏公共职业服务，没有建立就业服务体制。在许多地区，公共职业服务制度并没有扩大到农村地区，特别是针对城市外来打工者的服务严重缺乏，村落和城镇里几乎没有专门的就业服务设施。公共职业服务功能不完善，就业服务水平低，就业服务模式主要是简单的职业指导和引进，就业服务手段落后，服务效率较低，不能满足城市工人的就业需求；雇佣服务监督不到位，就业服务市场混乱。一方面，一些优秀的社会用工服务机构的服务模式的推广还不够，城市用工人员根本找不到用工服务和用工援助，服务机制不能满足多数城市劳务人员的要求。另一方面，负责取缔非法就业组织的政府机关还不够。一些非法用工单位以招工为名，非法收钱，欺骗外来农民工，如收取注册费、培训费、押金等。

第二，就业信息渠道不畅通。就业信息不足是非农打工者面临的一大问题。中国城市的外来打工者主要依靠地理关系和亲戚来获得就业信息。在这种模式下，得到的信息少、就业范围狭窄、雇佣质量低，城市里的外来打工者找不到合适的工作，长时间处于失业状态；或者是工作不合适，频繁地改变工作。目前农民信息网络中就业服务不健全，农村信息网络资金投入少，后勤通信基础设施不足，信息网络开发较少，难以及时向农户提供有效的就业信息，城市移民和雇佣者之间的就业信息平台无法运行，两者之间获得的雇佣信息不完全、不对称是阻碍城市移民劳动者非农业雇佣的重要因素。

第三，职业技能培训不到位。对城市工人进行职业培训存在很多问题，主要有以下几点。一是培训成本高。城市里的打工者为了参加就业规培需要支付各种各样的费用。由于职能部门责任划分不明确，缺乏相关立法、统一详细的管理和收费标准，很多职业培训机构胡乱收费，一味抬高价格。城市的劳务人员无法承担这些费用。二是培训的质量较低。一些培训机构一味地追求培训的次数，而忽略了培训质量。有些培训项目仅仅触及初级培训内容，在实际生产、运营和服务需求中，无法满足使用单位的实际需求。

第四，对外来劳动力的地方政策门槛。政府政策的缺乏和制度上的瓶颈是阻碍农民工就业发展的基本原因之一。其中，最大的障碍是由户籍制度逐渐演化而来的城乡分割系统。城市资源的分配是按照户籍实施的，所以政府通常优先为本地居民提供服务。因此，在农民工向市民转化的过程中，政府存在地方保护主义，从而导致服务不足。户籍制度的实施，使移居劳动者无法和城市居民具有同等的发展机会。户籍制度的不足也限制了就业、福利、教育、社会保障、医疗等系统，从而形成了外来劳动者与城市融合的系统障碍。

4.4.4 其他现实原因

第一，城市就业岗位相对不足。城市里的外来打工者，为了寻找非农业就业机会远离土地和故乡，但其真正融入城市却非常困难。随着工业化和城市化的发展，大量外来人员迅速聚集到城市，导致许多城市面临严重的就业问题。第一，从就业空间的角度来看，中国城市就业问题严峻，城市未就业人口非常大。随着国有企业改革的推进，大量劳动者被裁员，随着市场竞争越来越激烈，很多企业也解雇了部分雇员。在中国的城市劳动市场，劳动者、退役军人、大学毕业生等失业者很多。失业人数增加和城市就业空间狭窄矛盾显著，城市劳动市场就业压力大。较高的城市失业率和少量的就业机会对来自农村的劳动力的就业产生一定的负面影响。面对激烈的市场竞争、过剩供给的城市雇佣市场和对外来打工者的歧视政策，导致城市的外来打工者将面临巨大压力。第二，从产业结构的角度来看，城市的外来劳务人员主要分布在对文化、技能和实务人员质量要求相对较低的产业上。其中，制造业、建筑业、批发零售业、住宿设施、餐饮业等服务业是最能吸收城市外来人员的非农业部门。为了有效吸收城市外来人员，能够吸收多个城市外来人员的劳动密集型产业和服务产业的分布是否合理、发展的好与否是解决问题的关键。但是，中国城市化发展滞后，第三产业发展水平较低，城市为农民工提供的就业空间非常狭小等因素阻碍了农民工进城就业的进程。

第二，小城镇就业空间有限。滞留在小城镇的城市外来劳动者的就业情景同样不乐观。只有当城市或城镇达到一定规模时，他们才能继续吸引来自农村地区的生产要素，并且当这种吸引力达到一定程度时，它才可以对工作有驱动作用。小城镇的成长空间不足，服务功能弱，吸收能力低。此外，由于没有相应的产业支撑，进入小城镇后城市打工的机会很少。1980年左右，在城镇化发展战略的指导下，中国的乡镇企业迅速发展起来。随着这些企业的快速发展，许多农村剩余劳动力实现了非农业转移。但是，好景不长，镇上的企业并没有完全解决农村剩余劳动力转移问题，也没能有效提高中国城市化水平。由于重复建设、技术落后、信息不足、布局混乱等原因，乡镇企业整体竞争力不强，很难在激烈的市场竞争中生存下来。乡镇企业发展速度的减慢，很难有效推进第三产业的发展，吸收城市农民工的能力逐渐减弱，城市农民工获得就业的机会变得更加困难。

第三，劳动力市场变化。随着城市化和工业化的进展，城市务工人员纷纷离开土地进入其他劳动市场寻求非农业就业机会。中国经济发展模式从单目标扩大型向集约型转变，加快了企业技术革新的步伐，部分工人的工作被计算机和机械所取代。劳动市场的雇佣竞争，特别是由于低质量、不熟练的地方劳动者越来越多从而导致竞争越来越激烈。此外，随着中国产业结构的改善和劳动市场需求的变化，雇佣者对年龄、知识、技术、求职者的晋升动力有着更高的要求。来自农村的劳动者的综合素质很难满足工业化和现代化的要求，很难找到合适的工作，从而严重限制了城市打工者的发展。

4.5 劳动力要素市场改革对接国内大循环的主要启示

当前，中国进入了新的经济发展阶段。经济结构、产业结构和创新驱动成为主要动力，这对劳动者提出了更高的要求，农民工的雇佣状况越来越严峻。同时，社会性、经济性的转型需要与经济结构调整协调。结合现有的研究，可以得到以下的主要启示。

4.5.1 对企业提升雇佣质量的启发

企业是雇佣的主体。就业质量问题的很大一部分是企业过分追求利润最大化，以减少雇佣成本。实际上，如果雇佣质量低于劳动者期望的水平，他们会为了找工作而采取激进的措施。提高就业质量对企业的长期发展有很大的帮助，它不仅可以强化雇主的品牌，也可以避免农民工频繁换工作对雇主造成的不利后果。因此，企业为了追求自己的利益和劳动者的平衡，需要从各个方面提高劳动者的雇佣质量。对于企业来说，可以从以下方面来提高劳动者的雇佣质量。

第一，企业团体应当在不超过劳动法等规定的范围内合理安排劳动者的劳动时间。可以合理使用休假，或者通过增加劳动者的数量满足用工需求。

第二，企业组织应根据员工的情况合理安排工作。而不是"统一分配"，应根据每个人的特性使自己的工作接近自己的条件，注意每个劳动者的利益和专业性，这样一方面可以改善劳动者的雇佣质量，另一方面也可以提高企业的生产效率。同时，也需要提供适当的专业技能训练，确立晋升系统，使员工可以通过自己的努力看到未来的希望，从而更加地积极提高自己。关于进修和晋升，企业应大胆突破年龄、性别、户籍等限制，适当增加促进企业员工合理流动的一般技能训练。

第三，**企业组织应注意改善工作环境**。劳动环境不仅对劳动者身心健康，对提高劳动者生产效率也起着重要作用。此外，清洁无污染的健康环境可以降低劳动者生病的风险，降低企业成本。另外，因为大多数制造商的岗位多为在最前线的制造工作，所以企业组织必须建立健全生产安全系统，并制定严格的要求。劳动者遵守规则不仅能保护劳动者自身的利益，也是对企业负责的表现。

第四，**实行民主管理，鼓励职工参与，充分发挥职工的积极性**。员工代表大会制度、员工监督等形式的民主管理系统是员工参与公司管理的重要方式。企业不仅要尊重员工心理需要，还应提供更多的机会促进员工的参与，以营造一种安定、和谐的环境和企业氛围，构筑良好的内部关系，提高企业效率。

4.5.2　对于政府改进相关政策安排的启示

作为劳动市场良好运营的管理者，政府的作用直接关系到就业的质量。政府应该在雇佣政策和保护劳动者方面发挥更好的作用。

第一，现在许多城市对移民工人的孩子入学时有诸多限制和不公平待遇。有些城市打工者的孩子需要满足很多限制条件才能正常入学。这些问题严重影响了农民工的稳定就业。因此，各级政府应该不断改善外来务工人员子女的教育管理体制，调整教育布局，支援外来务工儿童学校的发展，提高外来务工人员后代的受教育水平。

第二，**加强政府执法监督义务，完善外来务工人员的劳动环境**。政府必须履行执法监督的义务，不断优化外来务工人员的劳动环境，为提高移居劳动者的雇佣质量做出巨大的努力。政府严格遵守监督企业生产安全的责任，依法行动，推进企业生产安全相关法令的实施。加强规范和指导企业的劳动行动，严格控制从制度到监督的实施。包括实施劳动法、劳动合同法等法令，监督企业对国民安全卫生规程和法律劳动时间实施的监督，以及为工会等组织能更好地发挥监督企业的职能营造一个有效公正有序的环境。

加强基层监督，建立生产安全监督网，基层政府应加强对自己行政区域内生产、营业部门生产安全工作的监督检查，如果发现生产安全问题和违法行为，必须命令其限期整改；居民委员会协助安全部门进行生产安全性管理。政府机关和地方公共事业管理部门必须监督和检查企业生产的安全性，充分发挥公共力量，鼓励员工举报不符合法律的劳动环境，并且从源头上消除对外出打工者有害的工作环境。

第三，加强宣传监督，提高农民工劳动合同签订率。劳动法要求企业与劳动者有劳动关系时，双方必须签署劳动合同。一系列问卷调查显示，城市农民工的劳动合同签订率较低。为了进一步规范企业的雇佣行为，有效保护外出务工人员的正当权力和利益，政府必须加强宣传、执法、监督，落实劳动合同签订说明责任制度，并在劳动合同书上签字确认和记录。并且，为了有效改善劳动合同的更新率，可实施劳动合同更新的早期警诫制度。只有当所有部门整体协调形成共同力量时，才能更好地督促企业和工人积极签署合同。

第四，改善职业训练制度，提高农民工的职业技术能力。农民工职业能力的不同是限制其城市就业的重要因素。职业训练可以提高农民工的人力资本水平，提高就业质量。具体来说，首先，应该改善培训方法，根据外出打工者的需要实施培训内容。其次，需要增加就业培训力度。要根据农民工的特点，制定特殊技能培训政策，提高其职业能力。此外，需要积极为农民工培训提供资金补贴。再次，积极推进公共培训基地的建设，鼓励公共培训基地、企业和大学参与，并将其培训资源向社会开放。以大学、企业和各种职业训练机构为基础构建培训系统，积极实施就业技术训练等各种职业训练；同时加强职业训练市场的监督和检查，加强职业训练监督，实施培训机构的年度检查。

第五，改善外来劳动者的社会保障制度，提高参加率和安全水平。目前，农民工社会保障存在的显著问题是安全水平低，参与意愿低。政府必须采取有效措施改善农民工的保险率和安全保障水平。首先，对于难以就业的团体，政府可利用社会保险补助金，以外来打工的劳动者为对象，确立与当地居民的社会保障为一体的社会保障制度。其次，为了确保社会保险政策的稳定性，要最大限度地利用报纸、电视、互联网等媒体，提高外来工作者对社会保险重要性和必要性的理解。再次，取消工伤保险、医疗、失业、生育等社会保险捆绑参保，扩大工作伤害保险的范围。最后，对经济困难的劳动者政府应提供一定的社会保障补助金，以便他们能正常交纳保险。

第六，深化公共职业服务机构改革，加强农民工用工支持。公共职业服务是政府以促进全社会就业为目的，为社会工作者提供的一种公共福利服务，也是为了方便劳动者被雇佣和雇佣者招募而设计的。为了应对劳动者就业需求增加，城市公共职业服务机构仍有改进空间。目前，大部分地区（特别是基层公务员服务平台）的公共职业服务机构主要向就业困难群体提供就业援助。为农民工提供的公共职业服务还缺乏系统和制度化的配置，而服务项目还只是提供简单的工作信息和工作介绍。为了进一步提高外来劳动者的公共职业服务，有必要深化公共职业服务机构的改革。完善公共职业服务组织体制，加强公共劳动服务综合运营服务，加强基层公共职业服务机构建设。改善农民工公共职业服务功能，改善公共职业服务人员素质，提高服务能力和服务质量。

　　第七，推进公共职业服务的平等化。为确保农民工平等就业服务，需要公共职业服务产品的公平分配。它不仅注重机会的平等，而且注重平等的过程和结果的公开。应该努力促进职业服务中所有种类劳动者权利的公平性。城乡平等就业管理系统是实现各类劳动者平等就业的关键，现在的城市就业管理系统以城市就业和再就业为焦点，它更注重城市劳动力和大学毕业生，但对外来劳动力的注意较少，特别是极少关注城市农民工的就业生活。为此，有必要关注城乡劳动市场的管理和地方自治体的服务体制。加强城市准入人员的基本管理，实行农民工用工管理和服务的"用工信息卡"制度，统合农民工人数、城镇职工人数、文化水平、性别等农民工用工管理和服务的基本信息。劳动报酬、劳动合同签订情况、五险一金都可以投入到统一的数据库中，实现网络化和一体化管理。

　　第八，推进户籍制度改革，保障劳务人员雇佣享有平等权益。中国的户籍制度还存在一些问题，一定程度上会阻碍劳动力的合理流动。为了促进劳动力市场的发展，提高外来劳动者的雇佣质量，必须加快户籍制度的改革。近年来，国家在大力推进户籍制度改革，切实推进农业迁移人口的市民化。2015年起部分市政府的报告中指出我国应该加快重视居住证制度、积分制度等户籍制度改革。近年来，城市户籍制度改革也取得了一定成果。但是，户籍还与社会保障、公共福利、儿童教育相结合，城市住宅许可还有很多限制因素，有的城市还要求农民工办理临时居住证，有的甚至要求每年必须办一次。由于户籍限制，很多外来打工者不能享受和当地人一样的公共职业服务。因此，部分政府加快了户籍制度改革，推进教育、医疗、社会保障等领域的调整，使农民工和当地居民享有同等福利。

第九，政府应进一步推动劳动市场的流动性。作为就业主体，制造业中外来劳务的雇佣质量与地区经济社会开发水平直接相关。各级政府需要发挥其作用，努力构建公正有序的劳动市场，努力减少阻碍工人流动的障碍，提高劳动市场的效率，减少产业、性别等歧视。

第 5 章 "双碳"目标下环保行业的高质量就业问题

党的十九届五中全会公报指出，"要促进经济社会发展全面绿色转型，实现更加充分更高质量就业。"随着社会组织和生产环节对于资源环境满足当前和未来发展需求的限制越来越多，各国经济复苏的潜能已经不太可能再回到以往的技术简单且污染严重的传统行业，而是更多地释放到具有更加复杂技术标准和环保要求的新兴产业，这是因为在传统的经济增长框架下，环境可持续和经济发展天然地构成了一种互相妥协的关系，经济发展和环境保护仍然是互相排斥的（Portney，2003）。绿色增长模式虽然可以通过经济活动内部化带来的正向环境外部性，而达到绿色生产的帕累托最优，但却需要有大量具备先进绿色生产观念的技术工人（Stavins，2015）。因此，在经济与环境的可持续发展中，"绿色工作"是一个不可逆的优先发展趋势，有调查显示在欧洲许多年轻人的第一份工作都不同程度地与绿色经济相关，而绿色工作也成为解决青年失业问题的有效途径（Sulich & Rutkowska，2020）。

5.1 环保行业高质量"绿色就业"研究综述

早在 1976 年，美国学者帕特里克·赫弗南就在《为环境就业：即将到来的"绿领"革命》的研究报告中提出了"Green Jobs"的说法，"绿领"阶层有望成为 21 世纪颇受社会尊重的就业领域。目前，"绿色工作"的概念被最广泛使用的是国际劳工组织（2007）的定义："在经济部门和经济活动中创造的，可以减轻环境影响并最终实现环境、经济和社会可持续发展的体面工作"。根据此定义，绿色工作主要应具有三个方面的特征：环境友好、经济友好、社会友好。环境友好是指人们的生产方式和消费方式，都是以尽量减少资源与环境代价为出发点，以提升生态承载力和实现人与自然协调可持续发展为目标的环境友好型社会形态。经济友好是指通过更加节能高效和更加清洁环保的生产技术，使传统的粗放型的经济增长方式，转变为高质量的绿色增长方式。社会友好主要落在"体面性"上,"体面工作"是指绿色工作岗位需要得到社会成员的广泛认可与尊重,保障绿色工作从业人员的基本权益,使其可以体面地进行工作。但绿色环保行业中的部分工作偏向成为"非正式工作",即从事非正式工作的员工没有同企业确定正式的劳动关系,更无法享受正式员工的待遇,这导致"体面工作"的要求很难得到满足。

5.1.1 "绿色工作"的定义

近年来,学者们从不同的研究视角对"绿色工作"进行了解释,大致可以分为广义的视角和狭义的视角两个方面。广义的"绿色工作"是指一切与绿色环保相关的直接的、间接的以及引致的就业(Cecere & Mazzanti,2017;Sulich & Rutkowska,2020);狭义的"绿色工作",也即是发生在特定行业的就业,如一些学者专门针对可再生能源行业、回收业、自然保护区工作等进行讨论,认为这些工作是绿色工作(柯水发等,2010;Edwards et al.,2013;Econie & Dougherty,2019)。表5-1归纳了国内外部分有代表性的国际组织、政府部门和学者对于"绿色工作"的定义和描述。

表5-1 部分国际组织、政府部门和学者对"绿色工作"的定义

机构、学者	定义和描述
国际劳工组织(2007)	在经济部门、活动中创造的,可以减轻环境影响并最终实现环境、经济和社会可持续发展的体面工作
联合国规划署、国际劳工组织和国际工会联盟(2008)	从事农业、制造业、研发、管理和服务活动的劳动者,他们的工作能对维护和恢复环境质量起到重要作用,如有助于保护生态系统和生物多样性、有助于通过提高效率减少能源等资源消费以及有助于减少废物和污染物排放等
美国《韦氏大词典》(2009)	环境卫生、环境保护、农业科研、护林绿化等行业的就业者,以及那些把户外、山野工作作为梦想的人
澳大利亚和新西兰(2009)	在绿色组织中工作的管理者和技术人员,或者在其他组织中拥有绿色技能和职责但可能不被视为绿色的人,以及在绿色组织中工作的服务员工、文书、销售和半熟练工人
美国劳工统计局(2010)	生产的商品或提供的服务有益于环境或保护自然资源的企业中的工作,或者工人的职责包括使其企业的生产过程更加环保或使用更少的自然资源的工作

（续）

机构、学者	定义和描述
英国就业和退休保障部的未来就业基金（2010）	提供有助于推动经济、降低碳排放和提高资源效率的商品或服务。这包括环境部门（包括回收、废物管理、环境咨询和监测）、可再生能源技术（包括风力、海浪、地热和生物质）和新兴低碳部门（如替代燃料、碳捕获和储存、碳金融和建筑技术）的工作
中国人力资源和社会保障部劳动科学研究所（2010）	绿色工作是采用绿色技术、工艺和原材料进行生产的工作，也是从事绿色产品生产和服务、环境和生态保护的工作。所有经过绿化的经济活动的就业都是绿色工作
经济合作与发展组织（2010）	有助于保护环境和减少人类活动对环境的有害影响，或有助于更好地应对当前气候变化的工作
Jennifer Cleary（2010）	在一些能够保护野生动物和生态系统，减少污染和废弃物，或者减少能源使用和降低碳排放的工作岗位上的就业
许光（2010）	通过绿色投资而拉动的直接就业、间接就业以及引致就业的总和

虽然"绿色工作"已成为发展绿色经济增长模式的基础条件，同时也代表了高质量就业的发展趋势，但是在现实社会中却似乎很少被提及，即使是在学术研究中也仅仅是在近几年才得到了关注。造成这种结果的原因，主要有以下几个方面：第一，绿色经济是一个内涵非常丰富的概念，在现有的产业体系内，只要是能够运用更加清洁和绿色的生产设备、生产工艺和管理观念，使得原来的资源损耗得到有效控制、环境污染大幅度降低，传统的工作岗位都可以符合广义的"绿色工作"的定义，因此，在可持续发展能够顺利转型成功的条件下，似乎并没有必需的理由将"绿色工作"进行单独地分类；第二，从表 5 - 1 中也不难看出，对于"绿色工作"的定义存在较大的差异，从各种不同的学科和视角来看待这一问题，就难免会陷入无休止的概念重命名的诡辩论之中，而使得"绿色工作"的定义脱离了其原有的现实意义；第三，在市场经济条件下，失业是不可避免的，而有些部门的行业差别也会提高自然失业率，例如回收行业，由于其技术要求低、基本没有行业入门限制、收入不稳定等原因，其从业人员往往具有进出行业流动性较大并且通常都未签署就业合同的特点，随着回收行业的快速发展，也带来更多隐性的失业问题；第四，由于固有的社会偏见的存在，使得"绿色工作"往往并不能成为一种体面的工作，比如废弃资源回收加工的工作就容易遭受社会异样的眼光和不公平的待遇，要改变这种社会偏见的外部性成本很高，需要长期的宣传和观念的推广；第五，

一些新兴的绿色产业在初期需要大量的投资，而其产生收益的时间可能比较长，在跨期的要素投入动态调整中，投资会更偏向于资金的流动性获利，这使得绿色产业在现期的回报率并不高，而相应的绿色工作的收入水平也并不具有明显的竞争力。

本研究可能的边际贡献在于：第一，在国内较早地从经济收益和体面工作的视角梳理了绿色工作的研究现状，而不是只关注对其就业人数的测算问题，从经济规律出发分析了绿色工作的经济效益存在被高估的风险，丰富了绿色工作的相关研究文献；第二，将研究的重点放在可以量化考察的狭义的"绿色工作"的具体产业上，选取《中国劳动统计年鉴》和《中国工业统计年鉴》明确列出的绿色环保行业的就业人员作为考察对象，尝试从不会产生概念争论的具体产业部门的就业数据入手，得出具有更加一般意义和政策参考价值的研究结果；第三，在研究方法上采用了面板数据，通过可行广义最小二乘法（FGLS）对回收行业的就业状况进行分析，使用对比数据来源、更换被解释变量、截取等长年份、构造混合数据、性别分离处理、更换控制变量多种方法进行了稳健性检验，增强了研究结果的可靠性；第四，本研究分析了原本应该成为新时代高质量就业代表的"绿色工作"，为什么在现实中却更偏向于成为非正式工作可能的一些原因，本章的研究结论对于推进"五位一体"总体布局中的生态文明建设具有一定的参考价值。

5.1.2 "绿色工作"的文献综述

当前，"绿色工作"的理论研究已经得到了学术界的重视，并形成了较为丰富的研究成果，这对于在新时代推进经济高质量增长和生态文明建设也是具有现实价值的。与本研究相关的研究工作，主要是沿着以下三支文献来展开。

5.1.2.1 "绿色工作"的测算方法

根据不同的概念描述，学者们采取对绿色工作的测算方法也各不相同，大致可以从广义与狭义两个角度对其进行区分。

从广义角度出发，绿色工作的测算方法一般可以分为以下三类：第一种方法是自上而下，基于标准行业的分类，根据对完整的官方统计数据汇编的行业就业类别，通过将特定的工业活动识别为"绿色"并跟踪这些类别中的就业

(Bureau of Labour Statistics，2010)，此类措施的优点是可以提供定期更新的就业指标，缺点是更新速度较慢且更新难度较大。Trusts（2009）首次采用这种方法对美国绿色企业的数量进行估算，并对 74 个类别企业的绿色工作就业状况进行汇总。Yi（2014）随后使用这些对绿色企业数量的估计，来了解美国各个州的绿色企业以及绿色工作增长的驱动力。Yi & Liu（2015）使用相同的方法来衡量中国的绿色工作情况。第二种方法是自下而上、基于调查的分类（Blanco & Rodrigues，2009；Sastresa et al.，2010；李虹和董亮，2011）。这种研究方法需要大量的时间和精力去进行实地调研，而调研的数据也存在不够充分且无法体现趋势的缺陷。因此，Bishop & Brand（2013）提出了一种混合方法，即将"自下而上"调查的详细信息与"自上而下"趋势数据相结合。Connolly 等（2016）将这种方法的应用范围扩展到国家层面。Unay - Gailhard & Bojnec（2019）采用这种方法测算了欧盟的 10 个新成员国农业部门的绿色工作的就业数量。

从狭义角度出发，研究绿色工作的文献主要集中在能源、环境等行业领域。总体而言，有较多研究着眼于环境政策对绿色工作数量的直接和间接影响（Eastwood et al.，1995）。尤其是在可再生能源领域，学者们发现环境政策对增加绿色工作存在显著的正向影响（Kammen & Engel，2009）。学者们采用的方法也均有不同，其中投入产出模型是较为广泛使用的方法（Moreno & Lopez，2008；Cai et al.，2011；Tourkolias & Mirasgedis，2011；Markaki et al.，2013；Fanning et al.，2014）。投入产出模型不仅能计算出直接的就业增量，还能解释由于倍数效应导致的间接就业机会的增加，柯水发等（2011）采用此方法估计了我国森林旅游业的绿色工作数量。此类研究也有其他研究模型，如可计算一般均衡法模型（CGE）（Allan et al.，2014），以及考虑了可再生能源的正面和负面影响的经济-能源-环境模型（PANTA RHEI）（Lehr et al.，2012）。就业收入弹性分析模型也可用于测算研究，但是该模型仅可估算某一行业的直接工作增加量，而未考虑间接影响，存在无法准确估计工作数量的缺陷，故一般不单独使用，而是和其他模型结合起来使用。

对于"绿色工作"的测算工作来说，其最大的难题并不是工作量的巨大，而是体现在统计口径的不同以及由此产生的认可难度问题。Furchtgott - Roth（2012）用一个例子证明了准确划分绿色工作的难度：在农业中，当一个农民生产玉米来吃饭时，这不算是绿色工作；但是当他将其用于乙醇生产时，他就有一份绿色工作。类似这样的就业数据非常多，它们既无法通过行业分类来准确获得，也不可能通过田野调查而完整采集到。因此，可以预见到对于绿色工作的测算方法而言，还有较大的发展空间。

5.1.2.2 "绿色工作"的经济效益

一条主要的线索是围绕绿色工作和经济增长是否具有双重红利的争论。绿色经济被认为是经济发展的新方向，政策制定方总是希望在推动经济发展的同时，增加绿色就业的机会，即实现经济增长和就业增加的双重红利。但在通常情况下，增加工作岗位是会被更加优先考虑的目标，因为稳就业、保就业通常是经济向好的前提条件。一些学者认为绿色工作可以缓和经济发展和生态环境之间的矛盾，在增加就业的同时实现经济的可持续发展，李虹和董亮（2011）以风电产业为考察对象，通过单位装机容量工作人数和污染物环境外部成本为核心的指标，测算出了风电项目相对于传统的火电项目，在降低 68 万元/兆瓦环境外部成本的同时，能够提供 6.6 人/兆瓦的就业岗位。周不群（2018）对吉林省绿色就业产业结构偏离度进行测算，发现通过就业弥补失业、政府与市场相协调等机制，能够有效实现绿色就业和社会发展的相互促进。另一方面，曲怡（2018）对山东省就业状况的研究发现，其三大产业的能源与就业存在互补的均衡关系，节能环保与增加就业机会的双重红利并不存在。在现阶段，由于绿色工作还是一个比较新的领域，尚未得到充分的发展，绿色工作和经济增长双重红利的讨论还有待进一步观察。

另外一条主线是关于绿色工作的成本效益的研究。除了政府的绿色政策，绿色工作的发展还受到更多成本因素的影响。Consoli 等（2016）利用美国的数据，比较了绿色工作和非绿色工作在技能和人力资本方面的差异，实证结果显示绿色工作比非绿色工作需要高层次的认知和人际交往技能，绿色工作通常还需要支付更高的人力资本费用，如正规教育、工作经验和在职培训等。因此，多数学者基于绿色工作视角重新思考现代职业教育培训，认为绿色工作人员很有必要进行相关培训（杨燕，2012；黄慧娟，2013；Falxa-Raymond et al.，2013；谢良才和孙玲，2017）。此外，Afolabi 等（2018）研究发现女性在从事建筑行业绿色工作的阻碍，主要有文化传统和性别歧视、较低的绿色工作培训水平、缺乏经验和榜样，以及招聘中的不平等等因素。根据上述文献，在分析绿色工作的经济效益时，不可避免地要考虑到其更高的人力资本支出的问题，从这个角度来看，现有的关于绿色工作的经济效益分析的结果，实际上可能已经被高估了。

5.1.2.3 绿色工作的福利状况

第一条线索从绿色工作的"体面性"出发,国际劳工组织在绿色工作的定义中提到了"体面工作"一词,表明绿色工作要以体面工作为发展目标。国际劳工组织总干事胡安·索马维亚在1999年6月首次提出了体面工作的概念,即劳动者可以得到社会成员的认可与尊重,不被强迫劳动,并且可以自由选择工作。Joint(2011)对德国和西班牙的研究显示,可再生能源的工作者多数为全日制工作,临时工只占少数。从教育水平和职业技能水平来看,可再生能源行业从业者的劳动者素质远超全国劳动者的平均水平。其中,风能行业从业者年均收入更高,工作环境也比同类传统的非绿色环保更舒适(国际劳动组织,2010)。随着经济的迅速增长,劳动者在选择工作岗位上会偏向于社会认可度较高的"体面工作",但一些绿色环保的工作无法满足年轻人对于"体面"的要求。徐璐和淡卫军(2015)指出我国太阳能面板组装和清洗工作、循环经济领域的卸船工作和电子废弃物回收工作的工作环境十分恶劣,是绿色但不体面的工作。Al-Khatib等(2020)对巴勒斯坦加沙地带拾荒者的研究表明,93%的人对自己的工作不满意,主要原因是收入低以及社会对其的恶劣态度。柯水发等(2011)指出森林旅游业就业门槛低,其中不少工作岗位是非正式的临时岗位,这些工作具有绿色的特征,却不全是"体面工作"。为此,需要健全相关的社会保障体系,并通过培训教育、舆论宣传等方式树立"绿色工作光荣"的理念,培育工作者的体面意识和能力。郑立(2011)构建了绿色工作与体面工作的关系图,指出目前绿色工作直接存在交叉和重叠,回收业和绿色建筑业的工作往往不是体面的(图5-1)。

第二条线索研究了绿色工作中的就业环境。恶劣的工作环境阻挡了年轻人进入绿色环保行业,诸如环卫工作、公园管理工作多为下岗职工或老人从事,这使得绿色工作更偏向成为非正式工作。Langenhoven & Dyssel(2007)、Viljoen等(2016)的研究指出,南非的高失业率和回收行业的低门槛性使至少3.7万人进入回收行业从事非正式工作。这些员工没有同企业确定正式的劳动关系,工作稳定性得不到保障,更无法享受正式员工的待遇。Viljoen等(2016)的研究表明,人力资本、劳动力市场、经济和社会壁垒具有双重锁定效应,它们不仅造成从事非正式工作的街头拾荒者恶劣的社会经济条件,而且可能使他们陷入社会经济的底层无法脱身。因此,除了全社会观念的改变之

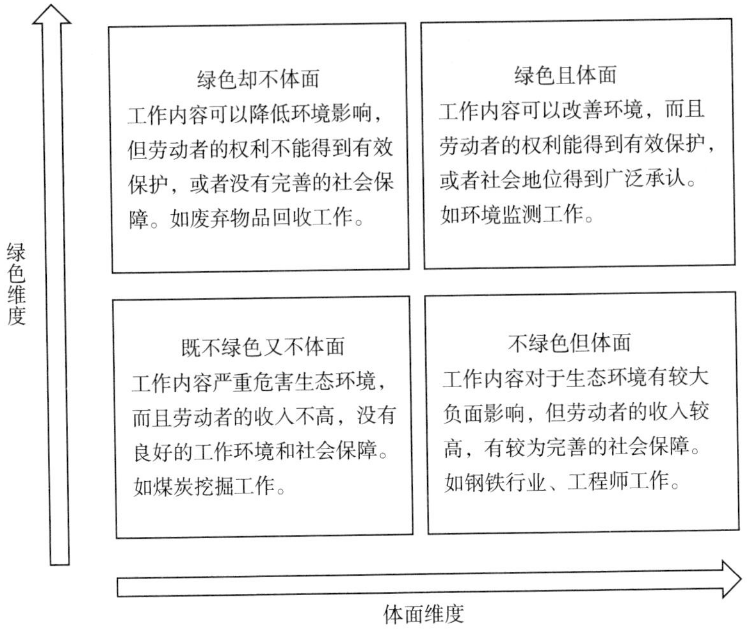

图 5-1　绿色工作与体面工作的坐标关系

外，政府还需要考虑采取干预措施解决这些障碍，以改善非正式工作从业者的就业处境。如欧盟对劳动力市场进行改革，制定了严格的就业保护立法，劳动保护法不仅保护绿色环保行业中永久雇佣合同的工人，也保护自由的临时或兼职工人（Dolado et al.，2002）。

　　第三条线索是绿色工作的健康问题。很多研究指出，回收行业创造的就业机会并非都是可持续的。例如，在瑞典从事垃圾收集和处理工作的雇员，面临的工伤风险大约是一般工作生活的 3 倍（Nordian & Bengtsson，2001）。Econie & Dougherty（2019）分别在 2016 年和 2017 年对美国伊利诺伊州进行了 15 次半结构访谈和 7 次现场观察，研究发现，美国的回收工人受到临时工机构和回收商的双重压榨，在安全性和稳定性上得不到保障，处于绿色经济核心地位的绿色工作就业人员，在美国是最脆弱、最受剥削的工人之一。同样，我国城市循环经济中存在着大量的收废品的非正式就业人员，他们是绿色经济体系中重要的一个环节，但他们的工作环境恶劣，且缺乏正式员工具有的社会保障，是呼吸道等各类传染性疾病的易感人群（徐璐和淡卫军，2015）。Moreira 等（2019）对巴西回收工人的调查发现，虽然回收工人意识到工作场所存在危险，但他们认为这种危险是工作性质所致，因而忽略了这类危险，没有与主管沟通他们对于工作环境的要求，甚至采取了一些危害自身安全的工作方法。

5.2 基于两阶段 Probit 最小二乘法的经验研究

虽然我国目前并未针对绿色经济活动进行详细的分类统计，但在现有研究中已经有学者按照温室气体排放量和自然资源的消耗程度，将中国绿色工作划分为可再生能源、建筑、交通、基础产业、农业和林业等领域。例如，李虹（2011）指出绿色工作主要分为可再生能源、可提高能效的行业、防治污染和环境清洁行业、自然资源存储和农业以及使用清洁能源和燃料的行业等五个领域。李成和彭瑜（2015）在研读各职业工作内容的基础上，按照绿色职业分类的基本规则和操作方法，将我国绿色工作分为生态农业、绿色制造、绿色能源、绿色交通、循环利用、保护治理和绿色服务。这种基于低碳经济的划分标准，虽然无法涵盖中国所有的绿色工作，但是为实际研究工作提供了一种可行的思路。因此，本研究也将采用狭义的"绿色工作"的解释，并且尽可能多地选取有代表性的绿色工作产业部门，识别出这些部门绿色工作的容量和变化趋势，以期较为全面地识别绿色工作的整体特征。

在前人研究基础上，结合数据的可得性，最终选取了六个具有典型代表性环保产业部门的绿色工作数据，分别是回收行业、环境监测业、林业、水利管理业、生态保护和环境治理业、公共设施管理业。这里面既有"绿色却不体面"的工作，例如回收行业；也有"绿色且体面"的工作，例如环境监测业、生态保护和环境治理业；完全非绿色环保的行业，严格意义上讲并不属于狭义的绿色工作的范畴，因此暂不予以考虑。在进行分行业的数据处理和实证研究时，由于采用的是相同的研究方法，可选择一个典型部门进行回归分析和模型检验，在后续内容中会对所有被选部门的回归结果进行比较分析。因为绿色工作的"体面问题"和"非正式工作"主要集中在本研究选择的回收行业部门中，所以首先选取中国回收行业十六年的省级面板数据，分析回收行业的绿色工作状况，然后进行所有被选行业的比较研究。

5.2.1 模型与数据

5.2.1.1 模型设定

Aceleanu（2015）、Pociovălişteanu 等（2015）、Ge & Zhi（2016））考察了欧盟的绿色工作的发展状况，试图找出环境政策和绿色工作之间的关系，发现考察这些关系的难点在于微观数据的获得，由于不同研究会采用不同的方法来估计绿色工作的数量，且有些部门的数据难以获得，难以准确估算出环境政策和绿色工作之间的关系。因此，最新的相关研究已经开始倾向于使用固定效应面板数据进行分析（Hysa et al.，2020；Liu et al.，2020）。

Yi（2013）利用截面数据，采用两阶段 Probit 最小二乘（2SPLS）研究了美国州和地方清洁能源政策对大都市地区的绿色工作机会的影响，本研究借鉴了其做法，并将其计量模型进行适度调整，参见（5-1）式。在该模型中，为了消除变量间可能存在的多重共线性和异方差的问题，将模型转换成对数形式，其中政府绿色投资占 GDP 比重（gov）和失业率（uem）均为百分数。同时，考虑到可能存在的无法观测的地区效应和时间效应，通过模型（5-2）再次进行优化。为了进一步验证政府绿色投入比重、教育水平、失业率和绿色工作数量之间的关系，根据以往经验研究，在模型（5-2）中加入平均教育水平的二次项，得到模型（5-3）。

$$\ln job_{it}=\alpha_{it}+\beta_1 gov_{it}+\beta_2 \ln sal_{it}+\beta_3 uem_{it}+\beta_4 aedu_{it}+$$
$$\beta_5 \ln pop+\beta_6 \ln gdp_{it}+\beta_7 EI_{it}+\varepsilon_{it} \qquad (5-1)$$

$$\ln job_{it}=\alpha_{it}+\beta_1 gov_{it}+\beta_2 \ln sal_{it}+\beta_3 uem_{it}+\beta_4 aedu_{it}+$$
$$\beta_5 \ln pop+\beta_6 \ln gdp_{it}+\beta_7 EI_{it}+\mu_i+\gamma_t+\varepsilon_{it} \qquad (5-2)$$

$$\ln job_{it}=\alpha_{it}+\beta_1 gov_{it}+\beta_2 \ln sal_{it}+\beta_3 uem_{it}+\beta_4 aedu_{it}+\beta_5 (aedu)^2+$$
$$\beta_6 \ln pop+\beta_7 \ln gdp_{it}+\beta_8 EI_{it}+\mu_i+\gamma_t+\varepsilon_{it} \qquad (5-3)$$

其中，$\ln job$ 是各省份各年的绿色工作数量，随后是核心解释变量，政府绿色投入比重（gov）、绿色岗位工资（lnsal）、失业率（uem）、平均教育年限（aedu）及其平方项（aedu）^{2}，以及一系列控制变量，包括人口数量（lnpop）、人均 GDP（lngdp）、能源强度（EI），ε_{it} 是随机干扰项，α_{it} 是截距项，β 是各个解释变量的系数。μ_i 和 γ_t 分别是无法观测的地区效应和时间效应。

5.2.1.2 变量解释和描述性统计

(1) 被解释变量。如前文所述,为了避免过程重复,本研究将以回收行业为代表部门,完整讨论其绿色工作数量($lnres$)。国内外现有研究中,很少有研究使用面板数据甚至截面数据来研究绿色工作,其原因之一就是绿色工作数量难以获得。本研究从行业角度出发,以废弃资源综合利用业就业人数作为回收行业就业人数的代理变量。根据国家统计局国民经济分类标准(GB/T 4754—2017)(以下简称标准(2017)),"废弃资源综合利用业"包括"金属废料和碎屑加工处理"和"非金属废料和碎屑加工处理"两类。其中,金属废料和碎屑加工处理的工作内容是从各种固体、液体和气体废料中回收,并使之易于转化为新的原材料,或便于加工为金属原料的金属废料和碎屑的再加工处理活动,非金属废料和碎屑加工处理的工作内容与其类似。(GB/T 4754—2011)和(GB/T 4754—2002)对于"废弃资源综合利用业"或"废弃资源和废旧材料回收加工业"的界定和行业说明与标准(2017)是一致的,因此,将样本扩大到 2003 年,整个样本区间为 2003—2018 年。较大的样本数据,不仅很好地克服了数据存在的质量差问题,也更有利于分析回收行业的发展趋势。

在统计回收行业绿色工作数量过程中,提供废弃资源综合利用业就业人数的数据库有《中国人口与就业统计年鉴》、《中国劳动统计年鉴》和《中国工业统计年鉴》以及各省的统计年鉴。但是,只有部分省份统计了废弃资源综合利用业的就业人数,且统计口径不一致;而《中国人口就业与统计年鉴》相关数据存在大量缺失;相比之下,《中国工业统计年鉴》提供了无缺失的数据,但该年鉴最新版本仅记载了 2013—2016 年的数据,时间过短无法表现趋势,可以考虑采用此数据作稳健性检验;综合对比之后,只有《中国劳动统计年鉴》提供了时间跨度长、较为完备的数据。西藏、新疆、青海、宁夏等地的数据存在多年缺失,本研究对这部分样本进行剔除处理。

除了回收行业的绿色工作数量有多个来源,其他五个绿色环保行业的工作数量:环境监测业($lnem$)、林业($lnfor$)、水利管理业($lnwm$)、生态保护和环境治理业($lneae$)、公共设施管理业($lnpcm$),均可从《中国劳动统计年鉴》获得,统计方式与前文叙述类似。其中,由于环境监测业的就业人数在2011 年之后不再单独列出,本研究仅获得了 2003—2011 年的数据。

(2) 核心解释变量。政府绿色投入(gov)。绿色环保行业的发展在初始阶段往往是以牺牲经济发展为代价的，已有很多研究表明，政府的支持对绿色环保行业的发展至关重要。失业率（uem）有两种机制可以发挥作用。一方面，高失业率会导致正式工作岗位减少；另一方面，失业率高时地方政府也有可能面临压力，迫切需要解决就业问题的方案。此时，绿色环保发展支持者需要证明回收行业发展具有良好的就业容纳性，就可以打开回收行业快速发展的通道。平均教育年限（$aedu$）可以作为职业技能的一个替代变量，因为一般而言，学历高的人学习能力较强，因而能较快地掌握职业技能。但该因素对回收行业的影响来讲并非线性的，因为虽然回收行业需要一定的职业技能，但学历较高的人员也很少会考虑在回收行业工作。因此，加入平均教育年限的二次型，来探讨平均教育年限对废弃资源综合利用业具体的影响形式。回收行业绿色工作薪资（$lnsal$）。薪资是吸引就业的一大因素，其他五个绿色环保的薪资水平（$lnemsal$）、（$lnfsal$）、（$lneesal$）、（$lnwsal$）、（$lnpsal$）获得方法与回收行业类似，本研究仅选回收行业进行报告。

（3）**控制变量。**人均 GDP（$lngdp$）。该指标可以衡量当地经济活动的总体发展水平，绿色工作数量取决于当地需求的水平。人均 GDP 越高，地区的市场规模就越大，可以提供足够多的绿色工作。人口规模（$lnpop$）代表着劳动力的基本供给，地区人口规模越大，该地区将创造并保持更多的绿色就业机会。能源强度（EI），在能源强度高的地方，其生产方式相对会更加粗放，资源利用效率不高，对回收行业在内的诸多绿色环保行业会产生影响。

被解释变量和薪资水平来自《中国劳动统计年鉴》，其他变量数据主要来自《中国环境统计年鉴》、《中国统计年鉴》、《中国能源统计年鉴》、国家和各省市统计局，部分缺失值通过线性预测法进行补齐。相关变量及说明见表 5-2，由于统计方式一致，仅列出了回收行业的变量定义。表 5-3 是主要变量的描述性统计。

表 5-2　主要变量及说明

变量类型	变量名称	变量定义及计算公式
被解释变量	回收行业绿色工作数量（lnres）	回收行业绿色工作数量的自然对数
核心解释变量	回收行业绿色工作薪资（lnrsal）	回收行业绿色工作薪资的自然对数
	政府绿色投入（gov）	政府环境污染治理投入/地区 GDP
	失业率（uem）	城镇人口失业率

（续）

变量类型	变量名称	变量定义及计算公式
控制变量	平均教育年限（$aedu$）	参考王家赠（2002）的做法，使用各省份各年小学、初中、普通高中、中等职业学校、大学专科、大学本科、研究生人数乘相应的学习年限之和，除去各地区 6 岁及以上的人口数量
	经济发展水平（$\ln gdp$）	以 2000 年为基期进行平减获得的实际地区生产总值的对数
	人口规模（$\ln pop$）	年末人口数量的对数
	能源强度（EI）	参考了邵帅等（2017）的做法，用某省当年能源消费量（万吨标准煤）/不变价 GDP（万元）表示

表 5 - 3　主要变量描述性统计

	N	$mean$	sd	min	max
$\ln res$	432	6.671	1.506	0.693	9.665
$\ln em$	243	7.312	0.683	3.466	8.991
$\ln for$	432	9.210	1.398	5.030	12.805
$\ln eae$	432	9.389	1.131	6.669	11.219
$\ln wm$	432	9.580	0.603	7.934	10.618
$\ln pcm$	432	10.403	0.792	8.590	12.078
$\ln rsal$	432	10.117	0.758	8.020	11.694
gov	432	1.290	0.631	0.300	4.240
uem	432	3.548	0.695	1.200	6.500
$aedu$	432	8.741	1.025	6.040	12.675
$\ln pop$	432	8.353	0.533	6.919	9.337
$\ln gdp$	432	9.913	0.612	8.164	11.320
EI	432	1.488	0.683	0.410	4.454

5.2.2　回归结果分析

首先，使用普通最小二乘法估算（5-1）式，并将其作为对照，结果如表 5-4 第 1 列所示；使用固定效应模型估算了（5-2）式，将结果列在了第

2列；在（5-2）式的基础上，（5-3）式加入了平均教育水平的平方项，结果如第3列所示；使用随机效应模型估算（5-3）式，其结果显示在第4列。同时，经过检验，模型存在异方差、自相关和组内同期相关等问题，本研究对其进行处理，结果列于第5~7列。

可以看出，使用最小二乘法估算（5-1）式的R^2较高，本研究关注的核心解释均高度显著，但其未考虑可能存在的无法观测的地区效应和时间效应，故其结果并非一致有效的估计量。第2列和第3列对比之下，第3列估计结果的R^2更大，拟合效果更好。另外，使用随机效应模型第4列的估计结果与第3列无显著差异。第5列是使用Driscoll & Kraay（1998）提出的方法获得异方差、序列相关和截面相关稳健性标准误，此方法可看作将White & Newey估计扩展到面板数据中，其估计结果中各个系数符号和显著程度与第3列相比未发生较大变化，但系数绝对值均有显著的降低。第6列使用最小二乘法加上面板校正标准误进行估计，并假设所有年份均存在不同程度的一阶自相关性。回归结果与第3列类似，核心解释变量的系数和标准误均有大幅度降低，意味着之前的估计可能高估各因素对回收行业绿色工作数量的影响。在第7列，使用可行广义最小二乘法（FGLS）进行估计。核心解释变量的系数符号与前面的模型相比均未发生较大变化。考虑到可能存在的内生性问题，本研究将被解释变量的滞后一期作为解释变量加入模型中，使用动态面板系统广义矩估计（SYS-GMM）对（5-3）式进行估计，如表5-4第8列所示，其结果与1~7列无显著差异，初步表明模型内生性问题不严重。

通常情况下，使用面板校正标准误得到的结果最稳健，全面FGLS的估计结果最有效率，在有效性和稳健之间，本研究选择有效性，即模型（7）最可能得到一致无误的估计量，接下来将对该模型的估计结果进行解读。

表5-4 回收行业回归结果

	(1)	(2)	(3)	(4)	(5)	(6)	(7)	(8)
gov	−0.451***	−0.439***	−0.432***	−0.450***	−0.347***	−0.163*	−0.166***	−0.202**
	(0.100)	(0.107)	(0.107)	(0.103)	(0.116)	(0.098)	(0.025)	(0.081)
lnrsal	0.645***	1.000***	1.001***	0.982***	0.962***	0.906***	0.929***	0.432
	(0.108)	(0.173)	(0.173)	(0.164)	(0.265)	(0.152)	(0.037)	(0.258)
uem	−0.231**	−0.083	−0.077	−0.171	−0.120	−0.187	−0.240***	−0.187**
	(0.093)	(0.159)	(0.159)	(0.135)	(0.090)	(0.131)	(0.057)	(0.080)

（续）

	(1)	(2)	(3)	(4)	(5)	(6)	(7)	(8)
$aedu$	0.075	0.397	1.935**	2.061***	2.182**	2.033**	1.567***	1.201*
	(0.107)	(0.270)	(0.935)	(0.767)	(0.912)	(0.814)	(0.486)	(0.674)
$(aedu)2$			−0.089*	−0.106***	−0.092	−0.092**	−0.064**	−0.067*
			(0.052)	(0.039)	(0.060)	(0.045)	(0.029)	(0.034)
$lnpop$	0.728***	0.198	1.349	0.955***	0.830	1.065	1.046*	0.300**
	(0.125)	(1.206)	(1.377)	(0.285)	(1.175)	(1.090)	(0.567)	(0.112)
$lngdp$	0.572***	1.873***	1.670***	0.986***	1.020**	0.610*	0.737***	0.325
	(0.210)	(0.501)	(0.513)	(0.362)	(0.352)	(0.359)	(0.110)	(0.267)
EI	−0.012	0.776***	0.737***	0.472***	0.542**	0.169	0.112**	0.041
	(0.117)	(0.198)	(0.199)	(0.168)	(0.246)	(0.196)	(0.054)	(0.114)
t					−0.107*	−0.085**	−0.107***	
					(0.050)	(0.038)	(0.010)	
$L.lnjob$								0.561***
								(0.066)
_cons	−10.842***	−25.987**	−40.177***	−29.476***	−31.206*	−25.702**	−24.524***	−11.872***
	(2.021)	(12.714)	(15.136)	(5.132)	(14.887)	(10.980)	(5.653)	(3.976)
省份固定	否	是	是	否	是	是	是	是
时间固定	否	是	是	是	是	是	是	是
AR (1)								0.001
AR (2)								0.633
$Sargan$								0.214
R^2	0.436	0.457	0.461			0.839		
N	432	432	432	432	432	432	432	405

注：*、**、***分别代表 10%、5%和 1%的统计显著性，括号内显示的为系数标准误。AR (1)、AR (2) 和 $Sargan$ 检验汇报了 p 值。

gov 的估计结果显著为负，系数为−0.166。政府的环境污染治理投入占 GDP 的比重提高 1%，则回收行业的绿色工作将减少 16.6%，这表明虽然政府的绿色投资可能会对回收行业的整体发展具有一定的促进作用，但是却会在其行业从业人数的增长方面具有一定的抑制作用。随着经济的快速增长，劳动者更倾向于寻找传统社会认知度较高的"体面工作"，而不太愿意从事绿色工作，这使得绿色工作更偏向成为非正式工作。上述的估计结果虽然与一般的预期相反，但却又可以得到合理的解释，尤其是符合"体面性"的考虑，同时这也是一个非常值得关注的重要结论，我们在之后的分部门环保行业的结果比较中还会再次对其讨论。gov 是政府的环境污染治理投入占 GDP 的比重，这一指标反映了政府对地区绿色发展的重视程度。而废弃资源综合利用业仅是绿色发展中的一部分，与其他绿色环保行业存在互斥关系。政府在出台政策重视绿色发展时，势必会要求地区各行业提高生产效率、减少废料产生。废弃资源综合利用业主要分为金属和非金属废料和碎屑加工处理，在废料减少的情况下，该行业也将迎来衰退。另外，虽然环境污染治理占 GDP 比重变化 1 个单位，将给回收行业绿色工作的数量带来巨大影响，但一般而言，环境污染治理投入占 GDP 的比重会稳定在一个较低的水平，如描述性统计所示，gov 指标的最小值仅为 0.3%，平均值为 1.29%，对于任何一个地方而言，政府的环境污染治理投入占 GDP 的比重提升 1% 是很难发生的事，也就是说政府的环境污染治理投入占 GDP 的比重变化提高 0.1%，则回收行业的绿色工作将减少 1.66%。

失业率（uem）的估计结果显著为负，表明在失业率提高的情况下，回收行业的绿色工作机会减少，但是非正式工作的比重却可能因为缺乏充分的保障措施而出现相对较大幅度的上升。高失业率可能迫使失业人员进入回收行业，根据 Langenhoven & Dyssel（2007），Viljoen 等（2016）对南非的研究，由于南非的高失业率和回收行业的低门槛性，导致至少 3.7 万人将回收行业作为其非正规就业选择，虽然南非的失业率之后高达 25%，但整体上却维持了稳定的趋势。但从图 5-2 可以看出，由于经济长期以来保持稳定发展，与世界上其他部分有代表性的国家相比，我国的长期失业率较为稳定，由此可以推断我国的非正式工作比例维持在一个稳定的水平。

另外，从图 5-2 中还可以发现一个更为深刻的判断，从长期来看政府对于环保行业的政策导向可能与全国整体失业率并无明显的因果关系。例如，奥巴马政府认为环保行业具有环境友好性和创造工作机会的能力，在国内经济低迷的时候可以吸收大量失业人员，从而在短期内降低失业率，因此在 2008 年金融危机爆发后，为了帮助政府渡过金融危机难关，美国很快出台了《美国清洁能源安全法案》，制定了一系列关于绿色工作发展的刺激计划，但之后美国却出现了更为严重的失业问题。德国在 2011 年推出了周期为 40 年的"能源转型计划"，大力发展绿色能源；日本在 2011 年福岛事件之后提出了大力发展清洁能源的固定上网电价政策，两国都出现了失业率下降的趋势。西班牙作为典型的发达国家，长期失业率波动范围较大。相比之下，中国在 2003—2018 年间失业率保持在相对稳定的较低水平，未出现大规模失业的状况，并不需要采用类似的手段来刺激绿色工作的发展，这也从另一个方面印证了 *gov* 为负的真实性和有效性。

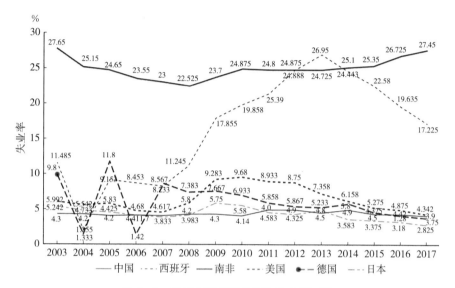

图 5-2　世界主要经济体历年失业率对比

资料来源：国际货币基金组织、中国国家统计局。

平均教育水平（*aedu*）体现了地区劳动力的基本素质，同样，由于具有高学历的人员在掌握职业技能方面通常会更加容易些，可以认为该指标是职业技能的代理变量。回收行业总体来说是一个比较小的行业，具有高学历的人才可能不愿从事该行业。因此，在模型中加入了平均教育水平的平方项（*aedu*）^{2}，以考察平均教育水平对绿色工作发展的影响。结果符合预期，（*aedu*）^{2} 的系数在 5% 的水平下显著为负，即绿色工作和平均教育水平的关系呈现倒 U 形，随着地区平均教育水平的增加，回收行业的绿色工作数量增加，到达某一临界点之后，随着平均教育水平的增加，地区回收绿色工作数量开始降低。这一研究结果反映了从事回收行业的人员大多并不具有较高的学历。根据 2010 年人口普查相关数据，也可以证明这一结论：废弃资源回收加工业从业人员的学历分布极不均衡，大多数从业人员的学历在小学和初中，高中及以上的从业人员仅占很小一部分。这种情况说明该行业并不需要较高的学历，故门槛极低；另一方面，高端人才的缺失也意味着该行业的管理和生产过程将面临一定程度的困难，高端人才匮乏是制约回收行业发展的一个重要因素，这将不利于其向更加清洁化、智能化方向产业升级的进程。

回收人员薪资水平（lnrsal）估计系数为 0.929，同样在 1% 的水平上显著。该系数反映了绿色工作数量对回收工作人员薪资水平的弹性，即回收人员的工资上涨 10%，则当地绿色工作数量会上涨 9.29%。人口数量（lnpop）、人均 GDP（lngdp）、能源强度（EI）等控制变量的估计结果多数显著，表明绿色工作数量受到了这些因素的共同影响，本研究关于控制变量的选择是比较合适的。

5.3　进一步的研究与稳健性检验

5.3.1　对于环保行业的多部门考察

根据历年的国民经济分类标准，除了回收行业（res），我国还有其他绿色环保行业，如：生态保护和环境治理业（eae）、环境监测业（em）、林业（for）、水利管理业（wm）、公共设施管理业（pcm）等。其中，国民经济分类标准（GB/T 4754—2011）将生态环境保护业下的城市环境卫生管理（原行业代码：8022）划分至公共设施管理业下的环境卫生管理（行业代码：7820），两个行业人数在 2012 年之后出现"一增一减"的现象，因此生成时间虚拟变量 Dyear（2012 年前取 0，2012 年之后取 1），来控制这种差异。根据上文所述，继续使用可行广义最小二乘法估计（5-3）式，结果如表 5-5 所示。

表 5-5　对于六部门绿色环保行业回归结果的比较

	(1) lnres	(2) lneae	(3) lnem	(4) lnfor	(5) lnwm	(6) lnpcm
gov	-0.166^{***}	0.055^{***}	0.030	0.011	-0.013^{***}	0.008
	(0.025)	(0.010)	(0.036)	(0.009)	(0.005)	(0.007)
uem	-0.240^{***}	0.033^{**}	-0.048	-0.016	0.026^{***}	0.039^{***}
	(0.057)	(0.017)	(0.037)	(0.018)	(0.007)	(0.012)
aedu	1.567^{***}	0.018	0.310^{***}	-0.600^{***}	-0.180^{***}	0.473^{***}
	(0.486)	(0.085)	(0.095)	(0.117)	(0.052)	(0.076)
(aedu) 2	-0.064^{**}	0.001	-0.016^{*}	0.035^{***}	0.013^{***}	-0.026^{***}
	(0.029)	(0.005)	(0.008)	(0.007)	(0.003)	(0.004)

（续）

	(1) ln*res*	(2) ln*eae*	(3) ln*em*	(4) ln*for*	(5) ln*wm*	(6) ln*pcm*
ln*pop*	1.046*	0.803***	0.927***	0.504**	0.476***	−0.074
	(0.567)	(0.157)	(0.243)	(0.255)	(0.100)	(0.132)
ln*gdp*	0.737***	0.429***	0.377***	−0.068	0.417***	0.360***
	(0.110)	(0.041)	(0.135)	(0.044)	(0.030)	(0.046)
EI	0.112**	0.017	0.173***	−0.030*	−0.021*	−0.002
	(0.054)	(0.022)	(0.033)	(0.017)	(0.011)	(0.013)
t	−0.107***	0.003	−0.099***	−0.084***	−0.039***	0.038***
	(0.010)	(0.005)	(0.014)	(0.006)	(0.004)	(0.005)
Dyear		−2.371***				0.939***
		(0.021)				(0.016)
ln*rsal*	0.929***					
	(0.037)					
ln*eesal*		−0.038				
		(0.038)				
ln*emsal*			0.575***			
			(0.061)			
ln*fsal*				0.220***		
				(0.032)		
ln*wsal*					−0.056*	
					(0.030)	
ln*psal*						−0.311***
						(0.033)
_cons	−24.524***	−0.448	−10.876***	6.478**	3.396***	8.035***
	(5.653)	(1.674)	(2.338)	(2.668)	(1.026)	(1.329)
省份固定	是	是	是	是	是	是
时间固定	是	是	是	是	是	是
N	432	432	243	432	432	432

注：*、**、***分别代表10%、5%和1%的统计显著性，括号内显示的为系数标准误。*AR*（1）、*AR*（2）和*Sargan*检验汇报了 p 值。

表5-5第1～6列分别是废弃资源综合利用业、生态保护和环境治理业、

环境监测业、林业、水利管理业和公共设施管理业的估计结果。从估计结果中可以看出，政府的绿色投资在各个绿色环保行业产生了不同的效果，其中，在回收行业和水利管理业表现为抑制效果，对环境监测业、林业和公共设施管理业作用不显著，仅在生态保护和环境管理业表现为促进效果，因此，各种典型绿色部门的不同回归结果，均可以有效支持同一个结论，那就是政府的绿色投资很大程度上未能提升绿色环保行业的就业人数。出现这种情况可能的原因有很多，例如政府的绿色投资重点在于减少现有行业，如建筑业、工业的污染，这些行业是城市污染的主要来源，治理工业污染是政府较为关注的政策目标。而那些需要长期投资才可以缓慢看到成效的绿色环保行业，政府对其的鼓励和扶持力度可能略显不足。这一结论从时间趋势项 t 的估计结果中可以得到验证，多数绿色环保的就业人数呈现逐年下降的趋势，这表明绿色环保的就业人员正在不断流失，这对行业的发展是极其不利的。

失业率对回收行业的影响估计结果显著为负，但对生态保护和环境治理业、水利管理业和公共设施管理业显著为正，其他绿色环保行业影响的估计结果并不显著。表明，失业率的提高很可能促进了部分绿色环保行业的发展。但是在回收行业中，由于技术门槛低，没有行业入门限制，从事者多为未与企业签订合同的退休工人或高龄老人，而且无法将之作为正式的主要工作。一方面这是由于正式的绿色环保相关用人单位较少，另一方面在于这些绿色工作不具有"体面性"，年轻人不愿在这些行业就业。多数绿色环保行业的薪资水平对本行业就业人数呈现显著的正向影响，表明改善从业人员的待遇有利于行业扩张。平均教育水平对多数行业的影响高度显著，估计结果显示，教育水平对回收行业、环境监测业、公共设施管理业的影响呈现倒 U 形关系，随着教育水平的提升到某个临界点，这些行业的就业人员会逐渐下降，表明多数绿色环保行业的从业人员总体素质偏低。

5.3.2 稳健性检验

稳健性检验主要分为两部分，第一部分是基于内生性问题的再处理。本研究在模型中控制了地区固定效应和时间固定效应，可以解决随个体而异和随时间而变的遗漏变量，之后在模型中加入其他控制变量，回归结果无显著差异，表明模型遗漏变量问题并不严重。关于测量误差，采用更换数据的方法来检测，结果表明长面板数据可以克服测量误差的问题。最后，本研究的解释变量和控制变量可能存在双向作用。如薪资水平是绿色工作的重要影响因素，绿色工作市场的供求关系影响薪资水平；经济发展会促进绿色工作的增加，绿色工作同样会推动经济发展。诸如上述的内生性问题会影响模型估计结果的稳定性和可靠性。本研究参考张二震等（2020）的处理方式，依次将解释变量逐步作为内生变量，使用 SYS-GMM 重新进行估计。结果如表 5-6 所示，将各解释变量依次逐步控制为内生变量后，本研究关注的核心解释变量的系数估计值和符号与表 5-4 相比，均未发生显著变化。基于内生性问题的处理结果，一定程度上证明了表 5-4 回归结果的稳健性。

表 5-6　内生性问题进一步检验

	(1)	(2)	(3)	(4)	(5)	(6)	(7)	(8)
gov	−0.216*	−0.236**	−0.182*	−0.171*	−0.171*	−0.174*	−0.172*	−0.174*
	(0.109)	(0.092)	(0.091)	(0.087)	(0.091)	(0.090)	(0.090)	(0.092)
$lnrsal$	0.402	0.881*	0.773*	0.750*	0.727*	0.800**	0.798**	0.802**
	(0.244)	(0.433)	(0.395)	(0.384)	(0.372)	(0.374)	(0.372)	(0.371)
uem	−0.166**	−0.165**	−0.282	−0.321	−0.318	−0.353	−0.362*	−0.378*
	(0.079)	(0.075)	(0.186)	(0.199)	(0.214)	(0.207)	(0.204)	(0.200)
$aedu$	1.070*	0.974*	0.889	1.434**	1.995	2.241	2.235*	2.259
	(0.617)	(0.554)	(0.557)	(0.636)	(1.277)	(1.331)	(1.285)	(1.339)
$(aedu)2$	−0.060*	−0.055*	−0.050*	−0.054*	−0.079	−0.092	−0.091	−0.093
	(0.031)	(0.028)	(0.028)	(0.028)	(0.064)	(0.068)	(0.067)	(0.070)
$lnpop$	0.268**	0.237**	0.239***	0.230**	0.236***	−3.984	−2.710	−2.963
	(0.100)	(0.088)	(0.085)	(0.085)	(0.084)	(4.563)	(4.520)	(4.512)
$lngdp$	0.288	0.301	0.309	0.312	0.299	0.325	0.881*	0.973*
	(0.258)	(0.235)	(0.229)	(0.224)	(0.219)	(0.225)	(0.513)	(0.557)
EI	0.048	0.037	0.025	0.024	0.024	0.023	0.031	0.121
	(0.104)	(0.098)	(0.098)	(0.097)	(0.098)	(0.097)	(0.097)	(0.172)
$L.lnres$	0.623***	0.646***	0.651***	0.655***	0.657***	0.658***	0.657***	0.658***
	(0.053)	(0.046)	(0.046)	(0.046)	(0.045)	(0.045)	(0.045)	(0.045)
$L.gov$	0.046	0.059	0.022	0.008	0.010	0.017	0.007	0.009
	(0.086)	(0.094)	(0.083)	(0.079)	(0.077)	(0.079)	(0.078)	(0.079)
$L.lnrsal$		−0.598*	−0.536*	−0.519	−0.506	−0.538*	−0.534*	−0.539*
		(0.323)	(0.306)	(0.305)	(0.303)	(0.300)	(0.302)	(0.298)

（续）

	(1)	(2)	(3)	(4)	(5)	(6)	(7)	(8)
$L. uem$			0.141	0.179	0.181	0.198	0.211	0.225
			(0.179)	(0.187)	(0.200)	(0.189)	(0.187)	(0.185)
$L. aedu$				−0.492**	−1.095	−1.222	−1.193	−1.209
				(0.217)	(1.116)	(1.111)	(1.115)	(1.134)
$L. (aedu) 2$					0.028	0.036	0.034	0.035
					(0.057)	(0.058)	(0.059)	(0.060)
$L. \ln pop$						4.197	2.932	3.178
						(4.557)	(4.514)	(4.506)
$L. \ln gdp$							−0.576	−0.673
							(0.596)	(0.641)
$L. EI$								−0.095
								(0.131)
_cons	−10.849***	−9.210***	−8.561**	−8.664***	−7.984***	−8.899***	−9.021***	−8.951***
	(3.883)	(3.211)	(3.129)	(3.041)	(2.767)	(3.032)	(2.993)	(3.107)
AR (1)	0.001	0.001	0.001	0.001	0.001	0.001	0.001	0.001
AR (2)	0.572	0.795	0.710	0.781	0.811	0.931	0.907	0.940
Sargan	0.335	0.471	0.768	0.800	0.898	0.878	0.950	0.988
N	405	405	405	405	405	405	405	405

注：*、**、***分别代表10%、5%和1%的统计显著性，括号内显示的为系数标准误。

第二部分从两个思路出发：首先是更换因变量的稳健性检验，表5-7中1～4列都属于这种类型的讨论；然后是针对控制变量的稳健性检验，参见表5-7第5列。

最新的《中国劳动统计年鉴》提供了2003—2018年的绿色工作数量，从历年《中国工业统计年鉴》中可以获得2013—2016年的废弃资源综合利用业的就业数量$\ln G-job$，本研究利用该样本，使用FGLS重新估计（5-3）式，结果如表5-7第1列所示，除gov外其余变量不显著，但值得注意的是各个变量的符号和系数大小与表5-4第7列的结果相比，没有太大的差异，鉴于更换的样本只有四年的数据，合理预测可能是面板数据的时间跨度过短，无法克服数据本身存在的质量问题，导致了回归结果均不显著。为了检验这项预测，以《中国劳动统计年鉴》中获得的数据，截取了相同年份的样本进行估计,结果如表 5-7 第 2 列所示:各变量显著程度和系数符号与第 1 列类似。因此,可以得出是样本量的问题导致了模型多个变量不显著的结论。进一步,考虑使用 $\ln G\text{-}job$ 的样本数据来替代 $lnres$ 变量中 2013—2016 年的数据,由此得到一个《中国劳动统计年鉴》和《中国工业统计年鉴》提供的混合数据,使用该样本重新估计(5-3)式,结果如表 5-7 第 3 列所示,gov、$lnrsal$ 和 $(aedu)^2$ 的系数分别为 -0.123、0.943、-0.107,均在 1% 的水平上显著,估计结果证明了表 5-4 第 7 列估计结果的稳健性。表 5-7 第 4 列是分样本估计的结果,从总体样本中分离出废弃资源综合利用业的女性工作人员,gov、$lnrsal$ 和 $(aedu)^2$ 的系数同样高度显著,只有绝对值有所减小,这同样证明了本研究结果的稳健性。此外,考虑到可能存在的遗漏变量问题,在(5-3)式中加入对外开放程度($OPEN$)、工业结构(IS)、城市化水平(urb)等控制变量进行回归,回归结果如表 5-7 第 5 列所示,结果表明核心解释变量仍然高度显著,估计系数与表 5-4 第 7 列相近。由此,可以相信表 5-4 的估计结果是较为稳健的。

表 5-7 稳健性检验

	(1)	(2)	(3)	(4)	(5)
gov	-0.289^*	-3.108^{**}	-0.123^{***}	-0.177^{***}	-0.178^{***}
	(0.159)	(1.338)	(0.036)	(0.021)	(0.020)
$lnrsal$	0.135	1.483	0.943^{***}	0.614^{***}	0.960^{***}
	(0.616)	(0.956)	(0.056)	(0.028)	(0.039)
uem	-0.027	3.245	-0.258^{***}	-0.354^{***}	-0.302^{***}
	(0.508)	(2.402)	(0.070)	(0.046)	(0.054)
$aedu$	2.361	43.112	2.241^{***}	1.893^{***}	1.145^{**}
	(9.257)	(49.502)	(0.529)	(0.242)	(0.458)
$(aedu)2$	-0.169	-2.536	-0.107^{***}	-0.085^{***}	-0.041
	(0.518)	(2.946)	(0.032)	(0.012)	(0.026)
$lnpop$	0.759	83.002	0.765	2.304^{***}	0.796
	(1.438)	(103.065)	(0.592)	(0.247)	(0.607)
$lngdp$	2.279	-4.188	0.846^{***}	0.717^{***}	1.493^{***}
	(1.855)	(6.499)	(0.170)	(0.140)	(0.303)
EI	-0.602	1.296^*	-0.191^{**}	0.130^{***}	0.237^{***}
	(0.537)	(0.726)	(0.077)	(0.030)	(0.054)

（续）

	(1)	(2)	(3)	(4)	(5)
t			−0.100***	−0.094***	−0.209***
			(0.018)	(0.011)	(0.035)
OPEN					−0.834***
					(0.227)
IS					−2.249***
					(0.612)
urb					1.831
					(1.514)
_cons	−29.408	−870.235	−25.327***	−34.162***	−26.910***
	(55.855)	(739.817)	(6.028)	(2.665)	(7.490)
省份固定	是	是	是	是	是
时间固定	是	是	是	是	是
N	108	108	432	432	432

注：*、**、***分别代表10%、5%和1%的统计显著性，括号内显示的为系数标准误。

5.4 本章结论与政策建议

本章利用2003—2018年的省级面板数据，采用FGLS进行分析，考察了中国回收行业在内的六部门环保行业的就业状况。结果显示，政府的整体绿色投资对多数绿色环保行业绿色工作的就业人数促进作用不明显，随着经济的快速增长，劳动者更倾向于寻找传统社会认知度较高的"体面工作"，而不太愿意从事绿色工作，这使得绿色工作更偏向成为非正式工作。平均教育水平对环保行业的绿色工作机会有显著的正向影响，但多数绿色环保行业平均教育水平二次项的系数显著为负，表明平均教育水平对环保行业绿色工作数量的影响大体呈现倒 U 形，具有高学历的人才一般不愿从事这些行业。绿色工作数量对绿色环保工作人员薪资水平的弹性较为显著，说明薪资水平的提升会对绿色工作数量有显著的正向影响。根据以上所述，本研究针对"体面性"和"非正式工作"问题较为突出的回收行业，提出以下政策建议。

第一，产业政策、环保政策和就业政策应当并重。绿色工作具有经济友好、环境友好和社会友好三种属性，是一个跨行业、跨地区的全新工作概念，仅靠单一政策模式是很难促进其发展的。从前文的分析中可以看到，回收行业和其他行业的发展会呈现出一定的互斥关系，一旦被其他行业挤压过度，很可能会出现企业降低员工待遇甚至面临倒闭的情况，回收行业从业人数将进一步降低。废弃资源的产生是不可避免的，且回收工作具有一定的外部性，行业过度萎缩带来的一系列连锁效应会削弱环保政策的效果。此外，通过各地政府文件，可以发现我国极少城市在发展规划中会设置关于回收行业的规划内容，各城市的再生资源的回收工作和加工场所多为临时用地，随着城市规划发展，这些经营场所不停变迁，固定资产难以存续和增加。经营场地搬迁也可能使部分员工失去工作岗位，进而诱发劳资矛盾。解决这类问题一方面需要地方政府完善相关的就业政策，提高回收工作人员的社会保障。另一方面，国家和政府需要针对回收行业产业进行战略统筹，在项目立项、资金扶持和城市规划上给予帮助，使产业、环保、就业三方面的政策融合，共同发力促进绿色行业的发展。

第二，适当提高回收行业收集运输环节的员工待遇，鼓励高学历人才进入先进绿色环保行业。回收行业主要分为收集运输和处理两个环节，收集运输环节较为低端，附加值也比较低，但解决了大量务工人员就业问题。这类人员学历普遍不高、待遇偏低，并且因为就业市场竞争力不足导致工作具有脆弱性，很容易再次失业，被迫转而从事非正式工作，并身陷人力资本、劳动力市场、经济和社会壁垒锁定效应无法脱身，因此要给传统绿色产业的就业人员以良好的学习和改善收入状况的机会。而在废弃资源处理环节则附加值较高，员工收入和素质与回收人员相比更高，但其受教育水平和技术能力相对其他行业仍处于较低水平，工作范围和能力有限。人才缺乏问题在各个行业都普遍存在，而从事绿色工作的人才匮乏问题尤显严重。高端人才的引进对优化工作流程、创新加工技术而言具有重要意义。因此，培养高端知识型人才与培训行业普通员工一样必要。

第三，加强对于绿色工作的正面宣传，改变对就业工种固有的社会偏见。社会对回收行业认同度低，认知停留在"捡破烂"、"收废品"的阶段上。绿色工作之所以会更加偏向成为非正式的工作，很大程度上是由于社会公众对于从事绿色工作职业的固有偏见，是因为其是一种传统意义上的"不体面工作"，要改变这种现状，需要较高的外部性成本。一方面需要政府和组织大力宣传绿色经济和绿色工作的时代大趋势，开拓更多绿色就业机会，且对于人才综合能力要求较高、收入也较高的绿色经济的新兴产业给予扶持；另一方面需要提升从事绿色工作职业人员的受教育水平和综合竞争力。改善回收产业就业人员的福利水平和提高社会地位是一个问题的两个方面，较高的收入和较好的工作环境，是其得到社会广泛认可的重要前提之一。

第四，政府引导与市场驱动相互结合。由于我国一些城市回收行业的经营场所多为临时用地，且会随着城市规划推进而频繁变迁或关闭，即使企业和投资者看好行业发展，也不敢投入。为此，政府需要在城市发展规划中考虑回收行业的发展，完善投资市场，提高投资者信心。同时，回收行业市场秩序混乱，各个企业各行其是，管理标准和员工待遇各有不同，员工工资普遍偏低。政府需要进行合理的资源调配和产业升级。支持回收行业规模化发展，鼓励大型回收企业吸收私营企业，提高回收行业公有比例，促进地区回收规模化、标准化，以提供更多正式工作，并可配合适当的补贴政策。另一方面，通过落实生产者责任延伸制度激发市场活力，使生产者参与到产品的回收、循环和最终处置，鼓励和支持各行业与回收行业交叉融合，扩大回收行业市场，进而创造出更多正式的绿色工作岗位。

第6章 资本要素市场的
金融供给侧改革

改革开放以来我国积极推进金融市场改革，使得金融市场规模不断扩大、开放度持续提升。在 20 世纪 80 年代，我国基本健全了金融法规体系，大力发展市场经济。在 90 年代上半叶和中期，重点是构建满足市场经济需要的金融机构和金融市场。2002—2008 年，我国进入金融改革发展新时期，以健康化、规范化、专业化为主要发展目标。如今，我国的金融市场正面临比以往更加复杂的局面，处于市场化、国际化、多元化的阶段。资本要素市场是最重要的要素市场之一，金融市场改革不充分是亟待解决的一个重要问题。为充分发挥资本要素市场的枢纽作用，2020 年国务院出台意见表明"要完善资本要素市场化配置，积极有序地扩大金融市场开放"。中央政府从顶层设计的角度再次肯定了资本要素市场的重要功能，体现了全面深化资本要素市场改革的必要性和紧迫性，并指出了资本要素市场改革的方向。可以看出，中央政府关于资本要素市场的指示同近年来多次强调的资本要素市场的重要性一脉相承。

6.1 为什么资本要素市场改革要先从供给侧发起

供给侧结构性改革的核心思想是从根本上调整经济结构，完善要素配置以提高效率，不仅要使经济增长的数量得到提高，而且使得经济增长的质量也得到全面提升。需求侧改革以投资、消费、出口为经济增长的三驾马车，供给侧改革的纲要囊括的因素主要有土地、劳动力、资本等要素。

供给侧结构性改革立足于提高供给质量，以改革促结构调整，修正要素配置环节以有效扩大供给，增强供给结构对新需求的适应能力与灵活程度，系统性提高全要素生产率以达到社会各界的需求，实现经济社会的高质量、可持续、健康发展。

供给侧结构性改革在顶层设计、机制层面和技术层面三个方面发挥作用。在顶层设计层面，克服中等收入陷阱、建设现代金融体系的首要任务是产业升级和健全税收制度，在避免行业垄断的同时实施宽松的监管来达到充分释放民间资本活力的目的；在机制层面通过教育体制改革来提升人力资本和社会保障水平，对收入分配进行改革以实现共同发展；在技术层面通过创建鼓励创新的生态来实现创新驱动。

"新常态"以来我国经济发展已趋于稳定但仍存在一定的矛盾和风险，例如存在影子银行问题、杠杆率较高、被美元体系"绑架"等问题，给我国的经济下行带来了更大的压力，资本要素市场对金融供给侧改革的需求更加迫切。

6.1.1 供给侧改革提出的背景

自 2008 年全球金融危机以来，全球经济环境发生了深刻而复杂的变化，我国正面临结构性问题，例如生产成本逐年上升等问题，急需推进供给侧结构性改革。以下是供给侧改革提出的背景。

生产成本不断上升。生产成本的增加是各种成本构成因素共同作用的结果。首先是劳动力成本增加：人口老龄化已进入新的拐点，劳动适龄人口不断减少成本逐年上升，自 2012 年起至 2018 年末，劳动年龄人口数量和比重连续七年出现双降，7 年间减少了 2 600 余万人（图 6-1）。环境成本增加：随着我国日益加强对自然环境的补救，企业污染控制的成本已大大增加，特别是在高污染和高能耗的制造业中（图 6-2）。技术进步成本增加：公司通常会增加对设备和技术的投资以应对不断上升的生产成本，在实际生产过程中，企业对技术进步的投入效果可能并不明显，这将给企业带来沉重的负担（图 6-3）。

产品供需关系不匹配。贫富差距过大，消费支出在富人支出中所占的比例越来越低，从而造成货币被"浪费"的情况；消费支出在穷人的各种支出中所占的比例有所增加，但是穷人是为了确保固定支出（图 6-4）。"担心未来"通常是存钱和"不敢花钱"，这导致市场需求日益低迷。更严重的是，中国产品和国外产品的质量仍然存在一定差距，导致供应不仅不能跟上需求升级的趋势，而且还不足以创造新的消费能力为经济发展创造新动力。呈现出"穷人没有钱不敢消费，富人有钱不想消费"的现象。要素市场重要组成部分之一的资本要素市场正急需通过改革来提高其灵活性与适应性。可以看出，产品供需关系不匹配是 2008 年以来中国经济增长放缓的一个重要原因。

资本边际效率下降。2008 年国际金融危机之后，在政策刺激下国内投资大幅增加的情况下，资本边际效率出现了显著下降。从 2008 年到现在，每增

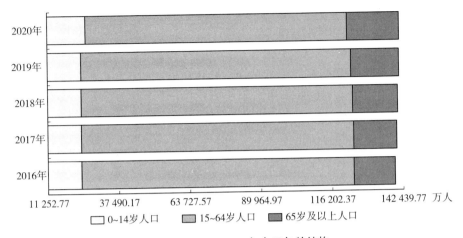

图 6 - 1　2016—2020 年人口年龄结构

资料来源：国家统计局网。

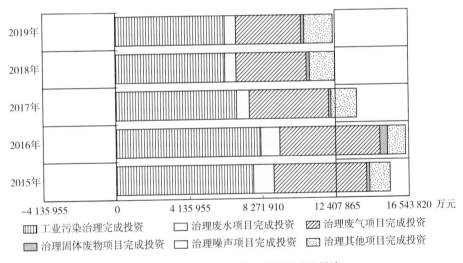

图 6 - 2　2015—2019 年工业污染治理投资

资料来源：国家统计局网。

加 1 元 GDP 所需的投资大大增加了。投资的持续增加将导致产品供应价格上涨。相应减少的投资回报率将减少企业的投资意愿。第一产业的设备投资比重快速下降，第二产业中基础和加工部门的投资结构不合理，这在加工行业投资的快速增长中得到了突出体现。基础产业投资增长相对滞后。投资的增加更多地取决于政府和房地产投资。同时，我国的工业产业链基本以民用和建筑业投

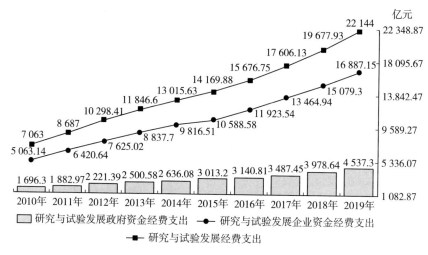

图 6-3　2010—2019 年研究经费与发展支出

资料来源：国家统计局网。

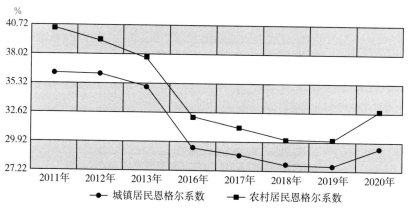

图 6-4　2011—2020 城乡居民恩格尔系数

资料来源：国家统计局网。

资为核心布局，导致钢铁、水泥等行业严重产能过剩。

杠杆率较高。自 2008 年国际金融危机以来，我国的杠杆比率已迅速上升。尽管我国的总体债务规模仍处于控制之中，但与 2008 年相比，总体债务占 GDP 的比例显著增加。这种情况对于企业的稳定发展，技术创新的进步以及全球产业链的发展是非常不利的。值得注意的是，虽然政府性债务占 GDP 的比重不到 40%，但一些地区的政府还债压力很大，有的甚至无力还债，因此存在地方性债务风险。

市场机制运行不畅。在过去，我国经济以 GDP 增长为目标，在很大程度上依赖于现成的土地、资源和低劳动力成本，"新常态"下，表明我国已经进入主要特点以生产供应链重组、经济结构调整和创新驱动发展的新道路。恰恰是因为经济发展的速度和经济发展质量之间存在矛盾，如产能过剩、环境污染等"不可持续"的发展问题。不仅是经济发展不足的表现，发展质量与发展速度的要求也将会是一项严峻挑战。

6.1.2　供给侧与需求侧的差异比较

改革方向上。供给与需求是经济发展的一体两面。供给侧结构性改革主要针对生产者（企业）。通过减免税收，鼓励企业创新生产技术，通过供给侧改革优化供应效率。需求侧改革主要面向消费者，以"净出口、投资、消费"作为经济发展的"三驾马车"。

改革效果上。供给侧改革的特点是见效时间长，因为只有政策传递给企业，企业才能进行技术创新和产业升级，通过积极的政策鼓励微观主体创新创业来达到从根本上促进经济增长的目的。需求侧改革以短期投资刺激经济、刺激消费，具有见效时间短、效果明显的特点。

改革政策上。供给侧改革在改革政策方面主要通过实行结构性政策方面的调整与监管等政府干预措施，来达到协调产业转型升级、技术升级、区域空间合作等目的。供给侧改革在扩需求、降成本方面的作用不容小觑，可以在不扩大通货膨胀的情况下促进经济发展，解决"滞胀"问题，实现经济社会可持续发展。需求侧改革主要利用扩张性的财政政策和货币政策通过刺激消费来实现短期的经济增长。

经济发展进入"新常态"需要"创造性破坏"才能达到其效果。事实上，创新就是淘汰落后的产业，这种"创造性破坏"不仅常见于科技创新领域，且在经济领域也较为常见。在淘汰落后产业的过程中，需要注意政府干预的边界问题以及损害社会公正等问题。

6.2　中国金融资本与产业资本的现状分析

资本可以划分为多种类型，主要分为产业资本与金融资本。

金融资本是一种在生产高度工业化之后，利用盈余资金参与融合渗透银行业，以期达到利润最大化的资本形式，不以取得实际产业的所有权和控制权为最终目的。金融资本通常不直接参与企业管理而是利用金融市场将资金分配给需要进行产业投资的企业从而获得企业收益，其来源、盈利方式与估值体系皆不同于产业资本。金融资本通过获取资本整合接收方的利润获得收益，或者通过金融市场的买卖差价获得收益。它所依附的估值体系的核心是在一定的资本回报率下企业未来收益的折现值。

产业资本起源于封建社会中后期，由于小生产者的组织形式发生分化，在资本原始积累的过程中逐渐形成了产业资本。经由简单协作-工场手工业-机器大工业这三个发展阶段之后，生产技术日渐提升，劳动过程的社会化水平日渐提升，最终产业资本主导了所有社会生产。在资本的循环运动中，货币资本（即购买和支付手段）、生产资本（即生产资料和劳动力）和商业资本（即商品价值）的形式先后被采用，然后又被抛弃，在每种形式中履行相应功能的资本就是产业资本。一旦这个循环结束，产业资本又回到再生产和消费的起点，形成新的产业资本，然后又重新参与到这个循环中。由于产业资本参与产业周期循环，与纯粹的金融资本相比，产业资本在产业环境、产业政策、产业结构等方面具有先天的信息优势。

6.2.1 我国金融资本现状

我们用金融机构人民币存贷款来衡量金融资本。

表6-1、图6-5中是2005—2019年以金融机构人民币存贷款余额衡量的金融资本数据。从时间维度看，金融机构人民币存贷款余额均呈现了快速增长，其中存款余额在2009年增长最快（比上年增长28.2%），金融机构人民币存款余额从2008年的466 203亿元增长到2009年的597 741亿元，贷款余额同样在2009年增长最快（比上年增长31.7%），从2005年的194 690亿元增长到2009年的399 685亿元。

表6-1　金融机构人民币存贷款余额

单位：亿元

年份	存款余额	贷款余额	比上年增长（%）	
			存款余额	贷款余额
2005	287 170	194 690	19.0	13.3
2006	335 460	225 347	16.8	15.1
2007	389 371	261 691	16.1	16.1
2008	466 203	303 395	19.7	18.8

（续）

年份	存款余额	贷款余额	比上年增长（%）	
			存款余额	贷款余额
2009	597 741	399 685	28.2	31.7
2010	718 238	479 196	20.2	19.9
2011	809 368	547 947	13.5	15.8
2012	917 555	629 910	13.3	15.0
2013	1 043 847	718 961	13.8	14.1
2014	1 138 645	816 770	9.1	13.6
2015	1 357 022	939 540	12.4	14.3
2016	1 505 864	1 066 040	11.0	13.5
2017	1 641 044	1 201 321	9.0	12.7
2018	1 775 226	1 362 967	8.2	13.5
2019	1 928 785	1 531 123	8.7	12.3

资料来源：《中国统计年鉴 2020》。

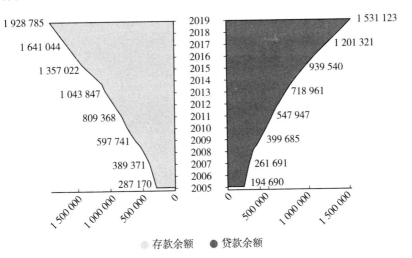

⬤ 存款余额　　⬤ 贷款余额

图 6-5　2005—2019 年金融机构人民币存贷款余额（单位：亿元）

资料来源：《中国统计年鉴 2020》。

6.2.2　我国金融资本的主要问题

习近平总书记在党的十八届五中全会上指出，现代金融发展呈现出风险传递快，影响范围广等特点。金融市场的风险性、脆弱性、不稳定性一直都是人们广泛研究讨论的议题，虽然全球前十大银行中有四家来自中国，但是我国金融体系风险防范能力依然较弱，处于大而不强的境况。具体表现如下。

（1）存在巨大的房地产泡沫。房价上涨预期强烈，房地产市场必然出现投机现象，出现巨大泡沫。房地产市场泡沫一旦破裂，房价预期将发生逆转，导致房价下跌，已经贷款买过房子的人们不愿意继续承担高额的房贷，从而引发房地产贷款违约率上升，导致金融危机爆发。这条规律是从历次金融危机中总结出来的，任何国家都无法幸免。截至 2018 年底，我国房地产贷款总额为38.7 万亿元，占信贷总额近三成。这仅是直接贷款的规模，如果加上与房地产业相关的间接贷款，该比例会更高。

（2）地方政府隐性债务较大。我国地方政府隐性债务规模较大，从其债务构成来看银行贷款所占比例接近半成。因此，一旦出现违约行为，势必影响到银行信用。怎样应对地方政府隐性债务才是较稳妥的方式，从短期内看，"拆东墙补西墙"——借新还旧，以及申请贷款展期是处理陆续到期的债务的主要方式。但以长远的目光来看，如何应对地方政府隐性债务在短期内还没有切实可行的稳妥解决办法。

（3）杠杆率较高存在隐患。从宏观上看，为了应对席卷全球的国际金融危机以及接踵而来的经济下行压力发生倍增，中国政府出台了扩张性政策刺激经济。这些刺激政策虽然稳定了经济，但也为负债率持续上升创造了宽松的政策环境；在微观层面，一些地方政府和国有企业扩张过度，承担了太多的逆周期调整责任，虽然有利于中国经济的快速增长和社会稳定，也带来了负债率持续上升的负面影响。为了追求利润最大化，银行主导的金融机构提供了各种金融工具和渠道。伴随着预算软约束、政府对国有企业的隐性担保和房地产市场的长期发展，房价和地价持续上涨，为贷款活动提供了充足的抵押。信贷资产风险持续偏低，融资需求持续得到满足。在宽松的政策环境和充足抵押的催化下，多重因素造成经济下行与负债率上升持续并存的奇怪现象。

（4）存在影子银行难题。影子银行业务包括通道业务和同业业务。通道业务拉长了风险链，因此金融监管机构无法从资金的初始流向看到资金的期末，隐藏了风险传递。2018 年 4 月为规范金融机构提供的产品和业务，银保监会出台文件，严格控制影子银行产品和风险较高的业务。但由于原本宽松的融资环境突然被收紧、导致了违约率大幅上升，这给经济下行带来了更多的压力，因此，监管部门不得不又重新放缓监督。可以看出，在我国融资模式不完善、中小民营企业融资渠道受阻的背景下，影子银行的监管存在"进退两难"现象。

(5) 金融监管体系不完善。 我国的金融监管仍有许多不尽人意的方面。随着现代科技的发展，现代科技影响着社会的方方面面，也对金融业产生了巨大的影响。科技的变革与创新对于推动和发展普惠金融相当有利，使得金融业务的服务效率得到显著提高。但与此同时，科技的革新也将会带来新的风险与挑战，例如：金融风险的形态发生变化、金融风险的演化出现新的路径，安全边界被打破与重塑。近年来，走进大众视野的"数字货币"、"隐私泄露"、"金融网络安全"等全新课题已经成为金融监管的重头戏、主战场，与之相应的监管体系正待完善。与此同时，中国新兴的基于互联网的金融业务，如：被各大公司与银行机构争相抢占的移动支付业务、层出不穷的线上借贷业务以及乱象丛生的互联网保险业务正处于迅速发展阶段，处于世界的前列，这意味着中国在金融监管体系建设方面暂时没有可供借鉴的成熟经验。

(6) 被美元体系"绑架"。 近年来，全球经济发展增长动力严重不足，震荡的源头和风险节点日益增多，影响金融运作的不确定性和市场不稳定性因素也日益增多。中美两国博弈升级，美国对中国的战略遏制和升级，将极大地扰乱中国乃至全球的金融市场。在当前仍以美元制度为基础主导的国际金融体系下，被美元制度"绑架"的中国金融安全难以获得有效保障。

6.2.3 我国产业资本现状

我们用三次产业固定资产投资额来衡量产业资本。

表6-2、图6-6中是2003—2019年以三次产业固定资产投资额衡量的产业资本数据。从时间维度看，我国第一产业、第二产业、第三产业固定资产投资额均呈现了快速增长的趋势，其中第一产业固定资产投资额在2008年增长最快（比上年增长54.1%），从2007年的1 460亿元增长到2008年的2 250亿元。第二产业固定资产投资额在2005年增长最快（比上年增长38.3%），从2004年的22 835亿元增长到2005年的31 592亿元。第三产业固定资产投资额在2009年增长最快（比上年增长33.1%），从2008年的81 588亿元增长到2009年的108 573亿元。全部投资额在2009年增长最快（比上年增长30.4%）。从2008年的148 738亿元增长到2009年的193 920亿元。

表6-2　三次产业固定资产投资额

单位：亿元

年份	全部投资	第一产业	第二产业	第三产业	比上年增长（%）			
					全部投资	第一产业	第二产业	第三产业
2003	45 812	535	16 628	28 649				
2004	59 028	645	22 835	35 548	28.5	20.6	37.3	24.1
2005	75 095	843	31 592	42 661	27.2	30.6	38.3	20.0
2006	93 369	1 118	39 545	52 706	24.3	32.7	25.2	23.5
2007	117 464	1 460	50 814	65 190	25.8	30.6	28.5	23.7
2008	148 738	2 250	64 900	81 588	26.6	54.1	27.7	25.2
2009	193 920	3 356	81 991	108 573	30.4	49.1	26.3	33.1
2010	241 431	3 926	101 013	136 492	24.5	17.0	23.2	25.7
2011	302 396	6 819	132 212	163 365	23.8	25.0	27.3	21.1
2012	364 854	8 772	158 060	198 022	20.7	28.6	19.6	21.2
2013	435 747	9 109	184 549	242 090	19.4	30.6	17.2	20.8
2014	501 265	11 803	207 459	282 003	15.5	31.9	12.9	16.9
2015	551 590	15 562	224 048	311 980	10.0	31.8	8.0	10.6
2016	596 510	18 838	231 826	345 837	8.1	21.1	3.5	10.9
2017	631 684	20 892	235 751	375 040	7.2	11.8	3.2	9.5
2018	635 636	22 413	237 899	375 324	5.9	12.9	6.2	5.5
2019	551 478	12 633	163 070	375 775	5.4	0.6	3.2	6.6

资料来源：《中国统计年鉴2020》。

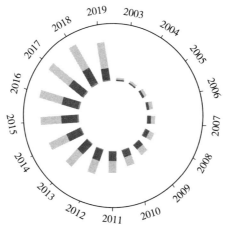

● 第一产业　　● 第二产业　　○ 第三产业

图6-6　2003—2019年三次产业固定资产投资示意图

资料来源：《中国统计年鉴2020》。

6.2.4　我国金融资本与产业资本结合存在的风险

产业资本与金融资本的结合（即产融结合），是指通过参股、控股、人员参与等方式将两者结合。从两类资本的载体来看，产业资本可以认为是如工商企业等一些非金融机构拥有和控制的货币资本和实物资本；金融资本一般是指银行等金融机构拥有和控制的货币与虚拟资本。在我国，由于银行业不能投资实业，金融资本很难与产业资本融合。因此，现阶段我国的金融资本与产业资本结合大多是针对从事金融业务的产业集团，即"以产业资本投资金融业务"。这会导致更多的货币资金"脱实向虚"，因此产融结合的经济后果具有一定的不确定性，存在一定的风险。

产融结合存在的风险具体体现在产业资本循环的三个层面：资产层面、组织层面和产业层面。

(1) 资产层面。资产层面的风险是指产融结合不当导致企业流动性困难。一般可以归纳为以下三种：

第一，内部交易风险。主要是指本集团各子公司之间的业务交易，包括确定的、不确定的资产负债业务以及各子公司之间的相互持股、交易、贷款担保等。通常，企业集团之间的内部交易有正面和负面两个方面。积极的一面是内部交易可以在充分利用资源实现协同效应的情况下促进集团子公司之间的合作；不利的一面是内部交易复杂且规模庞大，监管机构无法把握可能存在的潜在风险。一般来说，集团金融子公司是集团内部关联交易的地方，也是所谓的风险集聚地。这主要是其主管金融业务的子公司的主要职能是维持集团的筹资和正常运营，基本上是与集团的其他部门都有商业和资金交流。一旦集团没有采取必要的风险防范措施，集团的金融子公司很容易就会变成集团的"资金蓄水池"。

第二，财务杠杆风险。集团内部成员之间存在复杂的股权关系，母子公司之间、子公司与子公司之间存在复杂的相互控股或参股关系，这促进了各方的效率提升，但与此同时，资本虚增也由此产生。一是母公司向子公司提供的资金会同时体现在两者的资产负债表之上，引起资金的重复计算；二是如若子公司用这笔资金在集团内进行股权投资，又将造成该资金被多重计算。资本的多重计算夸大了账面资金，但实际资金不如账面充足，这将增加集团的财务风险，对集团安全构成威胁。如果母公司分配给子公司的资金不是实物资本而是发行的债券或贷款，就会增加整个集团的财务杠杆率，集团财务安全就会受到威胁，抗风险能力降低。由于集团内部子公司间相互粘连，股权关系复杂，这将增加监管部门对经营主体的资本结构和资本充足率的测算难度，导致不能充分保障集团的安全性。

第三，资产整合风险。产业资本和金融资本具有异质性，所以经营规则上也存在异质性，其异质性大多体现在时间、收益、控制权等方面。金融资本大多时间较短，资产转换率较高，收益波动较大，存在投资风险。而产业资本时间较长，进入和退出门槛较高，资产转换率较慢，收益相对稳定。在管控方面，由于金融资本的社会影响较大，受到相对于产业资本更为严格的管控，而产业资本的管控相对较小。由于产业资本与金融资本的异质性，导致当两者结合时双方不能获得预期的协同效应，反而陷入资产整合的困境。

（2）组织层面。从本质上讲，企业既有契约集合形式，也有组织集体形式。产融结合的一个很重要的目的就是实现双方在运营、文化、人员等方面的融合，由此得到其带来的协同效应。但由于产业资本与金融资本二者分属于两个不一样的经济体系，当实体企业向其不了解的金融行业投资时，或者金融机构向实体企业投资时，应考虑在技术层面或者当两者在生产经营层面不能获得预先期待的协同效应时，可能会导致产融双方陷入发展瓶颈，形成资本内耗并阻碍其自身发展。科斯的交易成本理论认为：企业边界取决于其交易成本。当企业实现产融结合的多元化经营，首先在企业的组织层面会增加更多更加复杂的组织层级，这可能导致企业交易成本的增加；另外，企业实现产融结合的多元化经营将为企业带来更多的信息和资源，由此产生的协同效应将在一定范围内降低企业的交易成本。企业的多元化经营使组织层级更多更加复杂，除分散经营风险外还可以在一定范围内提高资本转换率。但是，如果企业经营范围过于多元化，可能会造成企业规模不经济，给产融双方都带来更大风险。

（3）产业层面。一是产业空心化风险。产业空心化问题源于部分行业产融结合超出行业控制能力，导致泡沫经济。具体原因是，目前我国一些大型企业在高投资回报的诱导下，用利润率高的金融资本代替原有的产业资本，充分利用金融杠杆参与不同类型的金融业务投资，或同时持有同一特定类型的多个金融机构的股份。这将导致该类企业产融结合逐步深入。一旦这些公司过度追求高利润回报，盲目地追求利益，就会忽视实体经济的重要性，将本应投入实体经济的资金转移到资本市场上，希望大量财富能够依靠与实体经济相分离的较少金融资本，在短时间内获得。忽视企业核心业务的发展，会导致企业主营业务的空心化，进而导致泡沫经济，最终会影响国民经济的健康运行，给社会经济带来更大的不稳定性。国民经济受到影响后，无论是产业部门还是金融部门都将受到极大的创伤，企业也将不得不面对如何生存的问题。典型案例是德隆集团。由于德隆集团金融业务盲目扩张，对金融机构过度介入超出其控制能力。德隆集团产融结合与自身管控能力不平衡将导致风险和失业问题，集团资金链的断裂也无法弥补。

二是道德风险。道德风险现象源于保险市场。是指被保险人投保后终止预防措施，增加事故发生概率，从而增加保险公司支付事故赔偿的概率，增加保险公司损失的现象。由于信息不对称的存在，道德风险几乎无处不在，而在产融结合的情况下，道德风险的概率更大：由于"大而不倒"规则的存在。"大而不倒"法则认为，金融机构的规模越大，其对社会的影响就越大。当其规模扩大到一定程度时，其对社会的影响将使得政府不得不将其列为保护对象。如果组织面临经营问题，考虑到社会稳定问题，政府将对公司采取保护措施并给予帮助，以防止公司破产造成社会动荡。在这一原则指导下，再加上目前出现的政企结盟等现象，当企业因产融结合深度无限制扩大而在经营中遇到困难时，往往会出现政府救助的现象。例如，当德隆集团偏离正常经营轨道时，新疆工商联主动出面提供帮助，以政府信用为担保，缓解德隆集团债务危机。此外，2008年金融危机爆发时，美国政府还采取了各种保护措施，以防止企业倒闭，维护社会稳定。

6.3 创新驱动、产业调整与金融制度创新

供给侧改革起着重要作用。供给侧结构性改革从三个层面作用于资本要素市场：创新驱动、产业调整和金融体系创新。同时，应该指出的是，在资本要素市场的发展中，仍有一些制约因素可以有效地发挥供给侧结构性改革的作用。因此，在正确理解作用机理的基础上，这些限制因素也应得到认识和阐明。更好地找到应对策略具有重要意义。

第一，创新驱动力是供给侧结构性改革的重要组成部分。 具体体现在三个方面：一是结构创新，如：产业结构创新、生产技术创新等；二是制度创新，如户籍制度创新、劳动力制度创新、土地流转制度创新等；三是政府制

度创新，比如审批制度创新、金融监管制度创新等。通过三个层面推动资本要素市场创新，进而实现金融市场扩张，丰富市场的融资功能，提高监管效率。

第二，产业调整是供给侧结构性改革的重要内容。首先，在"去库存"产业调整的基础上，为房地产企业"输血"，优化房地产资本结构，控制房地产企业经营风险，增强投资者投资信心。其次，去杠杆可以为更多企业进入资本市场创造有利条件。特别是从审批制向注册制的转变，将为去杠杆企业提供更多的转型机会，降低企业融资成本，提高企业绩效。许多研究证明，所有权结构的改善有助于避免企业"掏空"现象的出现，从而提高企业的业务绩效。再次，"去产能"可以增加企业之间、行业之间和地区之间相似企业并购机会，这将进一步优化企业资产结构，促进优质企业参与资本市场，从而增加投资机会。最后，以"降成本"、"补短板"为基础的供给侧结构性改革，将为专注于"消除无效供给，增加有效供给"的公司和新兴的互联网公司提供成长机会，并提高投资者对此类公司的认识和投资信心。

第三，金融结构改革和金融精准支撑是金融创新支撑高质量发展的两大关键。我们认为，通过金融创新促进高质量发展的关键在于深化金融供给侧结构性改革，及时避免金融放松管制，及时解决金融结构矛盾。遵守市场秩序并及时提供精确的支持。所有地区都应根据当地情况实施，而不是追赶潮流。各级政府不但在采取产业政策时要遵循有效市场和有为政府的基本原则，而且在采取金融政策时也要遵循有效市场和有为政府的基本原则，做到"市场有效以政府有为为前提，政府有为以市场有效为依归"。

在创新过程中，有必要根据不同行业的特点，以不同的方式进行创新。如果金融要为实体经济服务，则还必须根据不同行业的发展和创新进行适当的金融安排支持，并在创新过程中注重协调、绿色、开放和共享，以实现高质量发展。同时，金融供给侧结构改革需要有效解决高质量发展过程中的金融结构矛盾。在经济和金融领域都需要在有效市场与有效政府之间建立辩证关系。

有效发挥供给侧结构性改革对资本要素市场发展的作用还存在一些制约因素，因此，在正确认识作用机理的基础上，还应该认识和理清这些制约因素，这对于更好地找寻应对策略意义重大。

6.4 金融供给侧改革的制约因素分析

6.4.1 创新驱动面临的制约因素

资本市场的结构创新面临深度和宽度创新的双重问题。所谓深度创新问题，是指当前主板市场缺乏监管和不完善的退市机制。中小企业板和创业板存在不科学的市场准入机制和不合理的定价机制。新三板存在企业 IPO 信息披露不完善等问题。所谓宽度创新问题是指战略新型板、股权交易中心仍处于探索阶段，尚未正式建立；场所交易市场存在特定的操作风险等。

资本市场的制度创新面临现实和历史的压力。以注册制为例，实行注册制改革是必然的，这只是时间问题。一旦时机成熟，将予以实施，但实施注册制将面临操作风险和监管压力。第一，在资本市场上存在"劣钱驱逐良币"的现象，这意味着实行注册制可能会加剧这种情况。第二，注册制之后需要更严格的监督和评估，但是我国目前市政机制尚未建立，导致事后监督无法发挥更好的作用。第三，资本市场的监管创新面临利益壁垒和现实冲突。我国资本市场监管失败的重要原因是，监管水平处于较高的网络地位，证券公司与上市公司之间存在交叉利益。在信息不对称的情况下，拥有大量高质量投资机会信息的管理层会将信息传递给投资者，以影响投资者的投资决策，从而达到操纵公司股价的目的。信息优势和更强的资源控制力使监管机构很容易忽略投资者的利益，而将重点放在保护证券公司和上市公司的利益上。更高的利益壁垒导致监管创新始终处于争议阶段。

6.4.2 产业调整面临的制约因素

"去库存化"影响房地产公司的持续增长。房地产公司可以通过"去库存"来达到控制财务风险的目的，但是"去库存"可能会影响房地产公司的营销策略。如果为了实现"去库存化"的目标，房地产公司可能会遭受利润操纵。这些将影响资本市场传递的信息的真实性，并影响投资者的利益。

"去杠杆化"的产业调整将带来更高的"清空"风险。依靠债务融资的传统公司将转向股权融资，以在供给侧结构性改革的背景下降低融资成本。但是，与债务融资相比，股权融资可能会增加大股东"清空"小股东的机会，从而损害投资者对资本市场的信心。

"去产能"工业调整测试了资本市场的定价和监管能力。"去产能"将导致新兴公司的出现并将参与资本市场。新兴公司的 IPO 定价和事后监管将成为关注的焦点。原因是：基于"去产能"产业调整而出现的新兴公司很可能有机会利用合并和重组来获得上市和套现机会。因此，如何为新兴企业的 IPO 定价和监管成为资本市场发展中亟待解决的关键问题。

6.4.3　金融制度创新面临的制约因素

金融改革滞后于实体经济发展。改革开放以来，我国实体经济发展已经取得了举世瞩目的成就。但同时我国的金融系统支持产业系统发展的机制还不健全，金融制度改革明显滞后于实体经济的发展，金融抑制还处于高位状态，这在一定程度决定了我国现行金融制度在支持产融结合有效性方面大打折扣，同时也增加了产融结合过程中的不良交易、利益冲突和风险。

我国市场化历程太短。欧美发达国家的市场化进程已有几百年的历史，而我国只经历了几十年的市场化历程，产融结合是现代金融中具有代表性的市场经济产物，要想产融双方能够在现有制度环境下实现高效率的产融结合，就需要各类市场行为主体能充分认识市场发展规律，对产融结合所带来的风险有清醒的认识。但我国目前在产融结合过程中，对其风险认识不到位、产业资本进入金融领域目标不明确以及短期化行为等普遍存在，这进一步降低了产融结合的有效性并加大了产融结合的风险。

我国的金融抑制程度还较高。国有银行仍然是金融资源的主要配置者，金融机构无论是在一般经营活动上还是在重大经营决策方面，都会或多或少受到行政力量的干预；同时因国有企业现阶段仍存在产权不清晰等问题，国有企业至今难以建立完善科学的委托代理机制，导致其仍带有一定的行政化色彩。

监管体制与风险隔离机制不完善。我国对于金融的监管主要由两大类部门负责：一类是金融监管部门，如中国银行保险监督管理委员会和中国证券监督管理委员会，它们的职能是对企业控股和参股金融机构的行为和方式进行监管；另一部门是国资委，其主要是对国有企业参股或控股金融机构的投资比例和合规性进行管理。这实际导致了各个监管机构没有明确好监管职责，容易出现监管真空和重复监管现象的发生。例如，我国金融监管机构的监管

范围只包括金融机构，"影子银行"等不具备金融牌照的企业则不属于金融
机构的管辖范围。虽然我国部分法律法规对金融机构特别是商业银行股权变
更以及企业财务公司的设定有着较为明确的规定，但由于监管体制的不完
善，使得一些并不具有相关资质的非金融企业通过股权关联成为金融机构的
实际控制者。

第7章 乡村振兴与生态资源赋值的前景

我国一直高度重视"三农"工作。随着如期打赢脱贫攻坚战，全面建成小康社会、实现第一个百年奋斗目标，全面推进乡村振兴正在书写"三农"发展新篇章。1921年，中国共产党成立，为广大的农村、农民带来了希望。在新民主主义革命时期，工农联盟是革命的主要力量。在社会主义革命和建设时期，农业是工业化物质积累的主要来源，"三农"为社会主义国家建立和发展做出了重要贡献。在改革开放和社会主义现代化建设时期，农村率先发起改革，"三农"对中国经济腾飞发挥了重要作用。在中国特色社会主义新时代，农村是全面小康的主战场，"三农"为实现第一个百年奋斗目标提供了重要支撑。2020年，832个贫困县全部摘帽，我国脱贫攻坚战取得了全面胜利。经过70多年的努力奋斗，在中国共产党带领下，累计7亿多农村贫困人口成功脱贫，中国历史性地告别了绝对贫困。2020年，虽然受到新冠肺炎疫情的严重影响，"三农"工作仍然取得了令人瞩目的成就。粮食产量实现"十七连丰"，连续6年稳定在1.3万亿斤以上，为保持经济社会平稳发展发挥了压舱石作用。农业现代化水平迈上新台阶，农业科技进步贡献率超过60%，耕种收综合机械化率达到71%，农作物化肥农药施用量连续4年负增长，畜禽粪污综合利用率超过75%，农业绿色发展取得积极进展。2月21日，2021中央1号文件正式颁布，吹响了全面推进乡村振兴的号角，"三农"工作重点迎来历史性转移。2021年2月25日，国家乡村振兴局正式挂牌，这是全面实施乡村振兴，奔向新生活、新奋斗的起点。脱贫攻坚目标任务完成后，"三农"工作重心将实现向全面推进乡村振兴的历史性转移。

7.1 "三农"投资与健全城乡金融体制

7.1.1 "三农"问题的特征

农业是人类社会最基本的物质生产部门，是其他产业乃至整个国民经济的基础。然而世界各国在追求强国富国的发展道路上大力发展工业和服务业，致使农业基础不断被削弱，而以工业和服务业为主业的跨国公司的发展在推动经济全球化的道路上，又进一步使本身易受地理、气候和自然资源约束的农业面临危机。全球粮食危机和农业生态灾难就足以说明，农业才是生命赖以生存和发展之源泉，"三农"才是人类关注之根本。这并非言过其实，也不是重农思想的当代体现，而是客观事实，需要引起我们对"三农"的倍加重视。按照"三农"的定义，"三农"问题主要包括农业问题、农村问题和农民问题。

（1）农业问题。 尽管我国现在正在大力发展工业化，工业化水平已经大大提高。但是由于我国人均耕地少、环境污染和水资源匮乏，我国农业发展出现了一些问题。农业是人民生产和生活的基础，也是经济发展的基础。加快农业金融体制改革，健全城乡金融体制，促进农业发展，是我国国民经济建设的基本内容。

（2）农村问题。 农村是农民生产生活的集聚地。它的基本特征是以耕地为主要生产对象，主要生产方法是种植农作物和饲养牲畜。而且，一般农村地区比较广，农民的生产空间范围一般也比较大。当前，由于社会、环境、经济等因素，出现了农民生产空间逐渐减少、农村耕地严重短缺、农村人口严重流失等问题，从而制约了农业的发展。

（3）农民问题。 农民问题是"三农"问题的核心。农民作为我国的经济实体之一，具有经济实体的共同特征，但也有其特殊之处。首先，农民不同于其他经济实体，他们主要生活在农村地区，主要从事农业生产。其次，他们受我国传统文化的影响，具有自己独特的思维和行为特征。

7.1.2 "三农"投资现状

我们用第一产业固定资本存量来衡量"三农"投资现状。

表 7-1 是 2016—2019 年以第一产业固定资本存量衡量的"三农"投资数据。从时间维度看，我国第一产业固定资本存量呈现增长减缓的趋势，从2016 年的 10 396.71 亿元增长到 2017 年的 12 080.89 亿元，增长 16.2%。从 2017 年的 12 080.89 亿元增长到 2018 年的 13 778.61 亿元，增长14.05%。从 2018 年的 13 778.61 亿元增长到 2019 年的 14 975.15 亿元，增长 8.68%。

表 7-1 第一产业固定资本存量

单位：亿元

地区	2016	2017	2018	2019
北京	121.22	127.99	135.20	148.14
天津	168.01	196.31	214.03	220.12
河北	684.84	802.59	894.34	941.72
山西	400.73	407.47	386.08	367.27
内蒙古	846.62	912.06	905.57	885.46
辽宁	253.63	243.95	234.98	225.55
吉林	374.18	488.02	582.56	568.02
黑龙江	387.08	423.92	440.97	439.64
上海	9.67	8.78	7.97	7.39
江苏	253.32	288.52	317.76	347.97
浙江	187.87	201.16	192.33	183.44
安徽	276.30	312.99	365.81	394.01
福建	189.79	245.10	316.00	381.69
江西	551.88	641.23	739.72	785.00
山东	788.77	876.63	945.28	973.55
河南	1 046.71	1 290.25	1 543.70	1 718.18
湖北	406.54	469.72	523.51	589.30
湖南	300.42	382.29	480.79	590.12
广东	267.42	293.87	308.95	314.82
广西	397.99	480.76	576.61	625.26
海南	47.15	50.28	51.08	50.85
重庆	220.41	241.47	252.95	269.76
四川	498.03	596.13	813.23	1 019.41
贵州	105.46	158.35	263.73	341.29
云南	318.11	404.71	506.61	624.01
西藏	36.32	44.17	59.58	68.81
陕西	487.65	611.28	785.10	925.20
甘肃	262.13	287.06	317.55	333.71
青海	75.87	79.91	83.79	85.56
宁夏	89.43	111.76	118.45	122.24
新疆	343.14	402.17	414.40	427.67
总计	10 396.71	12 080.89	13 778.61	14 975.15

资料来源：《中国统计年鉴 2020》。

由图 7-1 可以看出除上海外其他省份第一产业固定资本存量逐年升高，其中河南省第一产业固定资本存量最高，从 2016 年的 1 046.71 亿元增长到 2019 年的 1 718.18 亿元，增加了 671.47 亿元。

新疆	343.14	402.17	414.4	427.67
宁夏	89.43	111.76	118.45	122.24
青海	75.87	79.91	83.79	85.56
甘肃	262.13	287.06	317.55	333.71
陕西	487.65	611.28	785.1	925.2
西藏	36.32	44.17	59.58	68.81
云南	318.11	404.71	506.61	624.01
贵州	105.46	158.35	263.73	341.29
四川	498.03	596.13	813.23	1019.41
重庆	220.41	241.47	252.95	269.76
海南	47.15	50.28	51.08	50.85
广西	397.99	480.76	576.61	625.26
广东	267.42	293.87	308.95	314.82
湖南	300.42	382.29	480.79	590.12
湖北	406.54	469.72	523.51	589.3
河南	1046.71	1290.25	1543.7	1718.18
山东	788.77	876.63	945.28	973.55
江西	551.88	641.23	739.72	785
福建	189.79	245.1	316	381.69
安徽	276.3	312.99	365.81	394.01
浙江	187.87	201.16	192.33	183.44
江苏	253.32	288.52	317.76	347.97
上海	9.67	8.78	7.97	7.39
黑龙江	387.08	423.92	440.97	439.64
吉林	374.18	488.02	582.56	568.02
辽宁	253.63	243.95	234.98	225.55
内蒙古	846.62	912.06	905.57	885.46
山西	400.73	407.47	386.08	367.27
河北	684.84	802.59	894.34	941.72
天津	168.01	196.31	214.03	220.12
北京	121.22	127.99	135.2	148.14
	2016	2017	2018	2019

图 7-1 2016—2019 年第一产业固定资本存量热力图（单位：亿元）

资料来源：《中国统计年鉴 2020》。

7.1.3 完善城乡金融体系的意义

"三农"问题是我国社会建设的根本问题，解决"三农"问题的根本途径是促进经济快速发展。要加快经济发展，必须建立健全的金融体系，加快金融体制改革，促进资金合理流动，保证对农业、农村和农民发展的财政支持。完善城乡金融体系的意义主要有以下几点。

(1) 农业发展和金融需求。农业生产尚不确定。首先，农业生产周期长，通常为一年或六个月，这使得农业生产无法很好地调整。而且，它受到自然环境的极大影响，并且在生产过程中有许多不可控制的因素。其次，农产品不容易存储，并且存储环境要求很高。最后，农产品的加工和销售环节薄弱，许多农业生产无法根据实际的市场需求进行调整，导致出现了无法销售的农产品。所有这些使一些商业金融机构不愿与农业经济联系，使农业生产缺乏必要的财政支持，严重影响农业发展。

（2）农业现代化的财政需求。农业现代化是指利用现代技术和管理方法从事农业生产，提高农业劳动生产率，促进农业工业化的发展。农业现代化需要强有力的财政支持。首先，生产机械化要求用资金购买必要的生产机械，从而提高生产效率。包括购买优质种子和扩大生产规模，都需要强大的资金来源。加快农村金融体制改革，可以促进农业现代化，为农业现代化提供良好的资金环境。

（3）农村建设的资金需求。在我国农村建设过程中，资金严重不足。主要表现在以下几个方面，首先是财政支出不足。尽管我国的农村建设财政专项拨款逐年增加，但就我国农村建设在我国社会现代化中的作用而言，财政支出水平仍然相对较低。其次，农村基础设施建设缺乏必要的财政支持，包括农村教育、医疗、水利、道路和社会保障。特别是农村教育水平相对落后，导致农业生产和农村建设缺乏必要的专业人才，我国农业生产的专业水平不高。

（4）城市化的财政需求。城镇化建设是我国现代化建设的重要组成部分。在现阶段，我国的城市化建设水平已经大大提高，但总体水平仍然相对落后。这与缺乏对城市化建设的必要财政支持密不可分。增加财政支持可以从以下几个方面加快我国的城市化进程。首先是发展乡镇企业。资金短缺一直是乡镇企业发展的瓶颈。因此，加快金融改革，增加金融支持力度，可以为乡镇企业提供金融支持，促进乡镇企业发展。二是发展非农产业。在城市化进程中，非农产业的发展起着重要作用。但是，目前，由于我国城市非农产业规模小，缺乏必要的资金来源，这就要求改革金融体制，降低农民贷款门槛，支持非农产业的建设和发展。

（5）满足农民的个人贷款。随着我国社会经济的发展，农民的资金需求不断增加。但是，由于资金缺口较大，缺乏专门针对农民的金融机构和政策以及农民贷款成本高昂，农民难以获得贷款来保障农民的资金需求。这就要求完善农村金融机制，建立相关机构，从而降低农民贷款的门槛。

7.1.4　金融支持健全城乡金融体制

首先，有必要增加对农村资金的投入。当前，农业现代化、非农产业的发展以及城市化的建设都需要大量的资金投入。因此，制定相关政策一方面需要积极发展资本市场，以拓宽农村金融的范围。另一方面，有必要促进和鼓励农村民间金融的发展，以发挥农村民间金融的优势。其次，要加强农村金融管理，优化农村金融生态。健全的财务管理系统可以促进良好财务环境的形成。在这一过程中，有必要逐步完善农村金融服务基础设施，通过通讯、电子信息等现代科学技术，建立健全的金融服务网络，更好地服务于农村金融市场。最后，有必要完善农业保险制度。农业生产受到自然环境的极大影响。只有建立健全的农业保险制度，才能从根本上保证农业生产的顺利进行。

总之，"三农"问题是我国社会发展的主要问题之一。要正确处理"三农"问题，首要任务是确保"三农"建设的资金来源。加快农村金融体系建设，鼓励新型农村金融机构发展，加强农村民间金融和农业保险建设，形成完整的农业金融网络，为农村信贷、储蓄、资产提供良好的平台转换和资金流通，确保农业建设和农村建设的顺利进行和农民生活水平的提高，促进我国城市化的建设和发展，提高社会的现代化水平。

7.2　生态资源是否可以作为人民币的"价值之锚"

党的十九大报告指出，建设生态文明是中华民族永续发展的千年大计。贯彻落实"绿水青山就是金山银山"的理念，关键是将生态文明建设内化到市场经济运行机制中，激发全社会从事生态文明建设的内生动力。只有通过生态资源资本化实现形式的创新，促进资源要素保值增值，才能重构生态文明建设的经济基础，这也是促进绿色发展和坚持人与自然和谐共生的关键问题。

7.2.1　生态资源资本化是大趋势

人民币如何稳定币值是一个大问题，过去人民币的增发很大程度上靠外贸盈余，当外贸受限，不能像过去那样获取大量外贸盈余的时候，人民币的货币基础如何建立对中国来说是一个挑战。我们认为，生态资源资本化是未来大趋势。

良好的生态资源是人类赖以生存和经济发展的基本资源条件，是实现经济社会可持续发展的重要支撑。随着人类对生态服务需求的增长，生态资源已成为经济发展的代价之一，同时也成为国家竞争力的重要组成部分。因此，破坏生态资源的实质是破坏生产力，保护资源和环境就是保护生产力，改善资源和环境就是发展生产力。实践证明，良好的生态资源可以带来巨大的经济效益。目前，中国约 90% 的能源、80% 以上的工业原料和 70% 以上的农业生产资料来自生态资源，而 85% 的粮食是由耕地提供的。生态资源在经济发展中起着重要的支撑作用。没有生态资源的必要保证，经济将难以持续、健康、快速地发展。生态资源是社会文明进步的重要物质基础，人类社会的发展与生态资源的开发利用密切相关，因此未来生态资源资本化是大趋势。

7.2.2 "绿水青山"就是"金山银山"

绿水青山泛指自然环境中的自然资源，包括水、土地、森林、化石能源和由基本生态要素形成的各种生态系统，其是自然存在状态的要素资源与生态环境。绿水青山具有生态功能和资源供给潜力，是区域条件优势的自然状态形式，是区域优势转化的内生条件。拥有绿水青山才能创造金山银山，改善生态财富才能增加物质财富。绿水青山也是财富，是具有本源性和基础性的财富，是财富的自然原始状态，是人类创造物质财富的前提条件。金山银山是市场化的财富积累，是具有经济价值和保值增值属性的物质财富形态。

绿水青山需要与货币资本购买的生产资料与劳动力相结合，启动绿色产品和生态服务生产环节，才能将自然资源形态转变为生产资本形态和商品资本形态，最后转化为价值增值的货币资本形态，推动"绿水青山"向"金山银山"的转变。"绿水青山就是金山银山"抽象表征了生态价值发现和生态资源向生态财富转化的资本循环意蕴，隐含着良好的生态环境是人类经济活动内在依托的意思，揭示了绿色资源或生态环境也具有经济属性的内涵。这要求我们既不能以损害环境和破坏生态为前提（保证环境资本的可持续再生能力），又必须在货币资本的"催化"下将自然资源形态的物品转化为物质财富的商品形态，协调处理好经济发展与生态保护之间的关系，走出一条生态保护与经济发展并重、环境资本再生产与生态财富积累共赢的道路。

生态文明财富观将绿水青山与金山银山统一于绿色发展理念之中，两者抽象统一于物的有用性——"使用价值"，即都能满足人们必不可少的生存、生活与生产的需要，良好的生态环境既是"刚需"的公共产品，又是"普惠"的民生福祉。绿水青山与金山银山都是生态文明财富观的表现形式。人们的生存发展既离不开"金山银山"提供的物质保障，也离不开"绿水青山"独有的生态涵养功能以及绿色产品和生态服务的供给。保护绿水青山，就是再造金山银山，两者都是价值形态的不同表现形式，在市场经济条件下具有同等重要地位与价值。马国霞等对我国陆地生态系统提供的产品和服务价值进行核算的结果表明，2015 年陆地生态系统生产总值（GEP）是当年 GDP 的 1.01 倍。绿水青山与金山银山在价值上的等价与不同资本形态的可转化性是绿水青山就是金山银山的理论基石。

7.2.3　生态资源资本化的区域实践

绿水青山变成金山银山，关键是要引入货币资本，实现货币资本与自然形态资源的结合，畅通区域生态优势向区域经济优势转化的渠道，破解区域生态优势向现实经济优势转化的瓶颈，加速区域产品生产与生态服务供给，夯实生态本底，形成生态财富，增进区域优势多元转化渠道。笔者分别选取代表性的省域、市域和县域经济体，基于现实案例的研究，围绕绿水青山就是金山银山的绿色发展实践，归纳概括出绿水青山就是金山银山的一般化"通约"，即货币资本与"绿水青山"有机结合之后，遵循"货币资本—生产资本—商品资本"三种职能形态变换的一般规律，启动区域绿色产品和生态服务的生产，着重发挥生态优势，形成生态财富，加快产业绿色转型，沿着"条件优势—生产优势—产品优势—经济优势"的转化路径持续进行，实现绿色资本（环境资本）循环往复的连续性、绿色产品和生态服务生产与流通的统一性、财富形态变化与价值增值的同一性，推进产品绿色化生产、循环化流通、低碳化消费，建立完善低碳循环的绿色产业体系。

（1）生态资源资本化的贵州实践。贵州作为我国典型的后发省份，亦是山区农业省，是我国长江、黄河、珠江上游流域重要的生态安全屏障，良好的生态本底与脆弱的生态基础使其既有"长板"优势，又面临"短板"约束。近年来，贵州着力探索绿色发展实践，依托"绿水青山"（条件优势），找准旅游业和产业绿色化发展方向，引入实力雄厚的龙头企业，立足贵州良好的绿色产品生产力（生产优势），创新绿色产品供给体系，提升生态产品生产能力，生产出更多满足人民群众对美好生活追求的绿色产品（产品优势），并不断开拓市场，主动对接"一带一路"、长江经济带和珠江-西江经济带建设，"由内而外"推动贵州生态资源向生态资本进而向生态价值和经济财富的转化（经济优势）。同时，贵州主动抛弃"重工业高污染"、"边发展边治理"的恶性循环工业化模式，牢牢守住生态底线，大力推进生态保护与环境修复，确保绿色产品与生态服务的再生产不超过环境容量，提高绿色资本（环境资本）再生产能力，畅通条件优势向经济优势的持续转化路径，着力走出了一条绿色崛起、生态优先、文明发展的可持续发展道路，推动了贵州"绿水青山"向"金山银山"的转化和生态财富的形成。"十二五"期间，贵州实现 GDP 年均增长 12.5%，稳居全国前 3，GDP 总额突破 1 万亿元，主要经济指标实现翻一番。2019 年贵州森林覆盖率达 59.95%，比 2017 年增加了 2.95 个百分点。2019 年贵州实现地区生产总值 16 769.34 亿元，增长 8.7%，高于全国 2.6 个百分点，连续 9 年位居全国前列。2020 年 1—11 月，贵州 9 个中心城市空气质量均达到二级标准，空气质量平均优良天数比率为 99.6%，同比上升 1.1 个百分点；全省 88 个县（市、区）城市环境空气质量平均优良天数比率为 99.7%，同比上升 1 个百分点，实现了生态财富增加与经济高质量发展的"双赢"。

(2) 生态资源资本化的桂林实践。近年来，桂林市强化了对象鼻山、叠彩山、伏波山等富有地域特色的喀斯特景观的保护，大力推进漓江综合治理与两岸绿色资源和生态环境的保护，牢牢守住桂林山水的生态保护红线，推进漓江生态环境的持续改善，突出发展生态产业，持续发展绿色经济，推动生态优势向经济优势的深层转化。桂林市作为后发地区，在加快乘势打造"金山银山"的同时，强化污染治理与生态环境保护，确保绿色生态产品供给、绿色资本（环境资本）再生产与生态财富形成的有机协调。实践中，桂林依托独特的自然风光（条件优势），全力推进国际旅游胜地建设，大力发展生态农业、生态旅游（生产优势），打造绿色经济增长点，突出打造了沿漓江的一批农业示范带（产品优势），在改善沿线居民生产生活环境的同时促进其增收，推动了当地旅游产业的转型升级（经济优势），实现了生态保护与经济发展的"双丰收"。良好的"示范效应"激励了当地居民保护"绿水青山"的主动性与自觉性，加速了生态优势向生态财富的持续转化，实现了环境保护、收入提升、经济增长的良性循环。2019 年，桂林 GDP 达 2 105.56 亿元，增长 6.5%，财政收入增长 7%，全市居民人均可支配收入达 26 381 元，同比增长 8.6%。其中，城镇居民人均可支配收入达 37 178 元，同比增长 7.3%；农村居民可支配收入达 16 045 元，同比增长 9.7%。

（3）生态资源资本化的淳安实践。淳安作为国家级风景区千岛湖所在地，是集山区库区老区于一体的后发县域经济体。千岛湖水质优良，有"天下第一秀水"之称，区域条件优势显著，早期通过引进农夫山泉等行业龙头企业，在保护水源地的同时，有序发展饮用水产业，实现了"秀水"与"富民"的共赢。近年来，淳安加强千岛湖及周边生态保护，着力引进农产品、水饮料、健康养生、保健医疗等利于区域条件优势转化的龙头企业，加大政策引导与产业帮扶力度（推动条件优势向生产优势的转化），大力发展饮料食品、健康养生等现代服务业，突出全域旅游，加大绿色休闲旅游产品与生态服务供给力度（生产优势向产品优势的转化）。不断完善基础设施和公共服务体系，着力营造良好的营商环境，增进绿水青山就是金山银山的绿色发展效率，拓宽区域生态优势向财富优势转化路径，保一方净水的同时富一方百姓。2019 年，淳安县实现地区生产总值 254.50 亿元，同比增长 4.6%。其中，第三产业增加值达 138.40 亿元，同比增长 6.2%，人均 GDP 达 71 088 元，同比增长 3.9%。

7.2.4　人民币锚定生态资产

在生态文明战略背景下，粗放数量型的市场经济要向质量效益型的市场经济转变，使生态资源从非标的物变为可作为交易的标的物，从没有价值化到变成价值化可交易资产。最终作用是使人民币作为一个主权货币，锚定在中国的主权可控的生态资源价值存量上。这使得人民币的价值就不必锚定在以石油为基础的美元之上，中国的生态资源可以作为人民币的"价值之锚"。

7.3　生态补偿机制的现状分析

7.3.1　生态补偿机制的实践

（1）建立森林生态效益补偿基金制度。森林生态效益补偿基金制度自 2004 年起在全国范围内实施。同年，财政部、国家林业局颁布了《中央财政森林生态效益补偿基金管理办法》，对森林公益林进行补偿，每亩每年 5 元。这标志着国家森林生态补偿机制正式建立。补偿机制实施以来，补偿标准发生了变化。2009 年，中央财政将集体和个人所有的国家级公益林补偿标准提高至每亩每年 10 元，2013 年将补偿标准提高至每亩每年 15 元，2019 年进一步将补偿标准提高至每亩每年 16 元。根据第九次全国森林资源清查结果显示，公益林总面积达 12 362.32 万公顷，占全国森林面积的 56.65%。

（2）建立草原生态补偿制度。 2011 年，财政部、农业部颁布草原生态保护奖补政策，正式建立全国草原生态补偿制度。放牧草地补助标准为每亩每年 6 元。牧场每年每亩奖励 1.5 元。根据政府工作报告显示，2016—2020 年（"十三五"期间）我国完成森林抚育面积为 4 253.3 万公顷，草畜平衡面积达到 17 333.3 万公顷。

（3）建立湿地生态补偿制度。 2010 年，财政部、国家林业局启动湿地保护补助，包括 27 个国际重要湿地、43 个湿地自然保护区和 86 个国家湿地公园。2014 年安排支出 15.94 亿元。2021 年，我国加大中央财政湿地保护修复补助、中央预算内投资重点区域生态保护和修复工程投入力度，分别投入 20 亿元、5.35 亿元，共修复退化湿地 3 188.42 公顷，湿地生态效益补偿受益农户 16 760 户，湿地生态效益补偿面积 23 468.63 公顷，湿地生态状况得以改善，区域生态功能有效发挥。

（4）建立重点生态功能区转移支付制度。 2008 年以来，财政部颁布了《国家重点生态功能区转移支付办法》，建立了国家重点生态功能区生态补偿制度。中央财政对被划定为国家重点生态功能区的地区（以县为单位）进行综合性生态补偿，到 2021 年，重点生态功能区转移支付预算规模达 982.04 亿元，每个县平均获得额外财力性生态转移支付规模超过 1 亿元，有力地引导了地方政府加强生态环境保护，提高了生态功能重要地区基本公共服务保障能力。同时，中央政府还对国家级自然保护区、国家级风景名胜区、国家森林公园等禁止开发区给予补助。

除上述主要生态系统专项生态补偿制度外，还探索建立水资源和水土保持生态补偿机制、矿山环境治理和生态恢复责任制，并与这些制度相配套。据统计，现阶段生态补偿资金中中央政府投入占比 87%，地方政府占比为 12%，中央财政安排的生态补偿资金总额从 2001 年的 23 亿元增加到 2019 年的 1 500 亿元。总体而言，国家生态补偿机制基本覆盖森林、草原、湿地、海洋等重要生态系统，补偿资金也在增加。在国家建立不同的生态补偿制度、提供补偿资金后，各地积极响应并实施。总体而言，我国生态补偿的主要方式仍然是各级财政的纵向转移支付。

7.3.2 生态补偿机制的作用及存在的问题

生态补偿作为一种制度安排，为保护生态环境找到了有效的激励机制。生态补偿制度的建立和实施，开创了我国生态保护的新局面。经过多年努力，我国重要的生态资产得到有效保护，生态条件恶化得到初步遏制，也在一定程度上促进了欠发达地区的发展。从逻辑上判断，这直接关系到生态补偿机制的建立和作用发挥。

当前森林和草地生态补偿的规模和程度：

森林和草原是中国最大的两大生态系统。它们通过生态循环为人类提供重要的生态产品和服务。生态服务的价值应该得到经济补偿或体现。我国 33.6 亿亩森林中已获得森林生态补偿的有 18.7 亿亩，占 55.65%。我国有草原 43.8 亿亩，其中获得草原生态补偿的有 12.3 亿亩，占 28.08%。这说明我国生态补偿面积已达到较大规模，生态补偿机制建设取得了重要进展，但同时也应看到，森林生态价值补偿系数仅为 0.3%，草地生态价值补偿系数为 0.4%，说明现有的生态补偿标准还是偏低的。

由于生态补偿涉及复杂的利益关系，可见除了提高生态补偿标准外，还需要进一步加大生态补偿力度，比如完善配套基础设施及相关政策法规。

7.3.3 生态补偿机制的发展趋势

可以预见，今后我国将逐步实行生态补偿制度。生态补偿机制将呈现三个发展趋势：加强补偿投入、多样化补偿方式、完善补偿体系。最终，将建立中央、省、地区和县级四个级别的全面的生态补偿机制。

趋势一：生态补偿投入增加。逐步提高森林、草原、湿地、海洋、水源等自然生态系统的补偿标准。在资金来源方面，通常随着 GDP 和财政收入的增长而增加。在现有的生态补偿资金来源中，将逐步合并现有的生态环境保护专项资金。

趋势二：生态补偿方式多样化。同时，在中央财政转移支付的基础上，发展垂直生态补偿、水平生态补偿和市场生态补偿三种生态补偿方式。建立健全三类生态补偿：一是政府部门主导、各级政府之间的纵向生态补偿机制。重点是生态补偿标准的科学制定和动态调整以及生态补偿效果的监测和评价。二是政府部门主导、政府间协商的横向生态补偿机制。关键是弄清生态空间区域边界生态系统功能和服务的背景，确定各自合理的资源开发利用指标，建立和完善政府间的关系及资源开发利用权平等协商机制。三是政府部门组织、不同主体参与的市场化生态补偿机制。关键是要创造市场、创造环境、规范市场。

趋势三：生态补偿制度。首先，要出台生态补偿政策法规，包括起草出台《生态补偿条例》，明确生态补偿的基本原则、主要领域、补偿范围、补偿对象、资金来源、补偿标准、权益等。其次，建立健全有关利益相关者的义务、评估方法、问责制等，鼓励地方政府发布规范性文件或地方法律法规，不断促进生态补偿制度化。

7.4　资本要素市场改革对接国内大循环的关键问题

2020 年 10 月党中央召开第十九届五中全会，会议上提出了"十四五"时期经济社会发展指导思想和必须遵循的原则，要"以深化供给侧结构性改革为主线，……加快构建以国内大循环为主体、国内国际双循环相互促进的新发展格局"。即表明，在"十四五"时期要坚持以供给侧结构性改革为战略大方向的前提条件下，有了新的工作重点。近年来，供给侧结构性改革的工作重点在不断转移与深化，2016 年，供给侧结构性改革的工作重点是传统产业"去产能"、"去库存"；2017 年，"供给改革"的工作重点从"去杠杆"逐渐转移至金融领域；2018 年，"供给改革"的工作重点逐渐转移到基础设施领域的"补短板"力度。2020 年，"十四五"时期"供给改革"的工作重点，将要转为"畅通国内大循环，促进国内国际双循环"。因此，预计未来五年内，供给侧结构性改革工作将会围绕双循环这一核心思想实施相关政策，"十四五"时期将形成开放的国内国际双循环的新发展格局。资本要素市场改革对接国内大循环的关键问题，是如何激活沉淀资产，通过乡村振兴来实现国内大循环。

第一，如何有机整合两大供给侧改革。中国农业农村发展已进入到新的历史阶段，农业的主要矛盾由总量不足转变为结构性矛盾，矛盾的主要方面在供给侧，必须深入推进农业供给侧结构性改革。中国农村土地辽阔，物产丰富，要想将体量如此巨大的生态资产存量激活，关键是如何把农业供给侧改革和金融供给侧改革这两大改革结合在一起。

　　第二，乡村振兴的关键：生态资源产业化及其资本化。乡村的发展需要从产业平面开发转向空间资源开发，把资源的开发权利交回农民主体，增加农民长期的财产性收入。山水田林湖草沙等资源是结构性粘连的一个整体，其价值的实现要以村域综合新型集体经济为载体。生态资源产业化以结构性合约为基础，形成多元主体结构化的互动及其有效治理。

第8章 "碳中和"目标下电力公司股权结构及发电结构优化

2020年9月22日，中国在第75届联合国大会上宣布，控制二氧化碳排放量在2030年达到峰值，并在2060年实现碳中和。在2020年12月12日气候雄心峰会上，中国再次进行碳中和宣示，并计划扩大风电、太阳能发电总装机容量，使其达到12亿千瓦以上。与欧美等发达国家不同，中国能源结构一直高度依赖煤炭。从图8-1中可以看出，2000—2020年间中国煤电总装机容量攀升，其所占全球煤电总装机容量的比例也在2019年间达到了50%。不仅如此，中国煤电装机整体投入时间较短，平均服役年限不到12年，而煤电装机的平均寿命是40年，这意味着这些煤电装机将会在未来一段时间持续不断地释放二氧化碳等温室气体。如果全社会用电量按照目前速度进行增长，到2060年将会消耗近20万亿度电，这就意味着电力行业需要排放10亿吨左右二氧化碳，势必需要大量植树造林、森林蓄积增加的碳汇才能中和掉。

过去十年间，风电、光电等新能源发电装机总量不断提高，其中以光伏发电最为突出，从2009年的2万千瓦增长到2019年的逾2亿千瓦，增长了1万倍。虽然采用新能源发电方式不会对环境造成恶劣影响，能够帮助中国推进能源革命、实现碳中和，但是大规模发展可再生能源并不是能源转型的唯一途径。风电、光电等发电方式存在间接性和不稳定性，要想实现能源转型，绝不只是简单地扩大可再生能源生产规模或者过度关注可再生能源，追求"瘸腿式"能源转型，而是应该为新能源发电设施配备合适的灵活性电源备用容量，只有这样才能避免新能源发电比重较高地区用电高峰供电短缺现象的发生。

8.1 电力公司股权结构及发电结构的研究综述

虽然多元化发电结构可以帮助电力公司取得更加稳定的绩效，加速中国实现碳中和的步伐，但迄今为止，只有少数公司的发电结构为多元化发电结构，且新能源发电量占比较低，这与公司治理模式和运营方式有关。多位学者对公司治理相关理论进行研究后发现，股权结构能够影响公司运营，它决定了股东结构、股权集中度以及股东行使权力的方式和效果，进而会对公司治理模式、整体运营以及业务绩效产生显著影响。因此，详细分析电力公司股权结构对业务绩效的影响，可以帮助公司改善资源配置效率，找到更加合理的生产发电结构，制定有效的科技研发规划。为了分析股权结构和发电结构对公司业务绩效的影响，需要对电力公司的业务绩效进行评价，但是传统会计分析方法只能对公司整体表现进行分析，无法对某一具体业务绩效进行评价。数据包络分析法（DEA）可以清晰地说明投入与产出的组合情况，有效地对具有多项投入产出的决策单元进行效率评价，与经营比率或利润指标相比更加具有综合性和全面性，是公司业务绩效评价的重要方法。

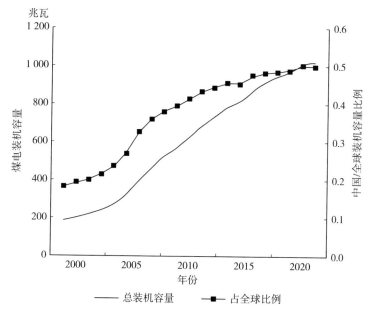

图 8-1 2000—2020 年中国在役煤电总装机容量变化及占全球装机总量的比例

资料来源：Global Coal Plant Tracker。

本研究可能的边际贡献在于：第一，在评价公司电力业务绩效时不仅剔除了其他业务对评价结果的干扰作用，同时将公司发电量与售电量纳入评价过程当中，使评价结果更加合理可信；第二，与其他 DEA 模型相比，Malmquist-DEA 模型不仅能够评价同一时期各决策单元的效率值，同时还能对公司电力业务全要素增长情况进行测算，并将其分解为技术进步和技术效率，进一步分析业务效率改善的驱动力；第三，运用可行广义最小二乘法（FLGS）详细分析股权结构和发电结构在电力业务绩效改善过程中所起到的作用，并运用分样本回归法等多种方法对实证结果的稳健性进行检验，以确保研究结果的可靠性；第四，对研究结论进行总结，为电力公司在运营决策过程中如何有效推动碳中和目标实现提供了合理的建议。

通过整理文献发现，国内外有大量学者研究各类公司股权结构与公司绩效之间的关系，他们通过构筑各类指标来表示公司绩效，在对公司绩效表现进行比较分析之后运用多种分析方法分析股权结构与公司绩效之间的关系，具体到电力部门，相关研究通常会运用 DEA 模型对国有和私人电厂的相对技术效率进行测算（R. et al.，1985）。与本研究相关的研究文献主要有以下三支。

8.1.1　股权集中度与公司绩效的关系

国内外研究采用多种方法分析股权集中度与公司绩效的关系，但是研究结论却并不一致，主要分为三类，第一类主张股权集中度与公司绩效之间存在非线性关系。白重恩等（2005）研究发现公司价值与第一大股东持股比例之间呈 U 形关系，曹廷求等（2007）和陈德萍等（2011）也得出了类似的结论；胡加明等（2020）和张硕（2020）以国内 A 股上市公司为研究对象进行分析时发现股权集中度与公司绩效呈显著的 U 形关系。而 J. & Henri（1990）通过对美国上市公司的 Tobin'sQ 与股权结构的分析，发现 Tobin'sQ 与公司内部股东所拥有的股权之间存在倒 U 形关系；Morck 等（1988）发现管理层持股比例与公司盈利及市场表现之间存在倒 U 形关系；孙永祥等（1999）、吴淑琨（2003）和杜莹等（2002）在研究国内上市公司时分别以 Tobin'sQ、总资产收益率和净资产收益率作为绩效评价指标进行分析时，均发现股权集中程度与公司绩效呈显著倒 U 形关系。

第二类主张股权集中度与公司绩效之间存在线性关系，其中包括正相关关系和负相关关系。Lins 等（2011）在对 18 个新兴市场国家的公司进行研究时，发现大股东在公司治理中能够起到积极作用；孙永祥等（1999）、张红军（2000）认为，股权高度集中有利于经营激励、收购兼并、监督机制等发挥作用，因而具有该种股权结构的公司绩效表现较佳；王莉莉等（2021）发现，对于国内中小板公司而言，股权集中度的提高不仅能够改善公司绩效，同时也能刺激公司扩大研发投入。而 Harold 等（2001）的观点和上述学者不同，他们通过研究分析发现股权集中度的提高不仅不会促进公司发展，还会对公司造成不利影响；刘国亮等（2000）分别使用总资产收益率、净资产收益率和每股收益三个指标反映公司绩效，以 1999 年的上市公司数据为基础进行的实证研究结论认为股权集中度与公司绩效负相关；李成等（2008）以国内前十大上市银行 2007 年的数据为研究样本，发现提高上市银行股权集中度不利于其绩效改善。

第三类主张股权集中度与公司绩效之间不存在相关关系。G. & P.（1988）通过对拥有绝对控股股东的上市公司与股权非常分散的上市公司（最大股东持股少于 20%）业绩的比较，发现它们之间的业绩没有显著差别，因而认为公司股权结构与公司绩效之间无相关关系；Demsetz & Lehn（1985）认为，股权结构是个人或机构股东在股票市场上进行股票交易而形成的自然结果，股权结构与公司绩效之间不应该存在系统性对应关系，也没有明确的证据显示股权结构与公司绩效之间有什么系统性对应关系；Harold 等（2001）在考虑到内生性影响的情况下，又进行了类似的研究，得到了同样的结论；朱武祥等（2001）通过对国内家电行业上市公司进行实证研究也得到了类似的结论：公司价值与公司股权集中度无显著相关关系，与公司股权构成也无关。

8.1.2　股权性质与公司绩效的关系

部分学者认为国有股比例与公司绩效负相关，法人股和流通股比例与公司绩效正相关。他们认为，理论上国家所有制会引发委托代理问题，进而导致国有控股公司运营效率较低。吴延兵等（2011）认为产权性质会对公司绩效产生显著影响，国有控股公司在各类公司中的生产率最低，如果政府能够出售其所持有的部分股份，将会提高公司的治理水平，该公司绩效也会得到改善；陈晓等（2000）认为，在竞争性较强的行业中，多元化股权结构能够提高公司的绩效，公司可以采取适当减持国有股比例、提高法人股和流通股比例的方式，改善公司的治理结构；徐晓东等（2003）发现，当公司第一大股东为非国有股股东时，该公司具有更高的公司价值和更强的盈利能力，经营效率和治理效率也更加优秀，这是因为其高管层需要面临更多来自公司内部和市场的监督与激励；唐勇军等（2015）认为，对电力企业而言，非国有股性质的企业会推动人力资本对公司绩效的积极效应，而国有股性质的企业虽然会推动人力资本，但推动结构资本对公司绩效的负面影响效果并不显著。

但是也有学者持不同观点，如 Rasli 等（2013）认为国有公司的异质性会对其绩效产生不同影响，他们发现以营利为目的的国有控股公司具有更高的公司治理效率和市场表现，而以非营利为目的的国有控股公司中依然存在"搭便车"、"官僚主义"以及"政治干预"等现象，导致此类公司的公司绩效与前者相比明显偏低；施东晖（2000）则发现国有股比例、流通股比例与公司绩效之间均无显著相关性，法人股东在公司治理中的作用取决于其持股水平；胡洁等（2006）研究发现，当国有股在持股比例中处于较高与较低的区间时，该公司表现较好，流通股比例与公司业绩之间存在 U 形曲线关系，法人股则与公司绩效之间不存在显著相关性；周业安（1999）通过检验股权结构与净资产收益率的关系时发现，国有股比例和法人股比例对净资产收益率有显著正面影响，而其他股则没有对公司净资产收益率产生影响。

8.1.3　电力公司股权结构对公司绩效的影响

第一类研究详尽分析了股权性质对电力公司业务绩效的影响。Kwoka（1996）研究发现与私营发电企业相比，国有发电企业运营成本较低，且具有更好地绩效表现；Yunos & Hawdon（1997）测算了马来西亚电力产业的技术效率，发现该国所推行的电力产业产权的私有化改革没有在提高生产效率方面发挥明显的积极作用；梁树广等（2011）分析了国内电力上市公司股权结构与技术效率之间的关系，发现由于公司股权集中度普遍较高，导致大股东持股比例上升会抑制技术效率的提升。

第二类研究讨论了企业规模对企业绩效影响的机理。白雪洁等（2008）利用三阶段 DEA 模型测算各省火电行业的技术效率，运用回归分析对其影响机理进行详细分析并提出了合理的改进建议；黄立玲等（2013）将 DEA 模型与因子分析法相结合，利用因子分析法对财报中的投入指标和产出指标进行处理，之后运用 DEA 模型对电力公司业务绩效进行了系统的评价；杨海（2018）以国内 20 家煤电企业为对象，运用 DEA 模型构建了协同绩效评价模型，并对煤电企业之间的协同效应进行了深入分析，发现了煤电企业煤炭资源利用效率较低的问题。上述文献分别从省际与公司的角度出发，运用 DEA 模型对研究对象的业务绩效进行评价，表 8-1 中总结了典型文献中的评价指标及应用模型。

表 8-1 典型文献中的评价指标及应用模型

典型文献	作者	投入指标	产出指标	模型
中国电力企业的绩效分析	滕飞 吴宗鑫	燃料 装机容量 劳动力	发电量	DEA 模型
基于 DEA 与因子分析法的电力上市公司绩效分析	黄立玲	总资产 总股本 主营业务成本 主营业务税金及附加 管理费用、销售费用 和财务费用	每股收益 总资产周转率 总资产增长率 主营收入增长率 速动比率 流动比率	DEA 模型
基于 DEA 的煤电企业协同绩效评价研究	杨海	资产负债率 资产总数 营业成本	营业收入 支付税费 每股收益	DEA 模型
我国电力行业上市公司的股权结构与技术效率关系——基于超效率 DEA 模型和面板模型	梁树广 崔健 袁见	年末总资产 年末在册职工人数 营业成本 管理费用	利润总额 营业收入	S-DEA 模型
基于 DEA 模型的电力上市企业经营绩效评价与实证分析	崔荣	固定资产原值 主营业务成本 职工人数 无形资产 流动资产 资产负债率	存货周转率 销售净利率 净资产收益率 总资产周转率 产权比率 每股收益	DEA 模型
西山煤电集团绩效评价及其影响因素研究	严志芳	总资产 营业总成本 流通股股数	净利润 营业总收入	DEA 模型
基于 S-SBM 与 Tobit 模型的电力上市公司绩效分析	赵玥	营业总成本 固定资产净额 无形资产净额	净利润 经营活动产生的现金流量净额 年个股流通市值	S-SBM-DEA 模型

第三类研究从要素投入的替代关系分析了电力绩效的差异。Fare 等 (1990) 运用 DEA 模型测算了美国伊利诺伊州 1975—1981 年间电厂的 Malmquist 生产率指数并对其生产率增长状况进行详细分析；Vaninsky

（2006）运用 DEA 模型测算美国 1991—2004 年间电力产业技术效率和全要素生产率，发现该产业技术效率在 2000 年后呈现出下降的趋势；滕飞等（2003）通过评价中国燃煤基荷电厂，发现相关企业在电力生产过程中存在严重的燃料过度投入问题而非劳动力过度投入问题；吴育华等（2004）提出了一套使用 DEA 方法的电力工业效率评价指标体系，并对国内 8 家电力公司绩效进行了评价。

8.2 基于 DEA‑Malmquist 的电力公司业务绩效评价

8.2.1 模型构建

本研究通过利用数学规划原理，计算决策单元投入产出效率，得出的效率值为配置效率和技术效率的乘积。本研究采用规模报酬可变的 BBC 模型，它可以将 CCR（规模报酬不变模型）中的技术效率（TE）分解为纯技术效率（PE）和规模效率（SE），即 $TE = PE \times SE$。

标准 BBC 模型可以表示为：

$$\text{Min} N_k = \theta_k - \varepsilon \sum_{i=1}^{m} S_{ik}^- + \sum_{i=1}^{m} S_{ik}^+ \qquad (8-1)$$

$$\text{s. t.} \begin{cases} \sum_{r=1}^{n} X_{rj}\lambda_i + S_{ik}^- = \theta X_{ij0}, \ i = 1, 2, \cdots, m \\ \sum_{j=1}^{n} Y_{rj}\lambda_i - S_{ik}^+ = Y_{rj0}, \ r = 1, 2, \cdots, s \\ \sum_{j=1}^{n} \lambda_j = 1 \\ \theta, \lambda_j, S_i^-, S_i^+ \geqslant 0, \ j = 1, 2, \cdots, n \end{cases} \qquad (8-2)$$

其中 X_{ij0}，$i = 1, 2, \cdots, m$ 表示第 j 个决策单元第 m 维投入变量，Y_{rj0}，$r = 1, 2, \cdots, s$ 表示第 j 个决策单元的第 s 维产出变量，N_k 表示受评估决策单元的相对有效值。其经济含义为：若投入松弛比变量 S_i^- 与产出松弛变量 S_i^+ 均为 0，且效率指数 θ 等于 1，则表示 DEA 有效（即纯技术效率和规模效率均有效），若只有其中之一符合要求，说明实现弱 DEA 有效，若两者均未满足则是非 DEA 有效。

为了解决这一问题，Malmquist 于 1953 年提出 Malmquist 指数模型，Caves、Christensen & Diewert（1982）依据该模型对生产效率变化进行了测算，Malmquist 指数模型可表示为：

$$M(x_{t+1},\ y_{t+1},\ x_t,\ y_t)=\sqrt{\frac{D_c^{t+1}(x_{t+1},\ y_{t+1})}{D_c^{t+1}(x_t,\ y_t)}\times\frac{D_c^t(x_{t+1},\ y_{t+1})}{D_c^t(x_t,\ y_t)}}$$

$$(8-3)$$

其中 $D_c^{t+1}(x_{t+1},\ y_{t+1})$、$D_c^{t+1}(x_t,\ y_t)$ 分别表示以 $t+1$ 期前沿面表示的第 $t+1$ 期和第 t 期的效率水平，即 $OM2''/OM2$ 与 $OM1''/OM1$；$D_c^t(x_{t+1},\ y_{t+1})$、$D_c^t(x_t,\ y_t)$ 分别表示以 t 期前沿面表示的第 $t+1$ 期和第 t 期的效率水平，即 $OM2'/OM2$ 与 $OM1'/OM1$。M 是全要素生产率指数，其主要反映从 t 期到 $t+1$ 期全要素生产率变化情况。M 大于 1 时表明第 $t+1$ 期的效率与第 t 期相比有所提升，反之则下降，M 等于 1 说明期间内效率没有发生变化。

$$M=EC\times TC=PC\times SC\times TC \qquad (8-4)$$

$$EC=\frac{D_c^{t+1}(x_{t+1},\ y_{t+1})}{D_c^t(x_t,\ y_t)} \qquad (8-5)$$

$$TC=\sqrt{\frac{D_c^{t+1}(x_{t+1},\ y_{t+1})}{D_c^{t+1}(x_t,\ y_t)}\times\frac{D_c^t(x_{t+1},\ y_{t+1})}{D_c^t(x_t,\ y_t)}} \qquad (8-6)$$

$$PC=\frac{D_c^{t+1}(x_{t+1},\ y_{t+1})}{D_v^{t+1}(x_t,\ y_t)} \qquad (8-7)$$

$$SC=\frac{D_c^{t+1}(x_{t+1},\ y_{t+1})}{D_c^{t+1}(x_t,\ y_t)}\times\frac{D_v^t(x_t,\ y_t)}{D_v^t(x_{t+1},\ y_{t+1})} \qquad (8-8)$$

全要素生产率指数可以分解为综合技术效率指数（EC）和技术进步效率指数（TC），综合技术效率指数（EC）表示期间内决策单元与前沿面的距离程度，如果 EC 大于 1 说明决策单元接近前沿面，技术效率改善促进 M 指数增长，反之则说明技术效率退步；技术进步效率指数（TC）表示期间内决策单元所属生产前沿面和全局生产前沿面的距离程度，如果 TC 大于 1 说明决策单元所属生产前沿面接近全局生产前沿面，提升技术进步或者高技术创新程度能够推动 M 指数增长，反之说明技术退步或者技术创新程度不足。

8.2.2 变量选取和数据来源

由于电力公司发电不仅用于销售，也用于自身生产经营，所以发电量通常大于售电量，在测算公司电力业务绩效改善情况时，应考虑发电量和售电量之间的差异对业务绩效改善的影响。本研究选取发电量、固定资产净值、电力业务营业成本以及销售费用作为投入变量，选取售电量和电力业务营业收入作为产出变量进行评价。虽然中国有 76 家电力上市公司，但是其中有几家公司处于 ST 状态，有 15 家电力公司存在数据缺失以及外购电力的情况，如果考虑外购电力会导致研究内容过于复杂，且无法统一研究标准，因此在研究过程中将其剔除。本研究选取数据符合条件的 25 家电力上市公司为研究对象，通过使用 2010—2019 年相关数据评价其绩效变动情况，相关数据来源于各家上市公司公布的年报。

8.2.3　测算结果分析

本研究以 25 家国内电力上市公司作为决策单元对公司电力业务绩效改善情况进行评价，基于 2010—2019 年相关投入产出面板数据，采用规模报酬可变的投入角度 Malmquist 指数模型，运用 MAXDEA 软件测算各上市公司的全要素生产率指数（M）、综合技术效率指数（EC）、技术进步效率指数（TC）、纯技术效率指数（PC）和规模效率指数（SC）。Malmquist 指数模型测算结果反映的是决策单元进行绩效评价全要素生产率及其分解表示了一个动态的过程，分析了相邻年份的全要素生产率、技术效率和技术进步效率，下文为了方便表达，将相邻年份的末年表示相邻时期，如 2010—2011 年简写成 2011 年。全要素生产率指数（M）的具体测算结果如表 8 - 2 所示。

表 8 - 2　2011—2019 年电力上市公司 M 指数演化趋势

电力公司	2011 年	2012 年	2013 年	2014 年	2015 年	2016 年	2017 年	2018 年	2019 年	平均
DMU01	0.86	0.96	0.99	1.05	0.99	0.97	1.00	0.96	1.04	0.98
DMU02	1.00	1.00	1.00	1.09	0.96	1.01	0.99	1.00	1.00	1.01
DMU03	1.17	0.99	1.00	1.04	0.99	0.49	0.96	0.98	0.99	0.96
DMU04	0.89	1.01	1.06	1.03	1.02	0.93	0.95	1.14	1.03	1.01
DMU05	0.91	1.00	0.92	1.14	1.14	0.94	1.00	0.96	0.98	1.00
DMU06	1.00	1.00	1.01	1.00	1.02	0.97	1.00	1.00	1.01	1.00
DMU07	0.99	1.00	1.00	1.00	1.00	0.95	0.96	0.86	1.10	0.98
DMU08	0.94	0.97	1.05	1.03	0.97	0.91	1.01	1.05	1.02	0.99
DMU09	1.01	0.82	1.23	0.78	1.35	0.99	1.00	1.10	1.00	1.03
DMU10	2.52	0.43	1.02	0.99	1.01	0.99	1.04	1.02	1.03	1.12

（续）

电力公司	2011年	2012年	2013年	2014年	2015年	2016年	2017年	2018年	2019年	平均
DMU11	1.01	1.02	1.08	1.33	0.83	0.99	0.99	1.00	1.01	1.03
DMU12	0.97	1.03	0.97	1.03	1.00	1.08	0.90	1.02	1.05	1.00
DMU13	0.90	1.02	1.09	1.13	0.92	0.95	0.97	1.11	0.97	1.01
DMU14	0.93	1.14	0.87	1.19	1.01	0.96	1.02	0.99	1.00	1.01
DMU15	1.01	1.00	1.02	0.99	0.99	0.89	0.97	1.10	0.96	0.99
DMU16	0.99	1.02	1.00	1.05	0.97	0.95	0.97	1.01	0.99	1.00
DMU17	0.98	0.91	1.25	0.97	0.82	0.99	1.06	0.96	0.97
DMU18	0.89	1.10	0.86	1.14	0.89	0.99	0.95	1.08	0.97	0.98
DMU19	1.10	1.00	1.04	1.02	1.00	0.98	0.95	1.00	1.00	1.01
DMU20	1.01	1.00	1.06	0.99	1.00	0.93	1.01	1.31	1.07	1.04
DMU21	1.00	1.00	1.00	1.00	0.99	0.99	1.02	1.02	1.06	1.01
DMU22	1.03	1.14	1.00	1.02	1.01	1.00	0.98	0.98	1.00	1.02
DMU23	1.08	0.99	0.96	1.08	1.02	1.00	1.00	1.08	1.00	1.01
DMU24	1.00	1.00	1.00	0.99	1.00	0.99	1.00	1.00	1.00	1.00
DMU25	1.03	0.99	1.03	1.04	0.92	1.04	0.96	1.00	1.00	1.00

资料来源：作者自行测算。

从表8－2中可以看出，2011—2019年间25家电力上市公司的全要素生产率指数（M）总体分为两个阶段，2011—2014年指数呈上升趋势，最高点至1.044 4；第二阶段2015—2017年指数呈现断崖式下降，跌至0.974，之后两年稳定在1左右，平均全要素生产率指数（M）均接近于1。假设2010年全要素生产率指数（M）及其分解值的初始值为1，通过将其分解可以得到考察期间研究对象的综合技术效率指数（EC）、技术进步效率指数（TC）、纯技术效率指数（PC）和规模效率指数（SC）。图8－2为25家电力上市公司电力业务整体测算结果，从该图中可以看出，考察期间综合技术效率指数（EC）无明显波动，与之相比，技术进步效率指数（TC）波动明显，且波动趋势接近全要素生产率指数（M）波动趋势，说明考察期间全要素生产率指数（M）的变化主要由技术进步效率指数（TC）起主导作用；假设规模报酬可变，技术效率指数（EC）可以分解为纯技术效率指数（PC）和规模效率指数（SC），由于二者较为稳定，导致考察期间技术效率指数（EC）无明显变化。

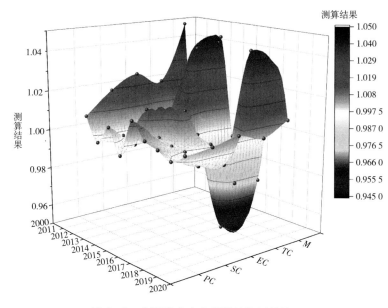

图 8-2　全要素生产率指数整体测算结果

资料来源：作者自行测算。

电力公司过分依赖火力发电是抑制中国实现碳中和目标的主要原因之一，由 25 家电力上市公司 2019 年的发电量可以看出，由火力发电所产生的发电量最高，占比为 73.88%，其次为水力发电、风力发电以及电力发电。虽然有 11 家公司发电结构多元化，但是其发电结构中均包括火力发电，且由火力发电所产生的发电量占比较高，这说明对电力公司而言，虽然采用多种发电方式，但是其电力销售收入主要来源于火力发电。这是因为与风力发电和光伏发电相比，火力发电技术更为成熟，大多数电力公司在早期仅依赖火力发电。通过表 8-3 可以将 25 家电力上市公司分为四组，分别为火力发电组、风力发电组、水力发电组以及混合发电组。从中可以看出，混合发电组的各项指数表现均要优于其他三组，说明以火力发电作为单一发电方式的电力公司不仅无法取得更加良好的绩效表现，同时也会在生产过程中对环境造成破坏；而以新能源发电作为单一发电方式的电力公司虽然不会对环境造成破坏，但是由于技术水平有限，导致其无法取得稳定的绩效表现。

研究对象全要素生产率指数（M）的变化主要由技术进步效率指数（TC）起主导作用，本研究依据电力上市公司的技术进步效率指数（TC）和发电结构分组情况绘制图 8-3，可以看出，大部分电力上市公司的平均技术进步效率指数（TC）大于1或接近于1，说明虽然由于技术创新研发导致考察期间内研究对象的生产技术水平有所提升，但是涨幅较小。之所以会产生这一现象，是因为在四种发电方式中火力发电占据主要地位，且该发电方式在中国已经较为成熟，难以通过创新活动明显提升其技术水平；而风力发电、水力发电和光伏发电所产生的发电量远远小于火力发电，虽然技术创新能够显著提升三种发电方式的生产技术水平，但是难以显著改善公司整体绩效。通过图8-3可以看出，与其他三组相比风力发电组的技术进步效率指数（TC）波动最为明显，水力发电组和火力发电组也存在一定的波动，而混合发电最为稳定；通过对比水力发电组、火力发电组和混合发电组的技术进步效率指数（TC）演化趋势可以看出，火力发电组和混合发电组的波动较为接近，这是因为该组中多家电力公司主要依赖火力发电。

表8-3　2019年电力上市公司发电量

单位：千瓦时

公司	火力发电	风力发电	水力发电	光伏发电	发电总量
DMU01	50 501	0	0	0	50 501
DMU02	26 529 000	0	0	0	26 529 000
DMU03	298 094	0	0	0	298 094
DMU04	751 329	0	0	0	751 329
DMU05	284 400	3 610 000	42 600	0	3 937 000
DMU06	29 823 446	1 301 623	5 479 484	31 244	36 635 796
DMU07	39 528	0	0	0	39 528
DMU08	19 992 300	595 400	835 700	87 500	21 510 900
DMU09	2 150 865	59 935	47 996	0	2 258 796
DMU10	1 296 000	353 900	0	236 100	1 886 000
DMU11	2 220 726	22 530	0	1 737	2 244 993
DMU12	0	32 856	118 003	0	150 859
DMU13	5 535 000	0	0	0	5 535 000
DMU14	0	0	825 647	0	825 647
DMU15	4 131 266	441 863	0	293 219	4 866 348
DMU16	0	0	21 046 300	0	21 046 300
DMU17	0	128 186	0	0	128 186
DMU18	0	230 837	0	0	230 837

（续）

公司	火力发电	风力发电	水力发电	光伏发电	发电总量
DMU19	3 724 301	0	0	0	3 724 301
DMU20	1 886 100	0	0	0	1 886 100
DMU21	0	0	323 100	0	323 100
DMU22	1 676 700	124 500	648 000	32 000	2 481 200
DMU23	3 981 100	0	0	0	3 981 100
DMU24	2 785 300	294 500	211 900	138 800	3 430 500
DMU25	2 233 433	0	0	0	2 233 433
合计	105 665 087	6 965 292	29 578 730	820 600	143 029 709

资料来源：公司年度报告。

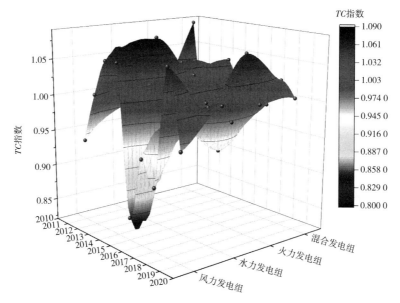

图 8 - 3　技术进步效率指数分组测算结果

资料来源：作者自行测算。

8.3　股权结构对公司业务绩效的影响

8.3.1　变量选择及假设

本研究选取 CR 指数和 HHI 指数来衡量公司的股权结构，CR 指数是指

前 n 位股东持股比例之和,本研究选取前一、五大股东比例之和。2019 年 25 家电力上市公司中 $CR1$ 指数超过 50％的共有 8 家,$CR1$ 指数在 50％～30％之间的公司共有 12 家,说明中国电力上市公司的第一大股东股权集中度较高;25 家电力上市公司中共有 20 家公司的 $CR5$ 指数超过 50％,有 5 家公司的 $CR5$ 指数在 50％～30％之间,说明多数公司前五大股东占股比例较高。HHI 指数即赫芬达尔指数,该指数主要是指前 n 位股东持股比例的平方和,能够反映出股东持股比例之间的差距。该指数越接近于 1,说明前 n 位股东之间的持股比例差距越大。研究发现,如果 HHI 指数大于 0.3,则说明该公司大股东的持股比例分布不均匀。考察期间 25 家电力上市公司前五大股东的 HHI 指数(指数模型中简写为 $H5$)在 0.23 左右,说明电力公司大股东整体持股比例分布较为均匀。

与小股东相比,大股东有更强的动机对管理者进行监督,以便于防止自身利益受到侵害。因此,股权集中度的提高能够加强大股东对于管理者的监督力度,提高公司业务绩效。但是,随着股权集中度的不断提高,大股东权力过大,其他股东利益有可能受到损害,导致公司无法实现价值最大化和资源最优配置。研究表明,$CR1$ 指数在 40％～50％能够实现公司价值最大化,而本研究对象整体 $CR1$ 指数在该区间内,所以电力上市公司第一大股东的持股比例整体较为合理;提高前五大股东持股比例不仅能够制衡第一大股东,防止其权力过大影响公司发展,同时也能提高第二至第五大股东在公司的话语权,避免其利益受到损害。本研究假设:

假设 1:第一大股东持股比例与公司业务绩效改善情况呈正相关关系。

假设 2:前五大股东持股比例与公司业务绩效改善情况呈正相关关系。

虽然第二至第五大股东的持股比例提高能够有助于公司平稳发展,但如果第二至第五大股东的持股比例与第一大股东差距过大,即使其持股比例有所提高,也无法在公司具有很强的话语权,不利于其对第一大股东进行制衡,无法及时制止大股东的"掏空行为"。当第一大股东的利益与集体利益产生冲突时,其有可能会为了确保自身利益而对公司集体利益造成损害,本研究假设:

假设 3:$H5$ 指数与公司业务绩效改善情况呈负相关关系。

电力公司可以通过调整其经营方式来改善业务绩效,从上文分析中可以看出,与其他三组相比,混合发电组具有更加良好的业务绩效表现,为了进一步探究公司发电结构对业务绩效改善的刺激作用,本研究将运用实证分析的方法进行深入研究，根据上文分析结果本研究假设：

假设 4：多元化发电方式与公司业务绩效改善情况呈正相关关系。

8.3.2 模型介绍及数据描述

本研究以国内电力上市公司的业务绩效改善情况为被解释变量，以股权结构和发电结构为解释变量，建立计量经济模型，具体模型如下：

$$\ln M = \alpha_{it} + \beta_1 CR1_{it} + \beta_2 CR5_{it} + \beta_3 H5_{it} + \beta_4 WAY_{it} + \beta_5 ROA_{it} + \beta_6 Size_{it} + \varepsilon_{it}$$

$$(8-9)$$

其中，$\ln M$ 是通过对全要素生产率指数（M）取对数得到的，核心解释变量为 $CR1$ 指数、$CR5$ 指数、HHI 指数和公司发电方式哑变量（WAY），WAY 为本研究设定的公司营业方式虚拟变量，如果公司采用单一发电方式，则 $WAY=0$，否则 WAY 为 1。资产回报率（ROA）和公司规模（$Size$）为控制变量，ε_{it} 为随机干扰项，α_{it} 为截距项，β 为各个解释变量的系数。本研究选取 2011—2019 年 25 家国内电力上市公司的面板数据为研究对象，分析股权结构对电力业务绩效改善的影响情况，并对分析结果进行检验，其中计算增长率指标时需要 2010 年相关数据。相关统计数据来源于上市公司年报，表 8-4 为相关变量的描述性统计分析。

表 8-4 主要变量说明及其描述性统计分析

类型	变量名称	变量说明及单位	最大值	最小值	平均值	标准差	观察数量
解释变量	lnM	全要素生产率指数	2.519	0.428	1.006	0.136 2	225
被解释变量	CR1	第一大股东持股比例	0.834 3	0.135 8	0.429 3	0.15	225
	CR5	前五大股东持股比例之和	0.907 4	0.271 8	0.609 6	0.158 4	225
	H5	前五大股东持股比例平方和	0.696	0.032 5	0.231	0.124 3	225
	WAY	虚拟变量	0.36	0	1	0.481 1	225
控制变量	资产回报率（ROA）	净利润与总资产之比	0.236	−0.103 8	0.031 7	0.040 5	225
	上市公司规模（Size）	总资产取对数	26.62	20.416	23.811	1.418 8	225

资料来源：作者整理所得。

8.3.3 实证结果与分析

首先，本研究使用 LM 检验判断模型中是否存在个体效应，结果表明存在个体效应，因此不应该适用混合模型。之后，对模型进行豪斯曼检验，检验结果表明使用随机效应模型更加合适。然而，由于随机效应模型无法观察到个体异质效应不能和任何一个解释变量相关，且两种方法所得参数没有显著性差异，因此本研究选择固定效应模型进行估计。本研究设置时间虚拟变量并对其联合显著性进行检验，结果接受了"无时间效应"的原假设，即模型中不需要固定时间效应，随机效应模型和固定效应模型的检验结果如表 8-5 所示。

表 8-5　回归结果

	(1)	(2)	(3)	(4)
CR1	−0.159 2	0.171 9	2.057 1***	2.057 1***
	(0.203 5)	(0.475 9)	(0.435 8)	(0.435 8)
CR5	−0.005 0	0.144 5	0.306 1***	0.306 1***
	(0.095 6)	(0.197 0)	(0.084 8)	(0.084 8)
H5	0.177 4	−0.249 2	−2.304 5***	−2.304 5***
	(0.287 0)	(0.549 8)	(0.531 2)	(0.531 2)
WAY	0.018 8			0.296 0***
	(0.019 0)			(0.082 7)
ROA	0.357 7*	0.529 3*	0.884 8***	0.884 8***
	(0.214 4)	(0.288 2)	(0.174 3)	(0.174 3)
Size	−0.000 6	−0.030 9	−0.046 3*	−0.046 3*
	(0.006 9)	(0.025 4)	(0.024 9)	(0.024 9)
_cons	0.024 3	0.614 5	0.405 2	0.405 2
	(0.156 3)	(0.604 1)	(0.564 4)	(0.564 4)
个体固定效应	否	是	是	是
N	225	225	225	225

注：*、**、***分别代表 10%、5%、1%的统计显著性，括号内为系数标准误。

本研究使用最小二乘法（OLS）估算了模型（1），使用固定效应模型估算了模型（2）。通过表 8-5 可以看出，核心变量均不显著，且本研究未讨论模型中可能存在的内生性问题，以及自相关、异方差和截面相关等问题。遗漏变量、测量误差以及解释变量与被解释变量之间的相互作用可能引发内生性问题。本研究在研究中对个体效应进行控制，之后加入其他控制变量，回归结果无显著变化，表明模型遗漏变量问题并不严重；在对所选变量相关数据进行替换后发现长面板数据能够克服测量误差的问题。一般而言，改善公司电力业务绩效并不能对公司股权结构和发电结构产生影响，而股权结构和发电结构能够对公司绩效产生影响。综上所述，本研究计量模型中存在的内生性影响较低。本研究分别对模型（2）进行组间异方差的沃尔德检验、组内自相关的沃尔德检验以及组内同期相关检验，结果表明模型存在组间异方差、组内自相关以及同期相关问题。为了解决上述问题，本研究对异方差和自相关的具体形式进行假设，采用全面的可行广义最小二乘法（FLGS）进行回归。模型（2）中 WAY 被忽略可能是因为模型中存在共线性问题，为此，本研究分别对包含 WAY 与未包含 WAY 的模型进行估计，回归结果如表 8-5 模型（3）、模型（4）所示。

通过表 8-5 可以看出，模型（3）与模型（4）中核心变量系数均显著且二者无明显差异，可以判定回归结果有效。从模型（4）中可以看出，$CR1$ 指数在 1% 的显著性水平上显著，结果符合假设 1，说明第一大股东持股比例提高有助于改善公司电力业务绩效。25 家电力公司第一大股东整体持股比例较为合适，并不存在股权过度集中的现象，适当提高该指标能够加强股东对公司的管理力度以及对管理层的监管力度，有利于公司业务绩效改善。

$CR5$ 指数在 1% 的显著性水平上显著，结果符合假设 2，说明前五大股东持股比例提高有助于改善公司电力业务绩效。$CR5$ 指数较高意味着股权结构集中，说明第二至第五大股东能够积极地参与公司治理，但如果大股东持股比例分布不均匀，那么提高 $CR5$ 指数可能导致第一大股东一家独大的局面产生，在考虑 $CR5$ 指数的同时也应该考虑 $H5$ 指数。

$H5$ 指数在 1% 的显著性水平上显著，结果符合假设 3，说明前五大股东之间持股比例差距增大不利于改善公司电力业务绩效。25 家电力公司 $H5$ 指数的平均值为 0.231，小于 0.3，属于竞争型的股权结构，说明电力公司整体股权分布情况较好，公司在分配股利之时少有出现一家独大的情况产生，第一大股东的持股比例与其他四位股东相比差距不大。

通过对比 $CR1$ 指数、$CR5$ 指数以及 $H5$ 指数系数的绝对值可以看出，$CR5$ 指数系数的绝对值小于其他两个指标，如果公司 $H5$ 指数偏高，那么即使 $CR5$ 指数偏高，第二至第五大股东也无法对第一大股东产生制衡作用。$CR1$

指数与 $H5$ 指数系数的绝对值相近,说明公司在提高第一大股东比例的同时也应该注意防止大股东股权分布不均的现象发生。

公司发电方式哑变量(WAY)在 1% 的显著性水平上显著,结果符合假设 4,说明公司采用多元化的发电方式能够改善电力业务绩效,这一结果与表 8-2 中所反映的情况相同。由于单一发电方式容易受到其他因素影响,导致考察期间电力公司绩效改善情况存在明显波动,而发电结构多元化的公司业务绩效改善情况表现更加稳定。公司采用多元化的发电结构不仅能够推动业务绩效改善,同时还能减少电力生产过程中所产生的二氧化碳。

8.3.4 稳健性检验

分样本回归法、变量替换法和补充变量法能够检验模型稳健性,本研究依据表 8-3 将 25 家公司分为两组,第一组公司的发电方式中不包含火力发电,第二组公司的发电方式中包含火力发电,结果如模型(5)、(6)所示。可以看出,模型(5)中 $CR1$ 指数和 $H5$ 指数不再显著,且 $CR5$ 指数、$H5$ 指数与绩效之间的关系也发生了变化,而模型(6)的结果与模型(4)接近,显示部分指标显著。本研究根据电力公司前三大股东持股比例设立变量 $CR3$ 指数和 $H3$ 指数代替 $CR5$ 指数和 $H5$ 指数进行回归,结果如模型(7)所示,可以看出核心变量均显著。为了防止可能存在的遗漏变量问题,本研究在模型(4)的基础上添加流动比率(current ratio)、资产负债率(liability on asset ratio)以及总资产周转率(total assets turnover)作为新的控制变量进行回归,结果如模型(8)所示,核心变量依然高度显著。综上所述,模型(4)估计结果是稳健的。

表 8-6 稳健性检验

	(5)	(6)	(7)	(8)
$CR1$	0.230 1	1.828 6		2.260 8***
	(0.151 1)	(1.124 6)		(0.468 5)
$CR5$	−0.370 8***	0.472 2**		0.359 3***
	(0.043 2)	(0.206 1)		(0.091 4)
$H5$	0.156 9	−2.127 1**		−2.570 7***
	(0.133 0)	(1.083 1)		(0.557 1)

（续）

	(5)	(6)	(7)	(8)
CR3			0.325 77***	
			(0.088 21)	
H3			−2.163 81***	
			(0.556 54)	
WAY	0.043 9*	0.298 5*	0.280 53***	0.345 4***
	(0.024 4)	(0.174 1)	(0.084 56)	(0.086 3)
ROA	0.256 3**	1.136 7***	0.918 49***	0.830 5***
	(0.108 9)	(0.205 1)	(0.177 158)	(0.180 3)
Size	0.026 3***	−0.051 8	−0.043 66*	−0.058 3**
	(0.008 8)	(0.033 1)	(0.026 41)	(0.025 5)
Current ratio				0.014 1
				(0.010 7)
Liability on asset ratio				0.032 3
				(0.042 4)
Total assets turnover				−0.000 8
				(0.020 1)
_cons	−0.556 5***	0.506 8	0.382 429	0.573 3
	(0.190 2)	(0.610 2)	(0.602 715)	(0.583 3)
个体固定效应	是	是	是	是
N	54	171	225	225

注：*、**、***分别代表10%、5%、1%的统计显著性，括号内为系数标准误。

8.4 本章结论与政策建议

本章利用 2010—2019 年 25 家国内电力上市公司的面板数据，运用 Malmquist 指数模型对公司电力业务绩效改善情况进行评价，之后使用可行广义最小二乘法（FLGS）分析了股权结构对于公司业务绩效改善的影响。结果显示，电力公司整体全要素生产率指数先不断上升，之后呈现断崖式下降，电力公司综合技术效率指数（EC）差异较小，技术进步效率指数（TC）对全要素生产率指数（M）起主导作用；与其他三组相比，混合发电组的业务绩效改善情况更加良好；CR1 指数和 CR5 指数与公司绩效改善情况呈正相关关系，但是 CR1 指数与 H5 指数系数的绝对值相近，且 H5 指数与公司业务绩效改善情况呈负相关关系；公司发电方式哑变量（WAY）的系数显著为正，说明多元化发电结构能够帮助电力公司取得更加良好的绩效表现。上述实证结果对于碳中和目标下优化中国电力上市公司股权结构及发电结构具有一定的启示。

（1）优化发电结构，努力实现多元化发电方式。 无论是以火力发电为主的单一发电结构还是以新能源发电为主的单一发电结构都存在明显短板。随着政府环保力度的提高，火力发电方式将会受到制约，而新能源发电方式虽然可以减轻环境压力提高公司社会影响力，但是由于技术水平方面的限制，导致其业务绩效表现较差。与单一发电结构相比，多元化发电结构不仅具备二者的优势，同时还可以优势互补，在稳定业务绩效的同时推动环境保护工作，使电力公司在碳中和目标下取得更加良好的发展。

（2）调整资产结构，降低对火力发电的依赖程度。 当前中国电力公司过度依赖火力发电，且已经将大量资金投入煤电装机等火力发电设备当中，这不仅导致与火力发电有关的投入产出效率下降，同时也限制了短期内新能源发电广泛应用的可能性。为了实现碳中和目标，电力公司应该逐渐减少火力发电项目的投资活动，加大新能源发电项目的投资力度，使二者资产规模达到相对平衡状态，帮助公司早日实现多元化发电结构。

（3）积极研究和引进与新能源发电有关的高精尖科学技术。 发电效率偏低是妨碍新能源技术快速发展的重要因素，电力公司在加大科研投入的同时，应该加强与高校和科研院所的交流与合作，及时了解最前沿的新能源发电技术和发展方向。与国外电力公司和研究机构进行沟通，学习和引进先进科研成果和生产设备，提升公司的生产能力和市场竞争力。

（4）控制股权结构，提高股权集中度以及其他股东对第一大股东的制衡作用。 中国电力公司整体股权结构相对集中，股权集中度与电力公司业务绩效改善呈正相关关系，而股权过度分散不利于公司进一步发展。因此，适当提高第一大股东的持股比例能够改善公司业务绩效，同时也应该注意第一大股东与第二至第五大股东持股比例之间的差距，确保公司股权分布均衡，避免第一大股东持股比例过高导致"一家独大"的现象发生。

第 9 章 "新基建"背景下数字能源区块链研究

9.1 区块链技术对接数字能源发展

区块链的产生与比特币密不可分，2008 年 11 月 1 日一位自称中本聪（Satoshi Nakamoto）的学者发表了《比特币：一种点对点的电子现金系统》一文，文中详细介绍了如何运用 P2P 网络技术、加密技术、时间戳技术、区块链技术等数字技术构造电子现金系统的方法，这就是比特币的起源。随着相关理论的研究与实践，两个月后出现了序号为 0 的第一个创世区块，并且在 6 天后又出现了序号为 1 的区块，随着两个区块相互连接，区块链正式诞生。

区块链是信息技术领域内的一种新的概念，其本质是一个能够供多方共享数据的数据库，在区块链内储存的数据或信息不仅不能伪造，其浏览痕迹也会被记录，以帮助用户追溯数据的来源和使用痕迹（Roy et al.，2018）。不仅如此，所有区块链的用户均可以访问其内部数据，同时也要承担起维护数据库的责任。这赋予了区块链"诚实"与"透明"的特点，为区块链的用户相互信任奠定基础。因此，区块链能够依据其特征有效解决信息不对称问题，使多个主体之间能够实现协作信任和一致行动。

9.1.1 区块链的特征

区块链中的每一个区块都是一个信息储备单元，它们能记录一段时间内各个区块节点中所包含的所有交流信息，区块之间依靠随机散列（也称哈希算法）互相链接，后一个区块中包含前一个区块的哈希值（He et al.，2019）。随着区块链不断扩大，区块与区块之间的联系也变得越发复杂，最终相互链接成为一个整体，也就是区块链。区块链具有以下特征。

（1）**去中心化**。区块链的形成与维护并不是依赖于某一个管理机构或者设施,其不存在具体的管理核心,它主要依托于分布式核算和存储,使各个区块实现信息自我验证和管理,并且保证区块之间能够实现信息的储存和传递。去中心化是区块链最重要的特征。

(2)**开放性**。开源是区块链技术的另一个重要特征,除了被加密的私有信息以外,区块链内的每一个用户都能访问到各个节点内所储存的信息,他们可以通过已有的公开接口查询区块链相关数据以及用户所开发的应用,这保证了信息的透明度,使整个系统内的用户都能够实现数据和信息的共享。

(3)**独立性**。区块链系统可以依赖协商一致的规范和协议使得系统的维护和运营不依赖第三方,系统内的区块可以在不需要人为干预的情况下自动进行数据的验证和传递,这确保了区块链系统的独立性。

(4)**匿名性和安全性**。从技术层面上讲,各个区块节点在进行信息传递的过程中不需要公开或验证其身份信息,除非某一用户掌握了区块链系统内超过51%的节点,否则就无法对系统内的私密信息进行查阅,也无法对相关数据进行肆意修改。因此,区块链系统内的所有用户都可以安全地进行数据分享。

9.1.2 区块链的结构

区块链系统由区块相互连接组成,区块是系统重要的组成部分。区块主要包括两个部分,分别是区块头和区块主体。区块头中有父区块哈希值数据、时间戳与随机数、Merkle 树根数据三组元数据,它是负责区块运行的主要部分(谢敬东等,2021)。区块主体与区块头不同,它主要负责对交易信息进行记录和保存。在系统运行过程中,区块通过区块头中包含的父区块哈希值找到前一个区块,并且与其相连形成具有链式结构的区块链,如图 9-1 所示。

9.1.3 区块链的分类

区块链系统依据其工作模式可以分为三类:公有链、联盟链和私有链。公有链系统中任意节点都可以参与其中进行信息传递和记录维护,具有部署简单、去中心化以及去信任的优点,但是其区块信息传递数量存在上限。联盟链系统并不是任意节点都能参与其中,只有预先确定的节点才能够进入该系统,这使得该系统内的数据处于半公开状态。不过由于参与用户受限,用户可以使

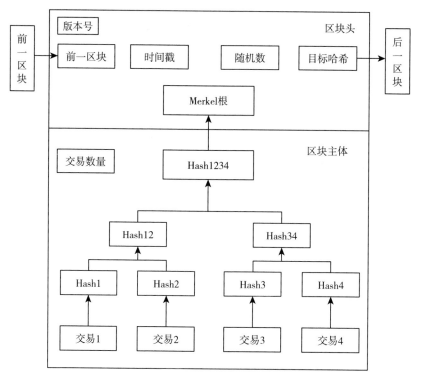

图 9 - 1　区块的结构图

用共识算法减少区块时间，使得其交易完成速度更快。与其他两种区块链相比，私有链系统内的规则更加容易调整，交易量和交易速度也不存在限制，但是该系统依赖单一节点参与记录维护，无法对外公开内部信息。公有链、联盟链和私有链的访问权限由区块链的维护者决定，公有链可供所有用户进行访问和数据传输，而用户要想访问联盟链则需要参与节点的允许，私有链则杜绝了其他用户访问的可能。因此，在能源与电力系统领域中运用区块链技术时应该根据具体情况和应用场景选择合适的区块链系统。

9.1.4　区块链在能源领域中的应用价值

与传统数字技术不同，区块链技术所具有的特征可以使其在能源领域中发挥举足轻重的作用，帮助能源行业实现进一步的发展和突破。区块链在能源领域中的应用价值可以从以下几方面得到体现。

（1）形成安全可靠的共享账本。 与传统的能源参与机构独立记账模式不同，区块链系统中的每一个节点都能够对用户的交易行为进行永久记录，这不仅能够方便用户查阅交易记录，同时也可以从共享账本系统中授权他人查看相关信息，使得系统内的交易信息能够实现公开、真实和透明。

（2）智能合约应用实现作业自动化。 基于区块链技术所形成的能源交易系统可以允许参与者在创建区块时将能源交易合约中的商业条款以编码的形式写入区块当中，这不仅确保交易双方在同意合约内容的前提下进行交易，同时也避免了交易作业机制被人为篡改的可能性，促进能源服务方和能源消费者实现互相信任。

（3）有效保护交易者隐私。 区块链系统中的每一个区块不仅能够自动记录交易信息，也可以隐藏和保护自己的身份信息，确保他人在查阅交易记录的时候不会窃取用户私人信息。不仅如此，参与者也可以开放信息查阅权限，以便于其更好地为他人提供各类业务。

（4）助力形成交易共识。 区块链系统中的每一笔交易都能够通过数据链条传递给系统内的每一个区块，使得每一个参与者都能够了解相关交易记录。区块还可以通过共识算法对交易信息进行验证和记录，确保交易信息的真实性和可靠性。

（5）消除能源流程中存在的痛点。 交易效率低、信息同步慢、操作风险高是现有能源交易系统中存在的主要痛点，而区块链技术所具有的特征能够有效解决这些问题。例如系统内存在的大量交易数据的传输、验证和记录都能够通过区块链技术实现自动化处理。此外，区块内可以包含以编码形式写入的能源交易合约，避免交易环节中可能存在的系统失误发生。

随着区块链技术的研究和发展，该技术将会在能源领域发挥更加重要的作用，随着相关研究不断深入，区块链技术将会更加广泛地应用于能源领域的各个环节，其所具有的价值也将不断深化，这需要研究者进行进一步的研究与探索。

9.2 中国能源系统问题与能源领域区块链应用

9.2.1 中国能源系统所面临的问题

（1）我国总体能源结构需要优化。 在中国经济快速发展的过程中消耗了大量的化石能源，对环境造成了严重的影响，为了解决环境问题，中国政府推出一系列政策调整总体能源结构。现如今，煤炭消费占比已经由原来的95％下降至60％以下，清洁能源消费占比虽然不断提升，但是占比还不足1/4。要想进一步优化能源结构，实现可持续发展，需要对区块链等新型数字技术进行深入研究，挖掘其实践应用价值，探索区块链技术应用于能源领域的可行性。

（2）**电力网络运营模式有待重新设计。**电力传输技术的不断进步加快了"西电东送"工程的完成速度，延长了电力输送距离，扩大了电力消费范围。随着越来越多的消费者涌入电动汽车市场，电力网络和电力消费方式势必需要得到调整，这将给电力网络运营带来新的挑战。目前，中国电网运营依然呈现出二元结构，电力的发、输、变、配、用彼此独立，业务活动互相分割，无法为消费者提供个性化服务和分布式能源供给。不仅如此，要想确定电力生产量，需要对电力消费量进行预测，这些预测主要依靠人为活动，这会产生较大的预测误差，造成大量能源浪费，电力领域的各方参与者不能实现信息共享和数据互通，能源利用效率相对较低。为了解决这些问题，必须对传统电网运营模式进行改良，运用科学技术将发、输、变、配、用紧密联系起来，建立能够满足能源双向便捷流动和信息双向高效传输的能源互联网，在这一过程中，区块链技术将会发挥重要的作用。

（3）**现有电力能源市场的格局有待激发活力。**中国电力市场主要包括五个主体，它们分别是发电商、电力交易机构、电网企业、电力销售商以及电力消费者。虽然传统的中心化电力供应模式能够满足现阶段消费者的使用，使电力市场能够稳定发展，但是由于各方主体之间数据难以共享，信息无法交互，导致电力能源市场整体缺乏活力。为此，应该在电力上下游之间构建新的业务关系，争取早日实现信息共享和数据互通。新能源的快速发展势必需要新的能源管理模式，区块链技术所具有的去中心化、分布式等特征将会对新能源发展体系产生影响，这将会进一步激发电力能源市场的活力，使其更好地适应新时代能源发展需求。

（4）**分布式能源生产模式有待逐步建立。**分布式能源生产模式中将包含更多的参与主体、更广的分布范围以及更加多样的能源供应方式，这些都将成为新时代能源发展的标志。具体可包括四个部分：第一，电力供应方式发生转变，由原本的集中供电转化为集中供电与分布式供电并存，电力供应规模也将得到大幅度提高；第二，由原本的特高压电力传输网络转变为微网与巨网并存的状态,具有局部性和区域性的微型传输网将便于分布式能源的生产消费活动;第三,电力消费者的身份将发生变化,不仅能够通过电网获取电力,同时也可以依靠光伏发电等方式向电网销售其生产的电力,这将会形成电力双向流动的新模式;第四,储能技术的提高以及分布式能源的发展将会促进电力供应商与消费者更加有效地使用电力能源。要想实现分布式能源生产模式,需要采用分布式能源管理办法,区块链技术所具备的分布式储存、去中心化、点对点传输等特征可以为打造分布式能源生产模式提供相应的技术支持。

9.2.2 能源领域区块链应用

通过对电力行业发展过程中所面临的困境以及区块链技术所具有的特征可以看出,区块链技术在优化电网运营、培育产业发展新动能、推动企业精益化管理等方面具有明显的应用价值,电力企业能够通过应用区块链技术发展新的运营管理模式,提高资源利用效率和企业管理水平。

(1)电网运营。随着中国环保政策不断加强,电力市场即将面临新一轮的改革,市场主体之间的自主交易活动将变得愈发频繁。传统线下能源交易系统中存在交易成本高、协商效率低、交易不公平以及恶性竞价等问题,如果能够将区块链技术应用于能源交易系统当中,不仅可以提高交易活动的可信度,同时还能确保用户信息的隐秘性以及交易合约的权威性。在电力双边交易协商过程中,安全性与可信性十分重要,如果能够将区块链技术应用其中,不仅能够改善交易效率、降低交易成本,同时还能凭借区块链技术独有的技术机制为交易双方提供更加安全可信的协商环境。

当前,环境问题恶化受到社会和政府的广泛关注,为了解决环境问题,早日实现碳中和目标,中国政府推出一系列政策鼓励电力公司发展新能源。虽然新能源发电量不断攀升,但是由于电网调节能力、输电能力的限制,导致新能源发电消纳问题逐渐突出。虽然企业和用户可以通过使用新能源发电认购消纳凭证,但是由于消纳凭证不能进行二次交易以及凭证审核流程烦琐等问题,导致消纳凭证并未得到社会的广泛认可。将区块链技术应用于新能源电力消纳保障机制不仅能够实现凭证签发、交易过程的透明性与可控性,同时还能对交易信息实现追溯,通过改善消纳凭证交易系统提升新能源发电使用效率,帮助中国实现碳中和目标。

电力公司的发电量取决于用户的需求量,由于用户在用电高峰时期和低谷时期的电力需求强度有所差异，电力公司为了减轻电网负荷降低供电成本，通常会对用户需求响应的负荷数据进行分析，测算出相应的补贴额度，以此来鼓励用户错开用电高峰。然而，这种方法存在两个问题：第一，用户的电表不显示需求响应的负荷数据，这导致用户无法对实际响应量进行核查；第二，负荷数据主要由电网公司提供，且没有有效的监管机构和监督办法对其进行监督，可能会出现数据造假的问题。分布式共识技术是区块链系统中重要的组成部分，通过区块链技术可以实现信息高效共享，并确保信息质量的可靠性，消除用户对于电网公司的怀疑，同时也有利于能源局对电网公司进行更加有效地监督和管理。

业务数据共享难、保护难、合作难等问题一直制约着电力行业的发展，相关数据管理部门的隐私保护机制不完善，数据安全问题难以解决导致数据价值无法得到充分体现，这些问题严重阻碍了公司生产效率的提升。通过区块链技术可以与系统内的其他参与者共享用户购电量、购电频率等业务数据，同时也能确保用户身份信息不被泄漏。通过数据资源目录、数据访问过程、数据服务目录等加密存储，开展基于区块链技术的数据确权、溯源、隐私保护、可信计算等，实现多方交互的电力大数据安全共享。这不仅能够提高电力公司的数据可信度以及数据库信息量，同时也能深入挖掘数据所蕴含的价值，降低交易成本，改善公司电力业务效率。

（2）共享储能。 随着中国产业的快速发展，区块链技术可以与经济社会相融合，通过技术研发和产业创新突破共享储能技术存在的瓶颈。"区块链＋共享储能"智慧解决方案不仅能够更加有效地利用光能、风能等新能源，加速能源转型，提高公司生产效率，同时也可以扩大新能源发电装机容量，完善中国能源结构。不仅如此，区块链技术作为一种去中心化和去信任的分布式记账技术，可以对关联交易信息进行记录和共享，凭借区块链技术所具有的共识机制、点对点传输、分布式数据存储等功能，能够帮助电力公司更加高效地进行运营活动。

立项论证、研制生产、交付服役以及退役报废，这些都是储能电站商业化运营的重要组成部分，在这一过程中需要对电站的设计、实验、技术评估等大量信息数据进行记录，为了对电站进行长期运行与维护，这些与电站相关的初期数据和信息需要长期保存。传统记录方式存在记录难、保存难、转移难和监督难等问题，如果将区块链技术应用于储能电站管理中，使客户、管理部门、运营部门以及基础设备供应商都能够参与到电站的运营、维护等环节当中，构建一个分布式储能电站数据储存区块链网络，那么上述问题将会得到解决。分布式储能电池可以在供电低谷期间不断吸收电力,在供电高峰期间将所储存的电力输送到电网,这样不仅能够使电网电压保持稳定,降低变电站等电力设施的负担,同时也能使发电厂实现稳定供电,提高电力生产效率。

(3) 能源交易互联网。能源作为一种特殊的商品,其交易方式与普通商品交易有所不同,主要表现为:①能源具有不同的物理特性。普通商品的输送可以依赖信息技术等手段对运输过程进行干预,而电能的输送不仅依赖于电网,同时还需要符合物理学规律,不能简单地从一端到另一端任意支配,需要进行阻塞管理,而由于缺乏相应的中心管理机构,导致各个节点之间难以进行有效配合,电力交易也变得愈发困难。②能源作为国家战略资源,其开采和使用关系到国家的正常运转,政府需要对能源市场的参与者进行审核,并对能源交易活动进行监督和管理。③当交易双方出现纠纷时,传统信息系统无法获得有效数据支持,强制执行智能合约也会产生纰漏(Cai et al.,2017)。此外,能源交易方式与普通商品的交易方式也有所区别,能源市场中交易主要分为双边交易和集中交易两种。

双边交易是指交易双方互相协商,事先拟定好交易合同并进行签订,合同中详细记录了标的物的交易时间、交易价格以及交易数量,这种方法主要存在于非实时的短期市场及中长期市场。为了确保交易能源供需实时平衡,在交易市场中需要预先设置集中交易环节。与双边交易不同,集中交易中市场组织者会设置具体的报价规则,参与者需要依据规则向组织者提供报价信息,交易中心则依据参与者的报价信息统一进行市场出清,并且审核和记录每一位参与者的中标量和中标价格,而交易市场中的集中交易环节主要由调度中心负责。可见,交易与调度之间的关系可分为两种,一种是先交易后调度,另一种是交易与调度同时进行。

通过上述分析可以看出,在能源互联网交易中引入区块链技术,设置能源调度节点和监督审核节点能够有效改善能源交易市场的商品交易效率,其中,监督审核节点可以由能源调度中心来负责。对于先交易后调度的情况而言,能源调度中心可以对交易合同进行审核和监督,并且记录相关交易数据,以便于对资源更好地进行调度;对于二者同时进行的情况而言,能源调度中心可以依据交易双方所反映的信息对能源输送进行统一调配,同时也能对其他节点的活动进行监督和记录。将区块链技术应用于能源交易系统的关键点主要有两个,一是赋予了能源调度中心监管交易活动的权限,这可以方便其掌握交易市场的能源配置情况,同时也能确保调度中心无法对交易信息进行修改,使参与者能够处于一个更加公开透明的交易环境。二是能源调度中心可以依据区块链中所记录的能源交易价格以及能源系统的运行情况来对电网能源输送进行实时调度，同时也能使其他参与者对实时调度情况有一个清晰的了解。

9.3　能源区块链典型工程项目

　　区块链技术仍处于成长发展期，但是该技术在能源领域有着巨大的发展潜力，国外一些能源企业或初创公司已基于试验示范先行、规模由小到大、积累经验后依次推进的原则开展了能源区块链工程项目的探索和实践，并且取得了初步的研究成果，具体的典型工程应用情况如表9-1所示。

表9-1　区块链技术在能源与电力领域的典型工程应用

应用领域	应用场景	典型工程应用	应用地区
能源供给	虚拟发电资源的整合	Tennet&Sonnen 区块链项目	德国
	电力辅助服务市场的管理	Tenne T&Vandebron 区块链项目	荷兰
	多能源系统的协同自治	Swytch&Energy2 market 项目	德国
能源输配	能源传输系统的数据管理	Ondiflo 数据安全管理项目	美国
		Guardtime 数据安全管理项目	英国
	能源输配系统的阻塞管理	BittWatt 交易管理平台	英国
	能源系统的自动计量	Energo lab 区块链项目	菲律宾
能源消费	需求侧响应管理	浙江填谷需求侧响应项目	中国
	电动汽车充放电管理	Share&Cliarge EV 充电平台	德国
		Nayuta&infoteria EV 充电平台	日本
	家庭能量管理	Fremantle power ledger	澳大利亚
能源交易	电力市场交易管理	浙江电力市场营销合同管理项目	中国
	分布式能源的电能交易	Tansactive Grid 区块链项目	美国
		欧盟 Scanergy 区块链项目	欧洲
		蛇口能源区块链项目	中国
		Greeneum network 区块链项目	欧洲、非洲、以色列等地
	绿证交易与碳排放权认定	Hyperledger Fabric 平台	中国
		融链科技电证分离平台	中国
		广东绿色电力证书交易平台	中国

9.3.1　布鲁克林微网项目

布鲁克林微网（BMG）是由 LO3 Energy 和 ConsenSys 成立的合资公司 TransActive Grid 与西门子数字电网和西门子启动融资商 next47 合作在美国纽约市布鲁克林区建设的微电网项目。该项目最早将区块链技术应用于能源领域当中，通过测试区块链技术在微网（由光伏发电、电动汽车、储能等组成）中的应用情况，探索能源区块链未来发展道路。通过区块链技术在项目参与者之间建立可以自由进行能源交易的局部市场，测试该技术是否能够提高用能效率、能源可靠性并减少设备故障对能源消费的影响。

BMG 项目是一种典型的赛博物理系统（Cyber‐Physical System，CPS），其主要分为两部分，第一部分是局部能源交易平台，该平台主要依靠区块链技术进行运作；另一部分是输送电力能源的物理微网。赛博层基于区块链中的私有链，物理层则依赖于原有模拟电表以及新加装的 TransActive 电网智能电表，用于可以通过模拟电表中的信息来核对智能电表所提供的数据。电力能源流动依赖物理微网，交易信息输送则依靠赛博层信息系统。BMG 项目中的用户分为三类、能源生产型、能源消费型以及生产消费复合型，智能电表可以记录用户的能源交易信息并将其发送到对应的区块；一个周期为 15 分钟，市场和定价机制会在该期间内举行两次电价拍卖，并根据交易双方之间的协议确定电价；区块中的智能合约主要是对交易活动的详细情况进行自动且安全地记录，随着交易完成，相关数据信息也会通过区块链输送到各个区块，相关代理也会通过该渠道获取交易信息，并对售电侧和用电侧之间的能源交易进行服务和管理。

BMG 项目中的私有链主要采用 Tendermint 技术，该技术基于异步、状态机机理的 BFT 共识规约，由共识引擎和通用区块链接口（ABCI）两部分组成。共识引擎是 Tendermint 的核心，它可以确保区块链内每一个节点都能够对交易信息进行有效记录；通用区块链接口（ABCI）则是确保用户可以通过多种编程语言进行交易活动。Tendermint 中的共识规约不仅使用方便，而且容错率较高，即使系统中有 1/3 的节点出现故障，也无法对 Tendermint 的运行造成影响，能够广泛应用于分布式应用程序当中。

2016 年初该项目只有两个住户参与，经过 3 个月的时间进行 P2P（端到端）交易试运行后将住户数量提高至 10 个，其中 5 个用户能够通过光伏发电产生电力，而另外 5 个家中并没有设置光伏板。后来，政府批准 BMG 项目在 2020 年实施新的试点计划，为期 12 个月，其中包括 40 个生产消费复合型用户以及 200 个能源消费型用户。为了确保计划顺利实施，TransActive Grid 公司向州政府申请建立监管沙盒（Regulatory Sandbox）对 BMG 项目进行测试，证明基于区块链的分布式能源（DER）能够改善能源使用效率，帮助纽约州早日完成能源改革远景行动计划（Reforming Energy Vision，REV）。

9.3.2 OOC 联盟油气田区块链试验项目

油气区块链联盟（以下简称 OCC 联盟）是离岸运营商委员会（OOC）在 2019 年成立的，它主要由雪佛龙、埃克森美孚、诺贝尔能源、雷普索尔等 10 家国际知名的石油和天然气成员公司组成，其目的在于详细研究区块链技术在工业价值链中的应用情况，通过建立油气行业区块链技术应用框架和指南来解决油气行业发展所面临的困难。该联盟最早在美国北达科他州的贝肯（Bakken）油气田进行区块链项目试验，将美国 Data Gumbo 公司开发的基于 GumboNet 区块链网（该技术获得了 Frost & Sullivan 授予的"2019 北美技术创新奖"和 Hart 能源授予的"2020 能源创新奖"）的 BaaS 平台应用于该油气田的油井以及液态产品运输和中间处理当中，从而实现了开采数据实时记录、能源输送、中间处理以及发票付款等油气田液态成品全自动化物流。这是全球首个工业级的区块链原生网络平台在油气田运营过程中成功应用的项目。GumboNet 区块链网主要分为四个部分，第一个部分负责"运输票务"，通过区块链技术实现了从油气田井开采能源到处理场处理能源全过程数字化票务，不仅降低了管理费用，同时还确保了相关数据的真实性和可靠性，降低了审计难度；第二部分是"AFE 表决"（AFE 为用于联合经营协议所管理的资本项目获批和参与的常用工具），该工具的应用实现了表决意见共享以及审批流程数字化，既降低了表决所需的时间成本和管理成本，同时能够对整个流程进行详细记录以便于后期追溯；第三部分是"JIB（联合利息单据）交换"，该部分主要负责联合计息收付款流程，通过缩短业务流程、跟踪业务执行情况、降低业务管理费用等方式帮助会计部门更好地进行相关业务处理；第四部分为"重要数据管理"，通过对重要数据数字版权进行自动处理，不仅使业务员能够更加方便地访问数字图书馆中的重要数据，同时提高了数据数字版权的便捷性，实现了业务数据共享和权限管理，并且会在进行商业活动之后自动更新相关数据。

通过将 BaaS 平台应用于该油气田的运营当中，取得了以下成果：第一，工作流程所需时间从 90～120 天下降至 1～7 天，所需具体操作步骤由原来的 16 个下降至 7 个，并且能够保证整个工作流程全自动化处理；第二，85％的容积测量值验证工作是由相应程序自动完成的，并且预计可以在未来实现接近 100％自动化处理；第三，在验证发票之后会对与其相关的交易进行自动化处理，同时利于智能合约不可篡改的特点确保了交易双方的一致性；第四，与传统业务流程相比，该项目可以为运营商和运输公司挖掘出 25％～35％的潜在可利用资源。通过该项目的实验证明了区块链技术应用于油气田后，在降低营业成本、提高生产物流效率以及减少商务纠纷方面所具有的巨大优势。因此，OCC 联盟计划扩大区块链试点范围，并将区块链技术应用于其他商品和服务，以便于帮助行业降低营业成本、提高业务效率。

9.3.3 基于区块链的可再生能源金融和交易项目

区块链技术能够加速能源转型，调整能源结构，提高新能源发电量占比。为了更好地将区块链技术应用于能源领域，立陶宛 WePower UAB、德国 Conjoule GmbH 等初创公司进行了一系列的研究和探索。为了帮助可再生能源项目募集资金，他们利用区块链技术打造一种新型能源融资方式——数字货币首次公开募资（Initial Coin Offering，ICO）。此外，区块链技术信息共享、安全、可追溯的特点也受到关注，他们利用区块链技术构建了一个能源交易平台，使能源生产者和消费者能够在交易平台上进行可再生能源的公开拍卖交易。

立陶宛 WePower UAB 基于区块链技术打造了绿色能源金融和交易平台（包括云平台、异步集成层、以太坊主网），该平台不仅可以利用区块中的智能合约实现可再生能源通证化，同时还将其放入区块链系统当中使所有系统的参与者都能够参与可再生能源的交易。2017 年 9 月该公司启动了第一个试点项目，计划将爱沙尼亚所有的能源交易信息和生产数据通证化，并依靠区块链技术构建一个国家级的绿色能源金融和交易平台。项目准备工作主要包括智能合约的制定、实验计划的合理规划、相应的数据准备等。该项目主要从三个方面进行实验，分别为：电子钱包结构测试、动态试验以及技术试验，通过这些试验可以检验交易平台信息系统的安全性、能源智能合约的有效性，还可以寻找适合 WePower 业务模型的最优区块链。2019 年该公司进行了虚拟电厂概念准备和其他新技术试验。2020 年已经将爱沙尼亚大量的能源生产和消耗数据纳入区块链系统当中，累计生成智能能源通证 390 亿个。

不仅如此，该公司计划将 WePower 推广至澳大利亚等国家，运用区块链技术构建革命性的可再生能源交易市场，解决传统购电协议（PPA）中所存在的议程长、成本高、能源流动性差、数据不透明等问题。该项目不仅可以让普通用户能够直接与新能源发电商进行协商购买能源产品，同时还降低了可再生能源的运营成本，扩大了其市场需求，有助于实现可再生能源可持续发展。

9.3.4 可再生能源溯源与跟踪项目

可再生能源证书（REC）也称绿色电力证书，是指基于市场的、用于表示可再生能源发电的环境、社会和其他非电力属性产权的正式法律文本。如果能源生产公司生产可再生能源发电量达到 1 兆瓦时并且成功将其输送至电网，那么便可以领取 REC。将区块链技术应用于可再生能源证书（REC）制度当中不仅可以对能源的属性和交易量等信息进行追溯和跟踪，同时还能避免数据造假和信息篡改的问题，提高了能源数据的安全性、真实性和可靠性。

2019 年初西班牙的可再生能源巨头 Iberdrola 与 Kutxabank 银行合作尝试将区块链技术与可再生能源证书（REC）制度相结合，打造新的能源交易平台。该项目在西班牙内实施，主要包括三个可再生能源发电站，分别为 Oiz 风电场、Maranchón 风电场以及 San Esteban 水电站。这三所清洁能源发电站会将生产的能源输送给 Kutxabank 银行总部以及其他地区的用户。能源网基金会（Energy Web Foundation）的开源区块链平台在该项目的运营过程中起到了至关重要的作用，不仅能够方便能源部门对能源交易活动进行监督，同时也使项目运营达到了市场要求。此外，该项目中还开设了供用户查询信息的网络平台，使其能够更加清晰地了解能源消费的来源和去向以及具体的交易数量。

为了更加高效地对可再生能源进行分配，可以将区块链技术应用其中，它能够根据用户需求以及能源的种类和数量来对二者进行匹配，将合适的能源供应给有需求的用户。区块中所包含的智能合约还能够自动执行，这大大简化了交易流程，降低了交易成本，增强了交易信息的私密性。试验结果表明，区块链技术不仅能够帮助系统自动认证可再生能源交易进程，还能够增强数据的可追溯性和可审计性，提高了能源交易的安全性和透明度。

该交易平台不仅能够对能源供应商和能源消费者之间的可再生能源交易活动进行全方位地跟踪和记录，同时还能确保用户使用到真正的可再生能源，解决了平台用户和监督部门对能源供应情况查询难、监督难、溯源难等问题。这一项目得到了多方参与者的认同与肯定，认为其能够加速经济脱碳过程。试点项目的圆满完成增强了 Iberdrola 对能源区块链的信心，该公司计划将区块链技术作为其数字转型的强力推手，在 2020 年之前投资近 50 亿欧元扩大区块链技术的应用范围，不仅将其应用于能源交易验证，同时在智能电表防网络攻击、能源批发市场交易合同执行等方面也运用该技术进行调整和完善。

9.3.5 电动汽车共享充电站（桩）项目

Share&Charge 是由德国 Innogy Innovation Hub 公司推出的世界上第一个基于以太坊公有链技术的电动汽车 P2P 充电项目。该项目最早出现于 2017 年 4 月，在德国全国范围内设置的近 1 500 个共享充电站，用户可以通过安装名为 Share&Charge 的授权应用程序 APP 登录网络交易平台，并通过相应操作使用合适的充电桩进行充电。

Innogy Innovation Hub 公司于 2018 年初推出了新版的 Share&Charge，它在原有的电动汽车充电桩基础上增设了住宅充电桩，开辟了私人电动汽车充电桩市场，使充电桩的运营由公共网络转变为半私人网络。该项目通过应用区块链技术和开放充电接口（OCPI）标准通信规约，使充电站（桩）的所有者不仅能够自己使用充电设施，同时还可以开放权限向他人出售电力，使每一位用户都可以更加方便安全地使用电动汽车充电产品和服务。

"Share & Charge"授权应用程序（APP）可以为其注册用户提供服务，充电站（桩）的所有者可以通过注册成为电力销售者，电动车车主可以通过注册成为电力消费者，电力消费者可以通过 APP 获取电力销售者所有充电站（桩）的位置信息，并依据导航软件前往适合的地点进行充电。充电站（桩）所提供的电力价格信息一般都是由后台程序依据当地电力使用情况以及电网负荷情况实时确定的，交易双方也可以自主协商。充电完成后双方可以依据区块链系统完成交易。Share & Charge 会对电力消费者所花费的费用进行处理，所有的交易信息和发票都会保存在 Share & Charge 的后台中，管理部门可以随时进行监控和追踪。

将区块链技术应用于共享充电站（桩）项目不仅为电力消费者提供了便

利，方便其更好地使用电动汽车，同时还对电动汽车市场带来了积极地影响。Share & Charge 的推广能够激励充电站（桩）的所有者通过软件分享其储存电力，还可以刺激消费者购买电动汽车，提高电动汽车的普及率。P2P 充电所需投资较少，主要利用现有的闲置基础设施。充电站（桩）的大范围覆盖使得 P2P 充电变得更加方便，还能减轻车主的充电焦虑，提高电动汽车使用率，调整居民车辆保有结构，帮助实现可持续化发展。电网（Vehicle‐to‐Grid，V2G）技术可以将双向充电功能的电动汽车作为一种储能电池，帮助电动汽车使用者在用电低谷时买入电力，在用电高峰时卖出电力，从而实现电网"削峰填谷"，这不仅使消费者能够获取利润，同时也有助于电网实现供需均衡。

9.4 能源区块链所面临的挑战及发展建议

9.4.1 能源区块链所面临的挑战

区块链技术被誉为目前最具潜力带动第五轮颠覆性技术革命浪潮的技术，然而，学者们对于区块链在能源领域的应用分析依旧处于探索阶段，区块链本身所具备的不足之处也应该引起重视。

（1）**区块链技术自身仍存在技术瓶颈**。由于区块链技术研发时间较短，其计算能力与信号响应速度都存在上限，现有的区块链技术很难应用于大范围的能源及电力系统当中，无法满足系统对于信息实时掌握的要求。不仅如此，现有的共识机制在平衡去中心化、信息安全与高效运行时难以取得良好表现，系统容易产生安全漏洞，未来发展局限性较大。为了更好地将区块链技术应用于能源领域，需要加强对于区块链技术计算效率提升和共识机制优化的研究，只有这样才能满足实际工程的应用需求。

（2）**区块链技术应用存在一定的局限性**。区块链应用所需基础设施与传统基础设施有所不同，如果为了应用区块链技术而对现有的通信线路和终端设备进行替换和改造，势必会产生大量的资金投入和资源浪费。此外，虽然与其他技术相比区块链技术的安全性更高，但是其依然容易受到人为操作的影响，可能存在错误风险。要想在短期内将区块链技术广泛应用于能源领域难度较大，在实际操作过程中应该优先考虑系统的经济性和安全性。

（3）**区块链技术实践经验不足**。与金融领域不同，无论是能源领域还是区块链技术，发展时期都比较短，复杂的能源系统物理模型也会提高区块链技术应用的难度。至今为止,全世界的能源区块链项目大多都停留在试验阶段和试点测试阶段,因此应该将能源领域与区块链技术的特点相结合,研究开发便于推广的典型工程项目,并不断积累实践经验。

(4)基于区块链技术的能源与电力系统应用存在追责难、监管难等问题。虽然区块链技术能够对系统内的信息实时共享,但是其主要将数据分享给账户的使用者,而账户使用者的身份信息则无法被查阅和审核,因此一旦出现违约情况,很难对违约人进行追责,容易引发市场监管困难的问题。能源行业是经济发展的重要支柱,同时也关系到社会的正常运转,相关部门需要对能源交易以及能源市场运作进行严格的监督和管理。为了确保区块链技术能够合法合规地应用于能源交易市场,需要建立起一套适用于区块链技术的监督管理体系。

(5)区块链技术在能源与电力系统领域的推广面临着来自政策的挑战。与传统管理机制不同,区块链技术中包含了去中心化的特点,这将会对已有的信任机制造成冲击,区块链技术的应用也将会面临来自政策方面的挑战。例如,如何向交易的参与者开具合法交易凭证;如何缓解区块链技术应用对相关利益集团的影响;在实现点对点交易之后如何向用户征收电费附加费等。现有的政策无法适应区块链技术所带来的变化,只有调整和构建新的政策,才能更好地在能源领域推广区块链技术。

9.4.2　能源区块链的发展建议

能源结构调整是中国经济实现转型发展的必要条件,而区块链技术的研发和应用将会加速中国能源行业绿色转型发展的步伐,随着科研人员对于相关领域不断深入研究,能源区块链的应用将会呈现出更强的生机与活力。国内能源区块链研究尚处于起步阶段,学习和借鉴其他国家的经验和方法,找到符合中国特色的能源区块链发展道路是我国能源业需要面临的一项重要任务,为此提出以下建议。

(1)政策支持。作为一种具有颠覆性的创新技术,能源区块链凭借其去中心化、数据实时共享、分布式等特征势必会对中国传统的能源结构、能源交易市场运营模式和管理模式带来前所未有的冲击,并且会打破能源系统中已有的利益链条并重新对其进行调整。能源区块链的发展需要政策支持以及能源主管部门的认可,政府部门可以与高校和科研院所积极沟通,开展能源区块链"沙盒"实验,与能源行业的龙头企业以及相关协会和联盟积极配合,共同打造和完善能源区块链产业生态圈。

（2）**融资环境。**虽然将区块链技术应用于金融领域取得了一定的成效，但是该技术在能源领域的应用研究尚处于起步阶段，要想解决能源交易监管、能源高效传输、信息实时共享以及信息安全等问题仍然需要相关部门和企业加大研究力度。然而，新技术的研发必然存在风险，国外研究能源区块链的企业在发展初期都曾获得过风险投资以及其他企业的资金援助，相比之下，中国能源区块链研究起步较晚、基础薄弱，相关应用研究将会面临更大的风险。为了早日完成能源区块链的研究工作，需要为其提供一个良好的融资环境，降低能源区块链创新难、融资难、风险高等问题。

（3）**专业人才培养。**区块链是一种多学科融合的新兴技术体系，其中包含密码学、数据库、P2P网络、智能合约等多个领域的尖端知识。随着同态加密、云计算、大数据、安全多方计算、量子计算等新的理论和信息技术的研究和完善，区块链技术的研究门槛也在不断提高，而国内与区块链研究有关的技术人才数量过低，不利于推进区块链技术的研究和应用。因此，政府应该加大对于复合型区块链专业技术人员的培养力度，使之不仅能够对区块链相关信息技术有深入的了解，同时也熟悉能源行业的运营情况和相关技术，只有这样才能推动中国能源区块链快速发展。

（4）**核心技术自主可控。**区块链技术中包含多个科技领域的核心关键技术，与其他国家相比，中国在这些领域的研究还有待深化。因此，研究机构需要积极与国际区块链研究部门进行沟通，密切跟踪区块链研究前沿动态，同时还要加强中国能源区块链核心技术的研究力度，努力探索电网优化控制与管理、分布式能源交易、能源监管等领域的发展方向，并且对区块链解决方案和产品进行研究、测试、示范和推广，致力于在能源区块链领域取得具有自主知识产权的研究成果。

（5）**加强应用场景研究推动试点项目落地。**通过研究中国能源行业转型升级过程中所面临的问题，对其所需科学技术进行准确定位，并将其与区块链技术结合起来，从生产、加工、运输、配送、消费等多个方面出发，对区块链技术在能源领域的核心应用场景进行深入研究。首先确定能源区块链的基准、关键性能指标和平台，之后对其应用过程中可能出现的问题以及所需成本和产生的收益进行评估，并且设计出切实可行的项目实施方案，通过分阶段的方法逐步对项目进行试验，争取早日实现中国能源区块链产业化应用。

第 10 章 GDP 锦标赛制、空港特惠政策与地区经济发展

特惠制主要指受惠国（地区）享受不同的货物待遇，它能使购买者在货物进口时享受关税减免等一系列优惠措施，进而提高了产品的竞争力。在中国经济高速发展时期，特惠制被广泛用来扶持重点产业的发展，并取得了显著的成效。航空经济因其运输速度快、运输货物附加值高等特点，近年来纷纷被地方政府列为重点补贴对象，但不断加码的特惠政策可能会引发恶性竞争问题。此外，特惠制仅覆盖特定的行业或企业，由此可能带来不公平的问题。相对应地，航空普惠制度是对航空运输业内的所有企业给予非互惠、非歧视、普遍的政策支持。实行特惠制度需要满足一些条件：一是普惠制度还不完善，只能在部分行业优先实行特惠制度；二是地方政府财政收入充裕，有能力给企业提供特惠支持；三是部分企业的快速发展能给地方政府带来"看得见"的激励。

过去几十年的经济发展目标是做大存量、数量优先，为此地方政府纷纷以GDP 总量作为地方绩效评价和官员晋升的标准，最终形成了以 GDP 为中心的锦标赛式竞争。地方转移支付也可称为地方权力让予说，指中央政府将部分权力让予地方政府。2001 年开始的机场归属地改革就是中央让权的典型例子，经过此次改革，各地机场直接归当地政府监管，机场的运营也由当地政府的财政进行扶持，由此航空经济与政府之间就形成了紧密的关系。

10.1 GDP 锦标赛竞争与地区要素配置效率

英国学者李约瑟在 1944 年就发出了"尽管中国古代对人类科技发展做出了很多重要贡献，但为什么科学和工业革命没有在近代的中国发生"的疑问。由于科技因素对于经济的持续增长具有显而易见的正向作用，而且常伴随着变革性的技术进步所带来的生产过程的系统性变化，因此，技术要素是学术界关注的重点，关于"李约瑟之谜"的众多文献也大多是从科技变化的角度入手的。然而，随着考察的深入，人们也发现了技术进步学说的局限性，如果只是

孤立地谈论技术要素，往往会得到一些片面的结论，因此，我们还需要考察经济系统的周期性变化。另外一个重要的原因，是近 30 年来中国经济经历了长期高速增长，并成功地实现了第一个百年奋斗目标，其发生的速度非常之快，对于这种转变与跨越的理论解释还相对滞后，如果之前对于"李约瑟之谜"的各种解释是科学的，那么似乎应该很容易就能感受到这些解释在现实中所产生的变化。

10.1.1 相关问题的研究背景

（1）**中国经济迈入高质量发展阶段对航空经济提出了新要求。**党的十九大报告指出我国经济已经由高速增长阶段进入高质量发展阶段，发展动力要从资源要素投入转向创新驱动，但部分行业仍保持着资源依赖型的传统高速增长形态。其中，航空经济作为创新发展、聚集产业、加速对外开放、增进民生福祉、吸引高端人才的重要领域，是我国产业结构优化，经济提质、去除经济增长水分的重要抓手。事实上，早在 2018 年，中国民航局局长就提出了"推动民航高质量发展，开启新时代民航强国建设新征程"的口号，再次强调了保障安全、改善服务、争取正常、满足人民群众需求的民航发展基本遵循。但经过几年的发展，我国航空经济距离全面高质量发展的要求仍有较大距离，且未呈现出向高质量发展转变的趋势。出现这种状况的一个重要原因是我国航空经济呈现资源依赖和重资产的特征，并长期以来承担着地方政府发展地区经济的重任（田利军等，2022）。服务水平、安全保障、燃油效率是机场高质量发展最重要的指标，但在发展地区经济面前，这些因素的重要性被长期弱化，这显然不符合当前中国经济"降速提质"的要求。因此，实现中国经济高质量发展需要航空经济摆脱资本依赖转向技术、服务依托型发展。

（2）**东部地区产业"腾笼换鸟"与中西部地区特惠竞争。**航空运输业由于其便捷、高效以及装载货物价值高等特点，已经成为国民经济中的重要组成部分。但随着东部沿海地区生产要素价格的上升、人民币汇率不断升值、出口退税比例下调以及贸易政策的收紧等多重要素的交互影响下，东部地区机场运营的成本居高不下、资源环境的限制日渐显著。在这样的情况下，东部机场的货邮开始向中西部转移，同时中西部各地政府希望占领临空经济战略高地，更好地接受东部地区的转移产业。特别是考虑到航空运输业长期得到地方政府的基础建设投资和营运补贴，承担着地方政府实现 GDP 高速增长的重任，在新一轮的产业转移、行业重构和完成 GDP 增长目标的多重吸引下，部分地方政府加大了对航空运输业的支持和补贴力度，而周围地区为防止本地机场运量被过度挤压，纷纷加大了补贴力度，出现一地区率先特惠加码，其余地区被迫加码的状况，由此中西部的航空经济逐渐呈现向"特惠竞争"转化的趋势。

事实上，国内航空经济区建设的实践在时间上超过了相关的理论研究，我国多个航空枢纽城市都提出了建设临空经济区或航空大都市的概念。在东部机场"腾笼换鸟"和促进中西部崛起的背景下，我国中西部地区临空经济区在不知不觉中进入火热建设阶段：《郑州航空港经济综合实验区发展规划（2013—2025 年）》在 2013 年得到国务院批复，建设郑州航空港成为国家级发展战略。之后，《西安航空城实验区发展规划（2013—2025 年）》得到民航局批复，西安计划建设丝绸之路航空枢纽。武汉航空经济区凭借人才、工业和交通等方面的优势，提出打造临水航空城的方案。此外，重庆提出了江北临空都市区的建设方案，成都双流大力发展现代化空港新城，于 2017 年获批的长沙临空经济区争取建设绿色航空城。

从中西部地区临空经济区的发展目标和总体战略可以看出，这些临空经济区的最终目标都是要建设现代航空都市。然而中西部地区的区位和经济条件与东部地区明显不同，在建设临空经济区的过程当中，照搬东部沿海城市的发展模式是行不通的，应根据中西部各地区的优势和区域特点来制定发展战略（殷瑞普，2015；李玉民等，2016）。另外，从临空经济区的服务范围来看，航空港经济区建成后在八百公里区域内会产生一定的排他性，这一特性决定在一定范围内存在多个航空物流中心是不合理的。由此可见，航空经济的影响已经不限于产业发展，空间规划势在必行。

（3）航空经济特惠制度的固有争议。航空港的建设与地区经济紧密关联，地方政府通常非常重视对于本地机场基础建设的投资，并采取特惠制的政策加快本地空港经济的发展。但是针对是否应该对机场和航线进行长期补贴的问题，一直存在两种截然相反的观点：有学者认为对于机场进行长期补贴，违反了公平竞争原则，这将会带来在地方保护之下的地区机场的低效率，并使得本地机场永远不会在既有的国际大型机场竞争中找到自己的准确定位，因此也永远不会盈利（Appold & Kasarda，2013；Appold，2015），有研究也证实如果停止地区政府补贴，几乎所有的德国机场将无法弥补年度亏损（Heymann et al.，2015）；另一种观点则认为不能仅仅关注地区机场的直接损失或盈利问题，而忽视了其对于区域经济发展的重要性，航空港区（特别是美国的机场）

的证据强调了机场的溢出效应对周边经济的巨大正向影响（Button & Taylor，2000；Sheard，2014；Cidell，2015），欧洲低票价航空公司协会（ELFAA，2004）也指出航空港的快速发展促进了地区间的互联互通，也促进了国内、国际贸易、交流与繁荣。因此，虽然争论仍在继续，但是地方政府对于机场建设予以政策支持的现象是客观存在的事实，机场建设的经济效应仍是一个需要深入探讨的热点问题（Philipp，2020）。

(4) 新冠疫情背景下中国民航面临着新挑战。在新冠疫情的影响下，2020年6月中国民航局发布《民航局关于调整国际客运航班的通知》，对触发特定条件的航班采取熔断措施，据统计，2022年初因熔断取消的航班量就达到2020年全年的50%，航空经济的发展陷入困境，各地政府希望通过航空经济带动地区发展的计划被一定程度上搁浅。此外，在新型冠状病毒疫情时期，人员流动受到限制，各个航空公司的流量大幅下跌，此时政府的主要任务在于保安全、保就业、保生产，而非促进经济增长，特惠政策的作用遭到削弱，为特惠向普惠制过渡创造了有利条件。最后，管理部门的政策也倾向于将航空经济引导向良性竞争，如2021年《关于进一步深化民航国内航线运输价格改革有关问题的通知》要求放开多家航空运输企业参与经营的国内航线的旅客运输价格，并要求这些航空运输企业严格遵守相关规定，合理确定调整的频率、幅度和范围，保证航空运输市场平稳运行，市场决定价格的机制进一步得到加强。

从新冠疫情背景下的管理措施来看，地区政府和航空运输业需要适时调整发展策略，减轻航空运输业发展地区经济的重任，把服务水平、安全保障放到第一位，降低航班熔断风险并逐步实现航空经济的高质量发展。

10.1.2 GDP锦标赛制和地区转移支付下的特惠制度研究

特惠制度在我国具有相当长的发展历史，在一定历史背景下，特惠的确起到了不小的作用。但是随着时间的变化和社会经济的发展，特惠制度是否符合如今的发展要求还有待商榷，而分析这个问题势必要明白特惠制度的形成原因和在我国的发展历史。这一部分的文献主要围绕特惠制度的成因以及其目前已暴露出的影响，分为两条主线。

第一条主线结合锦标赛和分权理论对特惠制度展开研究。周黎安（2007）指出晋升锦标赛是过去30年中国经济高速增长的重要源泉，同时，随着时间的推移，这种激励模式的缺陷日益显露，如区域间恶性经济竞争、资源的扭曲配置。白重恩（2015）认为特惠模式能够持续有三个条件：首先是地方政府有一定的权力和资金去帮助企业；其次是帮助企业能给地方政府带来激励；最后是地理距离和行政规划导致的分权降低了特惠的准入障碍，他分析了特惠模式引起的多方面问题，提出了经济环境改变的情况下，特惠模式可能会从经济的助推剂转变成经济发展的阻碍。另一方面，为了解释中国经济增长和各个国家转型期间的差异，近几十年间发展了很多理论。其中，发源于 Tiebout 的分权理论逐渐壮大。新一代的财政分权理论通过几十年的发展，融合了政治学和经济学的内容，视野从早期的公共财政和公共物品供给转向了地方政府在促进经济增长、维护市场中激励行为的差异。这些文献把增长和财政分权的激励结合在一起，形成一个"趋好的竞争"的概念。但是，中国经验基础上的分权理论存在缺陷，该理论是一个"单目标"的结构，在经济发展的初期，社会整体认为经济增长是第一目标时，政府的这种行为是可以接受的。但是，随着经济进入新的发展阶段，地方政府决策要保障多方利益的性质更加明显，分权的代价日渐提高，分权导致的地区差异扩大、环境和土地问题激化、地方保护主义等因素开始制约经济增长（张军，2008）。

第二条主线中学者针对特惠制度的弊端展开一系列研究，相关文献可细分为三个方面。首先是特惠制度与国家经济增长。分权和锦标赛制是特惠的主要成因，特惠制度又会导致产业结构畸形。发展经济学和宏观经济领域的相关研究指出：收入、技术和要素禀赋变化是导致一国产业结构变动的原因（Kong-samut et al.，2001；Ngai ＆ Pissarides，2007；Acemoglu ＆ Guerrieri，2008），但这些研究无法解释中国服务业产值占比相对较低的现象。白重恩和马琳（2015）较好地解释了这个问题，二位学者结合我国的投入产出结构，以各种产业在经济体系中的作用为参考，并结合政府激励机制，分析了政府干预经济和税收政策对产业结构的影响，指出政府扭曲的激励和投入产出结构的不平衡是我国产业结构畸形发展的主因。产业结构接着会影响投资回报率。相关的研究表明，影响资本收入份额的主要因素为产业结构（1%）、所有制（18%）和垄断程度（9%）等因素（白重恩等，2008；白重恩和钱震杰，2009）。

白重恩（2018）在《新金融趋势》一书中将投资分为政府主导和市场主导两类，其中政府主导的投资体系仍然是高速增长的体系，具备强大的组织和汇聚资源的能力。一般情况下，只要政府指明了攻坚方向，大量的资源就可迅速地注入该领域，这样的投资具有两个特点：第一，巨大的惯性，在政府的驱动下，一旦将资源调配到某个方向，就会出现同一方向持续投入的要求，这一定程度上约束了政府对金融的调控。当经济发展处于量的扩张时，产能过剩的问题会被迅速增加的需求所抵消，此时的惯性成本较低；但是当经济发展进入提高发展质量的阶段时，投资方向的决策对于效率的影响更加明显，投资惯性会导致更多的效率损失成本，在当下高质量发展的要求下，投资结构的惯性越大，其效率就越低。第二是资金成本不明显，政府驱动的投资具有明显的软约束预期，当项目遇到问题时会预期获得政府的帮助，较多的政府投资降低了项目对成本的敏感性。进一步地，白重恩和张琼（2014）考察了2008年后中国资本回报率的影响因素，发现投资率的大幅上升和政府规模的不断扩大是投资回报率低下的重要原因。在追赶型经济中，地方政府可以借鉴他国的发展经验来识别高效的行业，但是现在经济的追赶型特征越来越弱，创新型经济成为未来发展的主力，特惠模式越来越难以取得良好作用（白重恩，2018）。在特惠政策的经济效应方面，Krugman（1994）认为中国经济的高速增长源于如劳动力和物质资本的不断投入，并对这种增长方式能否持久提出质疑。程名望等（2019）回答了Krugman的质疑，同时指出改革开放以来中国经济出现"奇迹"式增长并不只是依靠大规模资本和劳动力的投入而产生的，而是依靠高资本投入和高效率增长两个因素共同发力的结果，其中高资本投入在前期所占比重较大，但是随着时间的推移，中国经济的增长越来越依赖于效率的增长。这说明特惠制度在我国进入创新型发展经济后，已经逐渐褪去推动地区发展的光彩作用。

其次是特惠政策与企业发展效率。在政府干预和投资回报方面。部分学者对政府干预较多的企业的投资回报率进行研究，发现政府干预多的企业的投资回报率一般情况下会低于未受政府干预影响的企业。比如，蒋云赟和任若恩（2004）指出国有企业的投资回报率普遍低于民营企业。樊潇彦（2004）发现资本收益率在政府干预不同的企业间存在差异。邵挺（2010）、邵挺和李井奎（2010）同样证明了企业的资本回报率与所有制差异之间高度相关，私营企业的投资回报率往往更高。特惠制度属于政府干预企业的行为，这些学者的研究从侧面证明了特惠制度会降低企业的投资回报率。

最后是特惠制度与社会公平问题。良好的制度基础是经济发展的前提条件，此外，特惠模式存在着区域准入障碍、地方企业保护、贸易竞争不公平、挤出效应等问题（白重恩，2016）。

10.1.3　经济地理理论和要素集聚理论下的航空经济研究

基础设施的概念最早出现于 20 世纪 50 年代，相关学者意识到机场、港口等基础设施对地方经济发展的影响，如 Schuler & Holahan（1978）肯定了物流产业对区域经济的促进作用，王辰（1995）认为基础设施起到"瓶颈作用"，会制约经济的发展。为此，重商主义者认为国家要保护航运业、推行"奖入限出"的贸易政策，进而增加本国的财富，这是地方特惠政策的雏形。近年来，依托枢纽机场而形成的航空经济引发越来越多的关注，相关研究集中在航空经济与区域经济的因果关系、航空经济的空间地理效应、航空经济对产业、人口、技术等要素的影响等三个方面。

在航空经济与区域经济的因果关系方面。Fung 等（2006）对我国香港机场的研究证明了机场对经济存在积极影响。曹允春等（2006a）选取我国八个主要机场进行研究，结果发现机场所在城市的 GDP 增长率比城市平均 GDP 增长水平高 8%。Mačiulis 等（2009）认为航空物流的发展很大程度上归结为城市经济的增长，两者相互促进，互为因果。曹允春等（2009）从新经济地理学的视角分析了临空经济区的形成原因，他指出临空经济活动围绕机场逐步加强，而且临空经济的发展会回馈机场，在这些因素的影响下，机场成为核心，其他区域逐渐成为外围，这就形成了临空经济区。李栋梁和曹允春（2010）认为航空运输具备明显的区域经济特征，在微观、中观和宏观领域可以对区域经济的发展产生深远的影响。但事实上，围绕机场总会催生出产业集聚，即使是支线机场，其附近也会出现不同程度的经济聚集区，空港城是经济聚集到达一定程度之后的产物。一些学者着眼于研究机场与地区经济的因果关系，格兰杰检验是较为常见的方法，如刘雪妮等（2007）对我国三大城市群的检验发现，机场运输对地区经济仅存在单向因果关系。Sun & Li（2011）使用我国机场 39 年的数据研究发现机场货运与经济相互促进，互为因果。方忠权和王章郡（2011）对白云机场的研究发现，经济对机场运输存在单向促进关系。Baker 等（2015）对澳大利亚支线机场进行研究，结果发现机场与经济增长存在短期和长期两种因果关系，从长期来看，机场与地方经济存在双向关系。

在航空经济的空间地理效应方面，随着新经济地理理论和空间计量经济学的发展，学者们逐渐关注到空间因素对于临空经济的影响。Lee 等

（2005）研究了机场投资对于地区经济的影响和临近地区的溢出效应。张学良和孙海鸣（2008）运用空间计量模型研究发现我国的交通基础设施与地方经济存在较强的空间集聚特征，并呈现从东至西依次递减的趋势。张蕾等（2010）以南京禄口机场为例进行研究，发现机场的发展阶段不同，其对地区经济的溢出效应也不同。其中，处于中期发展阶段的机场溢出效应更为明显。李乃彬（2013）的研究发现我国东西部机场空间溢出效应不同，东部机场溢出效应远超西部。此外，临空经济区的经济增长速度远超省份，已成为区域经济增长极。陈欣等（2019）从航线网络视角研究了中国45个主要枢纽机场，发现客运量对区域经济存在显著的正向溢出效应，且溢出效应远大于对本地的直接效应，货运量仅对本地有正向影响。与之类似，王全良（2017）同样对我国45个临空经济区进行研究，并按照机场的发展规模将其划分为全国及中心型、骨干型和起步型三种不同的类型，结果发现不同级别的临空经济区对地区经济的影响程度不同，中心型临空经济区的影响最大，骨干型次之，起步型的影响不明显。

在航空经济与要素集聚方面，学者们关注航空经济在就业、人口、产业等方面的影响。《资本论》和《人口原理》中解释了劳动和人口对经济发展的影响，航空经济可以加速地区之间的人口和劳动资本的流动，最终对经济产生影响。在就业方面，多名学者（Huddleston & Pangotra，1990；Irwin & Kasarda，1991；Ivy et al.，1995；Robertson，1995；Button et al.，1999；Debbage，1999；Bowen，2002；Brueckner，2003）的研究证明了航空运输业会改善地方就业。在产业方面，宋伟和杨卡（2006）的研究证明了枢纽机场对于人口和产业存在正向影响。孙波等（2006）针对首都机场的研究发现，机场的发展带动了首都的经济转型和产业结构高级化。杨秀云等（2011）利用我国40个机场2000—2008年的数据进行研究，结果表明机场发展会促进地方旅游业发展。David & Saporito（2017）对西西里岛机场进行研究，结果显示新建机场每月可以增加当地1/5的旅客留宿次数。

10.1.4 特惠制度与航空经济的关系

政府投资、特惠政策与航空经济的发展息息相关，相关研究分为四条主线。

第一条主线是政府支持对航空经济的重要作用。崔强等（2013）利用BP-

DEMATEL 方法分析得出空港竞争力主要由区域发展状况和政府对空港投入的资金构成。秦岩（2006）认为航空物流能大力促进社会发展，已成为我国经济发展的新兴力量，政府需要采取实施必要的政策，引导其发展。曹允春等（2006b）指出当前政府大多采取政策优惠措施来大力发展临空经济区，以此来拉动区域经济增长。在一定条件下，政府的特惠机制对临空经济区的发展具有决定性作用。杨友孝和程程（2008）分析了爱尔兰、美国、荷兰的国际大型航空港的成功案例，提出航空经济区的形成和发展需要两个条件：产业集聚造成的挤出效应和投资环境的优惠政策。

　　第二条主线是我国支线航空的补贴问题。支线航空是指在中小城市之间运营的非主干航线，航行距离在 600～1 200 公里。这类航空更多起到一种公共服务的作用，一般而言，机场很难在这类航线上盈利。武珂（2016）简要梳理了国家为促进支线航空运输发展而出台的政策，提出现行的支线运输补贴政策存在补贴范围有限、某些补贴对象补贴力度不足等问题。陈若玮（2017）指出近十年中国民航快速发展，成为全球第二大航空市场，但是支线航空仍是航空产业中的短板。中国十分重视支线航空的发展，多年来持续投入大量资金进行扶持。其中，支线补贴是民航局发展支线航空的核心政策。由于支线航空具备一定的公共属性，财政补贴从根本上来说是为了满足公共服务可持续发展的需要。此外，支线航空还具有极强的外部性，它的贡献并不单从航空运输业本身的收入上体现出来，而是通过对地方经济发展、旅游文化发展的巨大带动作用来体现。因此，补贴是对其的合理反哺。

　　第三条主线是跨境航空的补贴。在国外的市场上，我国的跨境航空面临着十分严峻的情况。我国是第一出口贸易大国，对外贸易大多依靠航空运输，但是自从 2008 年金融危机后，欧美经济逐渐恢复，外国航空公司在宽松的货币政策下发展迅速，严重挤压了国内航空的跨境运输的发展（蒋丽，2015）。金靖寅（2017）指出补贴理论基础是竞争性，补贴旨在创造产业优势或抵消别国同类优势，以提高本国产品的竞争力，是出于国家间竞争的需要。

　　第四条主线是降低航空经济特惠竞争负面影响的初步探讨。比如，Hsieh & Klenow（2009）认为制度或政策的调整等对资源配置不当引起的浪费问题的纠正可能是中国释放经济增长潜能的重要途径。殷瑞普（2015）认为各个城市要发展特色鲜明的航空经济。李玉民等（2016）评价研究了中西部地区临空经济区的综合竞争力，他强调中西部城市在发展航空经济的时候要科学规划，集中精力发展当地特色临空产业，制定适合各地区的差异化发展策略。金真等（2018）指出中西部地区的机场服务范围有所重合，因此存在较强的竞争关系。但是，我国民航面临的是国内外两个市场的竞争，同时提升这两个市场的要素流动效率，进行航空经济的供给侧改革才是这些地区航空经济的最终方向。因此，中西部临空经济区需要建立机场联盟，区域协同发展、差异化发展、减少恶意竞争，共同促进中西部临空经济区的可持续发展。张林和夏磊（2018）实证研究了我国货邮吞吐量大且具有代表性的航空物流节点城市，指出如果片面强调航空物流业的发展会阻碍整个区域经济的发展，因此中西部物流节点城市要避免脱离实际的发展方式，坚持绿色发展、特色发展。

10.1.5 其他相关研究基础与文献评述

(1) 租差理论。 租差理论认为特惠、关税、垄断等措施导致的社会福利损失远超实际经济估算，这是因为人们会通过各种手段争取额外收入，即寻租现象。按照总体均衡理论，在市场自由竞争的情形下，要素可以顺畅在各种产业间流动，任何产业中都不会存在某种要素的超额收入，即经济租不会长期存在。在现代生活中较为常见的是利用行政法规来维护既得利益，这类行为往往会阻碍要素在各类行业间自由流动。以航空经济为例，某地机场开拓了一个市场，可能会寻找政府的帮助来阻碍竞争对手进入市场，以维护其优势地位，此时其行为不再增加社会福利，反而妨碍了社会团体从市场竞争中获得利益。同时，阻止竞争对手加入竞争的行为也消耗了社会资源，削减了社会福利。如果地方政府官员在这些获得中得到了激励，其行为会受到扭曲并引发"GDP 锦标赛"式的寻租竞争。但不容忽视的是，利益被抢夺的对手也会采取应对措施与其抗衡，从而消耗更多资源。因此，租差理论能解释为何特惠制度会给经济发展带来负面影响。

(2) 社会交换理论。 社会交换理论从经济学的投入与产出视角研究社会行为，它主张避免个体在利益冲突中的竞争，并通过资源的相互交换实现双赢。社会交换理论从交换的概念出发，研究社会资源分布的不均衡以及因此出现的权利地位的演化。在社会交换中，各主体会展示自己的能力以吸引交换对象，这期间势必发生竞争。但由于各个主体在自然禀赋上存在巨大的差异，资源丰富的主体会获得较高的交换地位，当资源禀赋差距极大的双方进行交换时，弱势的一方会选择服从，这样就在群体中逐渐形成了权力分化。为了获得更大利益，弱势方会认可强势方的权利，权利的固定也使得成员都有了固定的角色，只要按照固定的地位行事，就可以得到预期的回报，从而减少了社会交易中的摩擦，利于群体的整合。社会交换理论为我国中西部航空经济区的发展提供了参考，但考虑到中西部多个航空经济之间的发展水平较为接近，在处理这些特定机场之间竞争关系上，社会交换理论仍存在一定局限性。

（3）**产业集聚理论和产品生命周期**。早期的经济学家支持产业集聚带来规模经济的观点，但之后遭到了一些学者的质疑。这些学者结合产品生命周期提出区域产业集聚会经历兴起、成长、成熟、衰退四个环节。随着区域企业不断集聚，生产要素的需求增加带动了要素价格的上涨，企业为节省成本将部分劳动密集型产业转移到周围地区，进而出现了集聚区技术密集型产业为主导的"中心-外围"模型。将这种作用由一地放大到中国全域，也表现为东部产业逐渐向中西部转移的形态。产业集聚理论和产品生命周期为航空经济区的特殊形态提供了理论依据。特别地，生命周期理论也启示对待不同发展阶段的航空经济区要采用适时变化的灵活措施。

（4）**简要评述**。综上所述，国内外学者针对特惠制的成因和影响、航空经济发展状况和影响因素等方面进行了大量研究，得出了颇有价值的研究成果。但综合分析已有研究成果，仍需从以下几个方面进一步完善补充：第一，针对特惠制的研究倾向于宏观的理论研究，具体以某个行业为切入口的微观领域研究相对缺乏；第二，关于机场空间效应的研究多是针对某一个机场，或者某一类枢纽机场，样本量较小难以得出广泛适用的结论；第三，以往关于政府政策和机场发展的研究多为理论猜想，缺乏实际的数据证据和因果关系的推断。且以往的研究多将政府的角色弱化，空间地理的关系掩盖了政策安排对航空枢纽的影响。

10.2　中西部航空特惠制的特征事实与理论模型

从经济的发展逻辑来看，航空经济的形成表明某地的经济水平达到一定程度，同时，这也是产业形态和运输方式变革的产物。但形成这种经济形态需要满足区域经济和产业结构协调、机场设施完善、陆上交通便捷、文化机构齐全、自然环境良好、政府支持等多种条件。目前学者们参考这些发展条件，采用了多种理论模型来解释航空经济的形成和发展动力。

10.2.1 中西部航空特惠制的特征事实

根据文献综述中对航空特惠制成因和影响的梳理，我们就可以初步理解中国各省市政府对航空经济的补贴程度在时间和空间上呈现的差异性。

首先，特惠制具有突出的政策效果。在改革开放的最初 30 年间，我国的市场经济发展水平虽然在一定程度上并不如发达国家更为完善，但是中国经济的成长速度却远远高于全球平均水平，这在一定程度上得益于我们灵活务实的政策优势，对于重点行业、产业、企业的特惠制度使得这些部门能在短时期内迅速积累发展实力，并逐步形成具有市场竞争力的地域经济支柱。在行业的起步期，如果企业都照章办事，事实上很多流程都会遇到阻碍，但是小部分企业在发展中获得了来自政府的支持，使得他们能克服制度对企业的阻碍。所以，特惠制并不是一个不科学的制度，它至少能在经济改革初期使得一部分新生的产业可以活下去。

伴随着我国经济的快速发展，原本的经济运行模式以及产业关联需要被重新整合，而航空港经济提升了信息、知识、资金、技术的使用效率，并在客流、物流、信息流方面重组了传统的生产方式，在时效性和高附加值方面具有突出的作用。因此，航空港经济并不是各省市的一块单独的经济区域，而是当地整体经济发展水平的集中体现，各地区对于航空港经济的建设速度、便捷性、智能化和协调度都高度重视，并且予以重点政策支持。

其次，中西部地区临港经济发展水平接近。我国中西部地区临空经济区大多已经具有了成熟的规划，根据《中国临空经济发展指数（2019）》的报告，截至 2018 年底全国在建与计划建设的 36 个临空经济区中枢带动指数前十名中，位于中西部地区的城市占到了一半，并且中西部主要省份的临空经济的总指数水平已经非常接近。在中西部地区，成都、重庆和郑州位于总指数排名的前三名，而其他省会城市的总指数水平也与其非常接近。哪个地区率先形成临空经济的政策高地，哪个地区就可能在未来形成临空经济的先占优势，因此，较为接近的发展水平和各地对于临空经济的高度重视也成为特惠制形成的重要原因之一。

另一方面，通过分析中西部地区采取的航空经济特惠政策可以看出，这场航空枢纽之争已经有向恶性竞争转化的趋势。当前我国中西部重点城市为了争取更多的航班以及成为地区的航空枢纽，纷纷出台了航班补贴政策，这样做的结果会产生三方面的重要影响：其一，使得航空港所得到的资源过于集中，相对地不利于其他产业的发展，造成了挤出效应；其二，特惠模式会产生一定的依赖性，使得特定产业等待地方保护或者特惠条件的到来，而不能真正参与到更大规模的市场竞争之中，影响了产业的长期发展；其三，由于特惠制并不能带来预期的高收益，并形成了资源扭曲，会产生与特惠制设计之初愿景相悖的结果，最终影响地方经济的发展。表 10-1 展示了中西部的部分城市对于航班补贴的特惠政策。

从表 10-1 中可以看出各地对于航线的补贴力度较大，一方面会加大城市的财政负担，不利于地区经济的健康发展；另一方面特惠政策并不会使得本地区获得更好的发展空间，反而加大了临空经济的恶性竞争，为了应对邻近省市的航班补贴，各地均要对自身的优惠条件不断加码，这种竞争模式是不利于长期发展的。

表 10-1　中西部部分城市的航班补贴特惠政策

西安	开辟省内短途运输航线，如年飞行小时超过 100 小时，将每年补贴航线 100 万元。开辟省外短途运输航线且满足相同条件的将会得到两倍的补贴
成都	开航培育期首年，对新开辟的洲际全货机航线进行每班近 30 万元补贴，新开亚洲全货机航线给予最高 15 万元的补贴；次年为首年补贴标准的 80%，第三年根据实际情况改变补贴政策
郑州	新开辟的洲际货运航线，根据吨位对每班进行 10 万～20 万的补贴；新开辟亚洲货运航线，给予每班 8 万～15 万元的扶持；新开辟国内货运航线每班奖励 2 万元
武汉	新开辟的国际客运航班每班奖励 4 万～13 万元，类似的国内新开航线每班补助 3 000～4 500 元

资料来源：各地区民航管理局，经作者整理。

10.2.2　Krugman 的中心外围模型

早期的区域失衡发展理论认为，经济活动的地理集中源自极化效应，这种经济活动的不平衡分布导致了地区发展的不平衡格局。马歇尔（1920）用经济的外部性来解释经济活动的地理不平衡，他认为经济集聚主要来源于劳动力市场共享、中间投入品的规模和知识与技术的溢出。航空经济的发展，为劳动力、知识与技术在不同的区域聚集提供了可能。新经济地理学派吸收新增长理论规模报酬递增的思想，从两个部门、两个地区、两种要素的假设出发，探索空间经济聚集的内在演化过程。

特别地，在 Krugman（1991）提出的中心-外围模型中，假设两个地区（甲城和乙城）的初始条件一致，地区之间运输成本高，经济联系少。当运输成本降低到一定程度，这时由于某种因素使其中一地（甲城）的制造业稍具优势，部分工人开始由乙城前往甲城，空间均衡属性被打破。本地的市场效应和价格指数效应形成的经济聚集力不断累积加强，劳动力流动引起的产业集聚向心力导致了一个初具优势的制造业城市的崛起。经过一段时间的发展，甲城形成了经济活动向外扩散的离心力，两个地区不断分化，甲城逐渐成为制造业中心，乙城的制造业逐渐边缘化，最终成为农业外围。随着经济集聚进一步加深，区域经济实现一体化，运输成本进一步下降，此时甲城土地租金、工人工资的上涨导致扩散效应增强，一些劳动密集型或附加值低产业从甲城向乙城转移，地区之间形成产业链的上下游关系和分工合作。此时，甲城可能发展为科学技术创新中心或者商贸服务中心，而乙城只能付出环境的代价来承接转移过来的产业。

在交通并不发达的中西部地区，航空运输投资见效快，在高附加值、重量轻的产品上能迅速降低运输成本，加速形成这种中心-外围格局，由此地方政府更容易针对航空经济开展各种贸易保护活动。

10.2.3 基于古诺博弈的混合寡占模型

混合寡占模型同样可以用来解释特惠制的成因和影响。早期学者分析的往往是一个封闭市场，或地区内国有企业和私有企业之间的竞争对社会福利的影响（Merrill & Schneider，1966；Cremer et al.，1989；Cremer et al.，1991；De Fraja & Delbono，1989；Fershtman，1990；Fjell & Pal，1996；George & La Manna，1996；White，1996）。本研究借鉴刘瑞明（2012）的研究，构建一个受到特惠政策影响的本地企业和未受到特惠政策影响的外地企业竞争的混合寡占模型，具体如下。

假设一个经济中存在本地（定义为 1）和外地（定义为 0）两个地区。两个地区企业的数量均为 1，其中，本地企业受到当地政府特惠政策支持（用 1 表示），该企业的政府投资和企业固有资金比例分别为 n 和 $1-n$，$n \in [0, 1]$，外地企业受到本地政府特惠政策的影响（用 0 表示）。政府制定贸易保护政策降低本地企业价格，从而使外地企业失去竞争力，本研究使用关税壁垒 t 来刻画这些措施的效果。

之后，本研究假设博弈分为两个过程：第一个过程中本地政府根据本地企业利益最大化原则制定贸易政策，并决定政府投资比例 n 和关税 t；第二个过程中本地和外地的企业进行古诺竞争。

我们假设外地和本地企业在一个市场中竞争，并假定该市场的反需求函数是线性函数：$p=D(Q)=C-q_1-q_0$，q_1 和 q_0 分别表示本地和外地企业的产量。生产成本函数是二次型的函数，不考虑进入问题，$c_i(q_i)=(k_i/2)q_i^2$，$i=1, 0$。之后将外地企业的成本系数 δ_0 标准化为 1，k_l 是本地企业和外地企业的成本差距，k_l 越大表明本地企业的成本越高。

企业的利润函数为：

$$\pi_i = pq_i - c_i \tag{10-1}$$

一般情况下，受到政府特惠政策支持的企业会承担一定的政策性责任，因此我们参考 Matsumura（1998）的思路，设本地企业的目标函数为：

$$\text{Max} \prod_1 = nW + (1-n)\pi_1 \tag{10-2}$$

其中，n 代表本地企业的政府投资比例，$n \in [0, 1]$。W 代表本地社会福利。

为了维护本地部分企业的利益，地方政府对外地企业采取各种措施制约其在本地市场的发展，此处用政府对外地企业每单位产品征收关税 t 来表示，此时，本地企业和外地企业的利润函数分别为：

$$\pi_1 = (a - q_1 - q_0)q_1 - 1/2k_1q_1^2 \tag{10-3}$$
$$\pi_0 = (a - q_1 - q_0 - t)q_0 - 1/2q_0^2 \tag{10-4}$$

此时，本地社会福利 W 为关税、生产者利润和消费者剩余的总和，计算如下：

$$W = \int_0^Q p(Q)\mathrm{d}Q - p(Q)Q + \pi_1 + tq_0 \tag{10-5}$$

其中，$Q = q_1 + q_0$。

将各式代入，进一步，可以获知：

$$W = \frac{(q_1 + q_0)^2}{2} + (a - q_1 - q_0)q_1 - \frac{1}{2}k_1q_1^2 + tq_0 \tag{10-6}$$

分别将 W、π_1 和代入（10-2）式化简可得：

$$\prod_1 = \frac{(-n-k_1)q_1^2}{2} + \frac{((2p_0 + 2p_1)n + 2a - 2p_0 - 2p_1)q_1}{2} + \left(t + \frac{q_0}{2}\right)nq_0 \tag{10-7}$$

之后求解第二阶段古诺竞争的结果：

$$\frac{\partial \prod_1}{\partial q_1} = (-n-k_1)q_1 + \frac{(2p_0+2p_1)n}{2} + a - p_0 - p_1 = 0$$

$$(10-8)$$

$$\frac{\partial \pi_0}{\partial q_0} = a - q_1 - 3q_0 - t = 0 \qquad (10-9)$$

联立进行求解可得：

$$q_0 = \frac{na+ak_1-nt-np_0-np_1-tk_1-a+p_0+p_1}{3n+3k_1} \qquad (10-10)$$

$$q_1 = \frac{np_0+np_1+a-p_0-p_1}{n+k_1} \qquad (10-11)$$

最后得到如下公式：

$$\partial q_0/\partial_t = -n-k_l < 0 \qquad (10-12)$$

上式说明特惠补贴的主要作用在于削弱外地企业的价格优势，并由此提升本地企业的竞争力。然后，我们进一步求解第一阶段政府的最优关税壁垒和投资比例。将（10-10）式、（10-11）式两式代入本地社会福利函数 W，并对 t 求导，由此可以得出最优的区际关税壁垒 t：

$$t = \left(\frac{2}{5}na + \frac{2}{5}ak_1 - \frac{2}{5}np_0 - \frac{2}{5}np_1 - \frac{2}{5}a + \frac{2}{5}p_0 + \frac{2}{5}p_1\right)/(n+k_1)$$

$$(10-13)$$

进一步利用 t 对 n 求导，计算可得：

$$\partial t/\partial n > 0 \qquad (10-14)$$

求导后的结果表明最优关税壁垒 t 与政府投资比重 n 呈正相关关系。也即地方政府寄予厚望的企业，或者政府投资比重大的企业更容易获得地方政府的支持和补贴。在民航机场归属地改革后，我国机场多归入地方政府管理，且成为内陆地区政府发展经济的突破口。但我国航空经济经过多年发展已经进入"二次发展"的阶段，作为一类新的经济发展形态，一味地对其进行特惠很可能会扰乱市场秩序。

至此，本研究通过介绍中西部航空特惠制的特征事实，指出较为接近的发展水平和地方政府的重视是特惠竞争产生的重要原因；之后利用 Krugman 的中心外围模型分析了地方政府采用特惠政策的动机：中西部身处内陆，航空经济能迅速带动地区经济发展，形成"中心-外围"格局。为了避免本地经济沦为外围形态，各地政府纷纷加大对航空经济的投资；最后采用混合寡占模型对特惠政策的作用进行数理分析，发现特惠政策的作用在于降低本地产品的成本并提升竞争力，政府前期投资越多的产业更易得到长期的特惠补贴，这也证明了特惠政策的实行通常具有巨大的惯性。

10.3　基于空间杜宾模型的机场空间效应分析

根据相关研究，临空经济区的辐射范围在 800 千米，而且这种辐射范围会随着经济水平的上升、机场航线的不断完善而逐渐增加，如果两个航空枢纽的辐射范围出现重叠，很有可能引发客运、货运的竞争。因此，对航空枢纽的空间效应进行分析，有利于理解这种竞争关系的空间因素。空间权重矩阵的设定是空间计量分析的前提和基础，本研究采用三种空间权重矩阵，之后进行空间自相关检验。在实施拉格朗日乘数检验 LM（Lagrange Multiplier）、沃尔德检验（Wald）检验后选择合适的计量模型进行计量实证分析，并将计量模型的空间效应分解为直接效应、间接效应和总体效应，得到相应的弹性关系。

10.3.1　空间权重矩阵的设定与空间自相关检验

（1）空间权重矩阵的设定。由于机场为点状分布，因此采用基于距离的空间权重矩阵是较为合适的选择。其一般形式为：

$$M = \begin{bmatrix} 0 & m_{12} & \cdots & m_{1n} \\ m_{21} & 0 & \cdots & m_{2n} \\ \vdots & \vdots & \vdots & \vdots \\ m_{n1} & m_{n2} & \cdots & 0 \end{bmatrix} \quad (10-15)$$

其中 n 为机场个数，主对角线的元素为 0，m_{ij} 可以用来表示区域 i、j 之间的邻接关系、地理距离以及经济距离等。在空间面板中，权重矩阵通常采用分块矩阵的形式将截面模型的权重矩阵扩展到空间面板模型中，即（N×T）×（N×T）的形式。依据已有文献，本研究构建三种权重矩阵。

①基于距离门槛值的 0—1 矩阵 M_1。陈欣等（2019）考虑到高铁对航空运输的竞争关系，将机场大圆距离门槛值设定为 500 千米，高黎（2020）以区域地理直线距离是否超过 800 千米为依据构建简单权重矩阵。本研究借鉴二者的

研究方法，将两机场大圆距离 800 千米作为是否相邻的依据。矩阵如下：

$$M_1 = \begin{cases} 1, & d_{ij} > 800 \\ 0, & d_{ij} \leqslant 800 \end{cases} \qquad (10-16)$$

其中，d_{ij} 是两机场之间的大圆距离。设不同机场的经度差为 θ，纬度分别为 α_1 和 α_2，地球半径 $R = 6\ 371$ 千米，$d_{ij} = R \cdot \arccos\ (\cos\alpha_1 \cos\alpha_2 \cos\theta + \sin\alpha_1 \sin\alpha_2)$。

②地理距离权重矩阵 M_2。不同机场之间的相互影响效应可能会随着距离的增加而降低，在航空经济的研究中，大多数学者会选择以地区之间的距离倒数为依据构建权重矩阵（王全良，2017；高黎，2020）。本研究采用机场之间大圆距离的倒数作为地理距离权重矩阵。具体如下：

$$M_2 = \begin{cases} 1/d_{ij}, & i \neq j \\ 0, & i = j \end{cases} \qquad (10-17)$$

其中，d_{ij} 是两个不同机场之间的大圆距离。

③经济地理嵌套权重矩阵 M_3。基于距离的空间权重矩阵的设定简洁且较为常用，但其存在割裂或弱化了不相邻之间的联系，本研究内容为机场的经济溢出效应，基于地理距离的权重矩阵可能无法反映出区域间的相邻程度。为此，本研究借鉴张海龙（2019）、高黎（2020）的处理办法，构建经济距离与地理距离相互嵌套的权重矩阵。表达式如下：

$$M_3 = \begin{cases} \dfrac{1}{d_{ij}} \times \dfrac{1}{|\overline{Y}_i - \overline{Y}_j|} & , i \neq j \\ 0 & , i = j \end{cases} \qquad (10-18)$$

其中，$\overline{Y}_i$ 为机场 i 所在城市的人均实际 GDP 平均值，d_{ij} 是两机场之间的大圆距离。

（2）空间自相关检验。 在使用空间面板模型进行研究之前，需要考察样本之间是否存在空间依赖性。本研究分别使用全局莫兰指数（Global Moran's I）和局部莫兰指数（Local Moran's I）来检验样本的空间相关性。其计算公式如下：

$$I = \sum_{i=1}^{n} \sum_{j=1}^{n} M_{ij}(X_i - \overline{X})(X_j - \overline{X}),\ S^2 = \frac{\sum\limits_{i=1}^{n}(X_i - \overline{X})^2}{n} \qquad (10-19)$$

其中，X_i 为区域 i 的实际国内生产总值，$\overline{X}$ 是其平均值，n 为机场数量，

S^2 是方差。M_{ij} 是空间权重矩阵，既可以是地区间的距离，也可用表示两地某方面指标的差异来反映。全局莫兰指数 I 的取值介于 -1 和 1 之间，$I>0$ 表示正自相关，否则为空间负相关。为节省篇幅，本研究仅报告使用经济-空间距离权重矩阵的全局莫兰指数检验结果，结果如表 10-2 所示。由表 10-2 可知，整体来看我国区域经济和机场发展指标在经济-空间距离权重矩阵下的全局莫兰指数统计值都在 1‰ 的置信水平上显著大于 0。其中，地区 GDP、机场吞吐量等指标的莫兰指数随着时间推移而呈现增加趋势，说明各个航空经济区和机场发展的空间相关程度在不断加深。

表 10-2　中国 78 个机场全局莫兰指数

年份	GDP	旅客吞吐量	货邮吞吐量	起落架次
2001	0.325***	0.274***	0.277***	0.273***
2002	0.344***	0.294***	0.284***	0.278***
2003	0.360***	0.301***	0.307***	0.292***
2004	0.369***	0.276***	0.326***	0.322***
2005	0.395***	0.290***	0.325***	0.330***
2006	0.404***	0.300***	0.341***	0.352***
2007	0.400***	0.345***	0.333***	0.344***
2008	0.394***	0.366***	0.348***	0.329***
2009	0.386***	0.374***	0.346***	0.321***
2010	0.380***	0.351***	0.343***	0.307***
2011	0.373***	0.332***	0.320***	0.327***
2012	0.369***	0.313***	0.345***	0.318***
2013	0.366***	0.315***	0.359***	0.305***
2014	0.367***	0.358***	0.349***	0.327***
2015	0.373***	0.361***	0.346***	0.331***
2016	0.379***	0.375***	0.355***	0.335***
2017	0.382***	0.371***	0.348***	0.338***
2018	0.385***	0.384***	0.347***	0.352***

注：* $p<0.1$，** $p<0.05$，*** $p<0.01$。

进一步，本研究关注某区域附近的空间集聚情况，使用局部莫兰指数对各城市和机场数据进行检验，并绘制了莫兰散点图用于具体分析。莫兰散点图分为四个象限，值落在第一象限表明该地区观测值与周围地区观测值都保持在高水平且差异较小，地区为正相关关系表现为高高集聚；值落在第二象限表明该地区观测值低于周围地区且存在较大差异，呈负相关关系且表现为低高集聚；值落在第三、第四象限的解释分别与第一、第二象限相反。局部莫兰指数的计算和解释与全局莫兰指数类似，公式如下：

$$I_i = \frac{(X_i - \overline{X})^2}{S^2} \sum_{j=1}^{n} M_{ij}(X_j - \overline{X}) \qquad (10-20)$$

本研究选取 2018 年的样本数据对机场所在城市的国内生产总值（lngdp）、机场的旅客吞吐量（lntra）、货邮吞吐量（lncm）、航班起落架次（lnrf）进行局部莫兰指数检验，莫兰散点图如图 10-1 所示。总体来看，我国不同区域经济和机场发展之间的空间关系呈正相关关系，多数观测值落在了

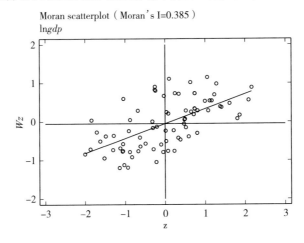

Moran scatterplot（Moran's I=0.385）

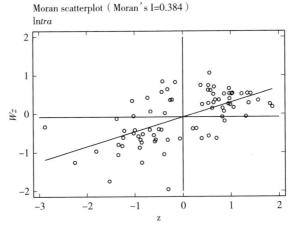

Moran scatterplot（Moran's I=0.384）

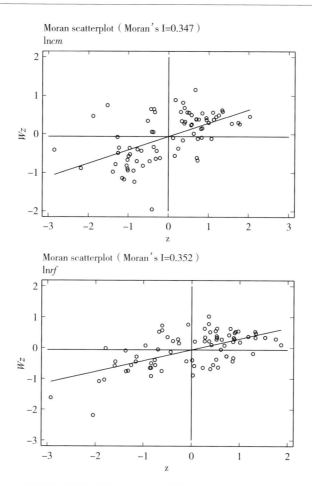

图 10 - 1 我国机场腹地经济水平、机场发展指标的局部莫兰指数散点图

第一、第三象限，但也存在不少观测值落在第二象限，表明部分机场之间的关系表现为"高低集聚"或"低高集聚"。这初步验证了航空枢纽之间存在一定的虹吸效应，即大型机场会抢夺小型机场的客运和货运。

10.3.2 空间计量模型选择与变量选取和数据说明

参考王全良（2017）、陈欣等（2019）对临空经济的研究经验，本研究采用以下三种空间面板回归模型来研究机场对地区经济的影响。首先考虑一个静态面板模型：

$$y_{it} = X_{it}\beta + \mu_i + \varepsilon_{it} \qquad (10-21)$$

其中，y 是模型的因变量，X 是核心解释变量和各类控制变量。μ 是可能存在的区域个体效应，ε 是误差项。

①空间自回归模型（Spatial Autoregression Model，SAR），又名空间滞后模型，在模型（10-21）的基础上加入了空间滞后项，主要研究其他地区因变量对本地区因变量的影响。其模型可表示为：

$$y_{it} = \rho W_i' y_{it} + X_{it}\beta + \mu_i + \varepsilon_{it} \qquad (10-22)$$

其中，W_i' 是空间权重矩阵的第 i 行。在随机效应模型中，$\mu \sim N(0, \sigma_\mu^2)$，在固定效应模型中，$\mu$ 是待估参数，ε_t 是误差项；ρ 和 β 是待估参数；t 表示样本的不同时间点。

②空间误差模型（Spatial Error Model，SEM）。空间依赖性可能通过误差项体现，该模型在模型（10-22）的基础上加入了空间误差项，考虑了对因变量有影响的遗漏变量的空间自相关性。

$$y_{it} = X_{it}\beta + \mu_i + \upsilon_{it}$$
$$\upsilon_{it} = \lambda W_i' \upsilon_t + \varepsilon_{it} \qquad (10-23)$$

其中，λ 为待估参数，W 为空间权重矩阵。

③空间杜宾模型（Spatial Durbin Medel，SDM）。此模型同时加入了空间滞后项和空间误差项，是 SAR 和 SEM 的综合。

$$y_{it} = \rho W_i' y_{it} + X_{it}\beta + \theta W_i' X_{it} + \mu_i + \varepsilon_{it} \qquad (10-24)$$

其中，θ 是待估参数。

在模型的选取上，本研究从空间杜宾模型（SDM）出发，运用拉格朗日乘数检验 LM（Lagrange Multiplier）、沃尔德检验（Wald）来检验空间杜宾模型能否退化为空间自相关模型（SAR）或（SEM），检验结果均显著拒绝原假设，即空间杜宾模型适合本研究。进一步，本研究运用 Hausman 检验来确定采用固定效应模型还是随机效应，检验结果表明固定效应模型更加合适。最终，本研究选择空间杜宾模型固定效应模型进行研究。

我国多个机场的数据存在缺失，如欲获得长时间的面板平衡数据，就必须舍弃一些存在数据缺失的机场。王全良（2017）、陈欣等（2019）采用中国 45 个机场的数据对中国机场的空间溢出效应展开研究，本研究在其研究的基础上，整理获得了 19 年的中国 78 个机场的面板平衡数据。之后本研究牺牲时间上的长维度，获得了 9 年的中国 138 个机场的平衡面板数据并将其作为稳健性检验的样本。出于东部机场大多已建设成熟的考虑，本研究根据《中国统计年鉴》（2019）的相关标准，将我国划分为东部和中西部，试图通过对比东部机场的回归结果，更好地解释中西部机场的回归系数。具体来讲，在 78 个和 138 个机场的样本中，属于中西部地区的机场分别有 36 个和 87 个，这些机场均包含王全良（2017）、陈欣等（2019）研究样本中的属于中西部的机场。本研究选取的数据主要来自《从统计看民航》（2002—2020 年）、《中国城市统计年鉴》（2002—2020 年）以及历年《民航机场生产统计公报》，部分缺失值通过查询各地《国民经济发展公报》和统计局网站补齐。

地区经济状况（$\ln gdp$）。用地区 GDP（万元）表示。在临空经济区辐射范围模糊的情况下，用机场所在城市的 GDP 表示机场的腹地发展水平，是一种可行且常用的方法。该变量已基于初始年份年进行平减。

机场发展指标。本研究借鉴国内外学者的研究方法（张蕾和史威，2014；Baltaci et al.，2015），对临空经济区所在机场的主要运营指标：货邮吞吐量、旅客吞吐量进行分析。对于一个城市拥有两座机场的情况，根据其他学者的处理办法，将该城市的机场的客货吞吐量指标进行合并。机场货邮量和客流量是衡量临空经济发展水平最直观且重要的指标。对于机场而言，除了政府政策的影响，还有其他因素也会影响其吞吐量的增加。因此在检验特惠政策对机场吞吐量等指标的影响时，还需要控制人口、政府干预情况、人口密度、旅游吸引力、产业结构等其他因素的干扰。

政府干预情况（gov）。用政府一般财政预算支出与政府一般财政预算收入之比来反映地方政府对经济的干预程度。市场竞争程度依赖于政府的干预程度（陈敏等，2008），在财政分权体制下，地方政府之间的"GDP 锦标赛"和地方领导竞争博弈等因素导致政府有激励直接参与和干预本地的经济活动。尤其是 2001 年以来机场归属地改革，各地政府纷纷把航空经济看作新的经济增长极，更有可能实行特惠政策。范子英和张军（2010）采用"地区政府支出/地区 GDP"来度量政府干预程度，但与本研究内容相近的航空经济文献（于斌斌，2015；段瑞君，2018）采用"财政支出/财政收入"来反映政府干预程度，本研究亦采用这一做法。

机场设施存量（$\ln rf$）。用机场起落架次（次）表示。在机场基础设施禀赋的代表变量选择方面，主要有两个思路：一种是按照新古典的资本概念用货币形式反映；另一种是用实物形式反映。Percoco（2010）采用机场起落次数的实物形式对机场禀赋进行测量。李乃彬（2013）赞同这种做法，并指出采用这种货币形式的必要性：一是机场具有外部性，其投资决策并非按照利润最大化，社会效益也是建设时需要考虑的方面；二是机场的投资建设主要经济来源是中央投资，统计数据难以获得，难以用统一的货币形式衡量；三是机场的建设周期较长，一般需要 2～3 年，考虑到通胀等因素，用货币形式来衡量可能会失真。因此，用机场飞机起落架次来衡量机场设施存量是较为合适的选择。

人口（lnpop）。用年末人口数量（万人）表示。人口要素的流动将带动其他要素的变化，对临空经济区的发展有重要影响；旅游吸引力（lnta）。用住宿餐饮业从业人数（万人）表示。杨秀云等（2011）、David & Saporito（2017）的研究证明了旅游业和航空经济联系密切；产业结构（sec）用第二产业增加值和地区 GDP 的比重表示；人口密度（pd）用年末人口数量（万人）与行政区域面积（平方公里）的比重表示，这一指标可以用来反映机场腹地的经济繁荣程度。

表 10-3 是本研究的主要指标以及计算方法，表 10-4 是全样本的描述性统计。

表 10-3　主要指标及计算方法

变量类型	变量名称	变量符号	变量定义
被解释变量	经济发展水平	lngdp	实际地区生产总值的对数
核心	机场货流量	lncm	机场货邮吞吐量的对数
解释变量	机场客流量	lntra	机场旅客吞吐量的对数
控制变量	产业结构	esis	第二产业就业人员/地区人口
	人口	lnpop	年末人口数量的对数
	机场设施存量	lnrf	机场起落架次的对数
	人口密度	pd	年末人口数量/行政区域面积
	旅游吸引力	lnta	住宿餐饮业从业人数的对数
	政府干预	gov	政府财政预算支出/政府财政预算收入

表 10-4　主要指标的描述性统计

变量	Obs	Mean	Std. Dev.	Min	Max
lngdp	1 404	16.507	1.219	12.672	19.605
lntra	1 404	13.899	2.314	2.773	18.583
lncm	1 404	8.844	2.984	0.095	15.258
lnrf	1 404	9.716	1.915	1.792	13.556
gov	1 404	1.974	1.144	0.649	12.398

（续）

变量	*Obs*	*Mean*	*Std. Dev.*	*Min*	*Max*
ln*ta*	1 404	0.903	0.742	0.044	4.633
ln*pop*	1 404	6.066	0.69	3.884	7.297
pd	1 404	0.049	0.037	0.002	0.271
sec	1 404	45.310	10.870	14.950	82.280

10.3.3　78 个机场的空间计量实证结果

本研究先分别使用三种不同权重矩阵对我国机场全样本数据进行研究，之后使用经济-空间距离权重矩阵分别对我国东部、中西部机场所在城市进行研究。

本研究首先使用 SDM 模型，并基于三种空间权重对中国 78 个机场展开研究。其中，M_1 是基于特定距离的 0—1 矩阵，M_2 是基于地理距离倒数的矩阵，M_3 是地理距离与经济距离相互嵌套的矩阵。模型回归结果如表 10-5 所示。

表 10-5 显示，在三种权重下，*rho* 均高度显著，表明空间效应显著。在三种权重矩阵下，旅客吞吐量对地区经济的拉动作用均高于货邮吞吐量。此外，值得注意的是，机场飞机次数对地区经济的作用为负数，表明地区飞机起落次数的增加对地区经济产生了负面影响。这是个值得关注的问题，本研究将在下文继续讨论这一现象。此外，三类空间权重矩阵与机场的货邮吞吐量、旅客吞吐量的交互项多数显著，表明机场在货物和旅客流量上的空间效应显著，但 SDM 模型中自变量的系数不代表弹性系数，因此需要计算出直接、空间溢出和总效应，具体如表 10-6 所示，结果仅展示本研究关注的变量。

从表 10-6 中的直接效应分解中可以看出，整体上我国机场的货邮吞吐量和旅客吞吐量对地区经济起正向影响。在分样本估计中，东部机场的客流量仅在 M_1 矩阵下显著对地区经济起促进作用，而中西部机场客流量在三种矩阵下均对地区经济显著起促进作用。与其对应，东部货邮量在 M_1 矩阵下对地区经济的拉动作用显著，而中西部地区机场货邮量的作用在 10% 水平下显著为负或者作用不明显。表明中西部地区机场货邮量的增加对地区经济起到抑制作

畅通国内大循环的基础要素市场配置策略研究

表10-5　中国78机场空间杜宾模型回归结果

	全国 M_1	全国 M_2	全国 M_3	东部 M_1	东部 M_2	东部 M_3	中西部 M_1	中西部 M_2	中西部 M_3
$lntra$	0.026 6***	0.032 4***	0.029 2***	0.016 5*	0.014 0	0.012 4	0.049 1***	0.052 1***	0.052 0***
	(3.04)	(3.54)	(3.38)	(1.72)	(1.45)	(1.34)	(3.35)	(3.45)	(3.45)
$lncm$	0.024 9***	0.022 5***	0.024 8***	0.014 4**	0.004 8	0.008 3	0.020 7**	0.001 5	0.010 8
	(4.27)	(3.75)	(4.31)	(1.96)	(0.68)	(1.18)	(2.25)	(0.16)	(1.21)
$lnrf$	−0.026 3***	−0.021 8***	−0.026 0***	0.016 0	0.031 1***	0.013 1	−0.054 6***	−0.050 7***	−0.055 5***
	(−3.48)	(−2.62)	(−3.50)	(1.55)	(3.17)	(1.43)	(−4.91)	(−4.12)	(−4.87)
gov	−0.045 3***	−0.040 3***	−0.032 1***	−0.142 5***	−0.147 8***	−0.104 7***	−0.040 8***	−0.043 5***	−0.029 9***
	(−6.88)	(−5.98)	(−4.79)	(−7.15)	(−7.61)	(−5.09)	(−5.58)	(−5.85)	(−3.94)
$lnta$	0.068 6***	0.083 0***	0.049 9***	0.074 9***	0.071 0***	0.016 2	0.039 8**	0.018 6	0.049 8**
	(5.02)	(5.92)	(3.74)	(3.98)	(3.89)	(0.90)	(2.09)	(0.94)	(2.57)
$lnpop$	0.414 0***	0.477 4***	0.384 9***	0.250 5***	0.323 8***	0.314 4***	0.881 4***	1.265 1***	0.822 6***
	(8.97)	(9.89)	(8.87)	(4.55)	(6.15)	(6.79)	(8.55)	(11.29)	(7.45)
pd	−0.151 2	−0.033 0	−0.069 4	0.461 0	0.471 3	0.481 9	−6.047 0***	−11.077 4***	−9.422 8***
	(−0.45)	(−0.10)	(−0.21)	(1.55)	(1.62)	(1.69)	(−3.58)	(−6.09)	(−5.59)
sec	0.012 3***	0.011 8***	0.014 2***	0.008 9***	0.008 0***	0.010 2***	0.012 3***	0.012 7***	0.015 8***
	(16.57)	(15.01)	(18.66)	(9.01)	(8.21)	(10.58)	(10.74)	(11.14)	(13.28)
Wx_lntra	0.204 3***	0.254 0***	0.020 2	0.031 3	0.014 9	0.012 7	0.207 4***	0.212 6*	0.127 8***
	(4.76)	(2.83)	(1.17)	(0.70)	(0.25)	(0.95)	(3.65)	(1.95)	(2.70)

（续）

	全国 M_1	全国 M_2	全国 M_3	东部 M_1	东部 M_2	东部 M_3	中西部 M_1	中西部 M_2	中西部 M_3
Wx_lncm	-0.131 3***	-0.082 7	-0.021 1*	0.074 4*	0.109 4**	-0.007 6	-0.148 1***	-0.339 3***	-0.056 8**
	(-4.54)	(-1.38)	(-1.85)	(1.76)	(2.45)	(-0.61)	(-3.94)	(-4.85)	(-2.59)
Wx_lnrf	-0.089 2*	0.087 1	-0.020 9	0.010 9	0.226 4***	-0.008 9	-0.075 6	0.083 8	-0.120 5**
	(-1.88)	(0.94)	(-1.27)	(0.14)	(2.95)	(-0.66)	(-1.45)	(0.99)	(-2.44)
Wx_gov	0.046 4**	0.069 0	-0.002 4	0.252 4**	0.304 9***	-0.009 6	-0.017 4	-0.108 5**	-0.068 0***
	(2.32)	(1.32)	(-0.15)	(2.60)	(2.98)	(-0.32)	(-0.83)	(-2.48)	(-3.33)
Wx_lnta	-0.169 9***	0.223 3	0.142 0***	0.239 4**	0.304 3**	0.118 6***	-0.154 0**	-0.108 3	0.117 8**
	(-3.12)	(1.79)	(4.13)	(2.17)	(2.74)	(3.28)	(-2.30)	(-0.87)	(2.45)
Wx_lnpop	0.377 6**	-0.500 6	0.096 6	-0.218 3	-0.154 4	0.513 8***	0.718 1	3.712 9***	-0.139 1
	(2.50)	(-1.64)	(0.83)	(-0.72)	(-0.72)	(3.61)	(1.47)	(4.27)	(-0.86)
Wx_pd	3.974 1**	0.098 8	3.235 9***	4.529 2**	-0.341 4	-1.377 0	15.213 6	-85.028 6***	12.149 1***
	(2.11)	(0.04)	(3.35)	(2.55)	(-0.24)	(-1.63)	(1.59)	(-5.14)	(3.93)
Wx_sec	-0.007 4***	0.005 7	-0.007 1***	0.019 3***	0.020 3***	-0.001 1	-0.011 8***	-0.039 2***	-0.015 1***
	(-2.61)	(0.91)	(-5.33)	(3.64)	(3.61)	(-0.70)	(-3.16)	(-5.11)	(-5.90)
rho	0.614 0***	0.769 3***	0.375 1***	-0.079 4	0.295 2**	0.242 8***	0.417 6***	0.597 2***	0.158 5***
	(13.00)	(15.08)	(11.96)	(-0.60)	(2.61)	(5.33)	(6.30)	(7.22)	(3.05)
个体效应	控制	控制	控制	控制	控制	控制	控制	控制	控制
时间效应	控制	控制	控制	控制	控制	控制	控制	控制	控制
N	1 404	1 404	1 404	720	720	720	684	684	684

注：括号内显示的为 t 值。* $p<0.1$，** $p<0.05$，*** $p<0.01$。

表 10-6 78 机场 SDM 模型的直接、间接和总体效应

		全国 M_1	全国 M_2	全国 M_3	东部 M_1	东部 M_2	东部 M_3	中西部 M_1	中西部 M_2	中西部 M_3
直接效应	lntra	0.039 1***	0.047 7***	0.032 4***	0.016 5*	0.014 3	0.013 8	0.062 3***	0.065 8***	0.057 2***
		(4.12)	(4.13)	(3.59)	(1.70)	(1.44)	(1.46)	(3.99)	(3.74)	(3.69)
	lncm	0.017 7***	0.018 4***	0.023 0***	0.013 3**	0.006 3	0.007 1	0.011 7	-0.018 3*	0.007 9
		(3.19)	(2.84)	(4.33)	(2.09)	(0.97)	(1.10)	(1.35)	(-1.69)	(0.98)
间接效应	lntra	0.565 3***	1.251 6**	0.045 6*	0.025 4	0.022 4	0.018 9	0.381 2***	0.619 6**	0.154 0***
		(4.42)	(2.55)	(1.78)	(0.62)	(0.27)	(1.16)	(3.88)	(2.06)	(2.85)
	lncm	-0.303 1***	-0.294 2	-0.017 6	0.068 5	0.160 7**	-0.007 6	-0.237 0***	-0.870 9***	-0.063 5**
		(-3.82)	(-1.06)	(-0.99)	(1.64)	(2.31)	(-0.47)	(-4.02)	(-3.70)	(-2.50)
总效应	lntra	0.604 4***	1.299 3***	0.078 0***	0.041 8	0.036 7	0.032 7	0.443 5***	0.685 4**	0.211 2***
		(4.59)	(2.61)	(2.64)	(1.00)	(0.43)	(1.61)	(4.25)	(2.21)	(3.61)
	lncm	-0.285 4***	-0.275 8	0.005 4	0.081 8*	0.167 0*	-0.000 4	-0.225 3***	-0.889 3***	-0.055 7*
		(-3.49)	(-0.98)	(0.27)	(1.89)	(2.33)	(-0.02)	(-3.57)	(-3.66)	(-1.97)

注：括号内显示的为 t 值。* $p<0.1$，** $p<0.05$，*** $p<0.01$。

用，这看似违反常识，但考虑到中国东部和中西部机场的差异，这是容易解释的。中国东部机场经过多年发展多数步入成熟期，对地区政府的依赖较小，而中西部地区的机场仍处在发展、建设期，对地方财政的依赖较大，一些机场为了多获得补贴，便不顾空载率增加航班次数，等于用政府的补贴弥补机场亏损，这可能给地区经济带来一定的压力。另一方面，这也可能是因为中国的经济重心和高端制造业在东部地区，因此，东部地区的航空货运较大，可以显著带动地区经济增长，而中西部高端制造业欠发达，货运量稍显不足，对经济的拉动作用稍显不足。

从空间溢出效应分解中可以发现，全国样本下旅客吞吐量的空间溢出效应在三种矩阵下显著为正，但货邮量的空间溢出效应在 M_1 矩阵下显著为负，且在其他权重下的估计系数也为负，表明我国机场在货邮量上可能存在较强的竞争和空吸关系。在分样本估计中，东部机场各指标的空间溢出效应多数不显著，这可能是由于我国东部机场的发展多进入成熟期，航线网络布局和市场划分已经完成，某机场对周围其他机场的空间溢出效应较小。相比之下，我国中西部地域广阔，航线网络科学布局仍未完成，各大机场为抢占市场份额做了不同努力。在三种矩阵下，中西部机场的客运量对周围地区的经济溢出影响显著为正，但中西部机场货邮量的空间溢出效应显著为负，表明目前西部各机场在航空货运上仍处于激烈的竞争状态。

从表 10-6 的总效应中可以看出，我国机场货邮量的空间效应总体是显著为负或不显著，表明货邮量的增长未能很好地促进地区经济增长。但出现这样的状况值得深思，即使增加机场的货邮量并不能直接改善地区经济状况，为何各地政府仍要在货邮量上展开激烈竞争？

结合中国中西部航空经济的特征事实，出现这样的情况不难解释：中西部航空枢纽之间的发展水平极为接近，各个地区为了吸引东部产业或者防止本地机场运量被过度挤压，纷纷出台各种优惠措施提高本地航空经济的竞争力。这就出现了即使航空货运的经济效应为负，各地政府仍在大力补贴增加货运量的两难困境。

10.3.4　内生性讨论与稳健性检验

被解释变量与解释变量可能存在的双向因果关系是本研究计量模型内生性问题的主要来源，有必要对此进行控制。考虑到为各个解释变量找到各自满足相关性、外生性和排他性的工具变量较为困难，而 Wooldridge（2010）认为如果模型的误差项仅取决于本期扰动，即可采用滞后一期的内生变量代替当期值缓解内生性问题。因此，本研究借鉴邵帅等（2022）的经验，取解释变量滞后一期重新进行估计。同时，为节省篇幅，本研究直接展示 SDM 模型的分解效应。

容易发现，表 10-7 的内容与表 10-6 第 7～9 列的估计结果一致，本研究关注的货运量、客运量的估计系数的显著性程度较前文有一定的改善，表明内生性的环境更有利于得出一致的估计。货运量的直接效应不明显，间接效应和总效应显著为负，表明各地区在航空货运上存在激烈的竞争，且这种竞争给地区经济带来了负面影响。这证明了前文研究结论的稳健性。

表 10-7　解决内生性的回归结果的分解效应

		中西部 M_1	中西部 M_2	中西部 M_3
直接效应	lntra_lag	0.067 5***	0.075 9***	0.060 9***
		(4.24)	(4.18)	(3.84)
	lncm_lag	0.008 8	−0.025 4**	0.007 3
		(0.98)	(−2.19)	(0.88)
间接效应	lntra_lag	0.390 5***	0.732 1**	0.168 8***
		(3.89)	(2.25)	(3.10)
	lncm_lag	−0.253 7***	−0.995 9***	−0.070 8***
		(−4.10)	(−3.70)	(−2.70)
总效应	lntra_lag	0.458 0***	0.808 0**	0.229 6***
		(4.29)	(2.41)	(3.89)
	lncm_lag	−0.244 8***	−1.021 2***	−0.063 5**
		(−3.68)	(−3.68)	(−2.19)

注：括号内显示的为 t 值，* $p<0.1$，** $p<0.05$，*** $p<0.01$。

考虑到样本量可能无法很好代表中国机场的总体情况，本研究牺牲了时间年限，得到了更加丰富的统计样本。同时，为了与前文 78 个机场的矩阵区分，本研究采用新的符号表示空间矩阵。其中，W_1 是基于特定距离的 0—1 矩阵，W_2 是基于地理距离倒数的矩阵，W_3 是地理距离与经济距离相互嵌套的矩阵。基于新样本和新矩阵，本研究再次进行空间计量分析，同理，本研究直接展示了 SDM 模型的空间分解效应。

　　根据表 10-8 内容，机场旅客量的全国样本、西部样本在三种矩阵下估计系数显著为正，东部样本系数为正但不显著，表明除了东部地区，机场旅客量对地区经济呈现积极作用；机场货邮量的情况与其类似，除了东部地区估计系数多数显著为正，全国样本和中西部地区的估计系数显著为负。在空间溢出效应分解中，本研究关注的货邮量在三种矩阵下多数不显著，但值得注意的是，在更能反映"经济-空间"差异的 W_3 矩阵估计结果中，全国、东部和西部机场的货邮量估计系数均为负数，这在一定程度上反映出我国机场总体上仍处于货邮量竞争的阶段。

　　对比表 10-8 和表 10-6 的内容，发现表 10-8 在各个矩阵下的估计结果与表 10-6 差异不大，但表 10-8 的估计系数符号更加一致，表明扩大样本量更有利于得出一致的估计量。同时这也进一步证明了前文研究结果的稳健性。

　　综上所示，使用空间杜宾模型检验了中国中西部航空经济的空间效应，得出当前中西部各个航空经济区在货邮量上存在激烈竞争的结论。在下面的分析中，本研究将重点关注航空特惠政策对机场货邮量的影响。如果特惠政策能显著提升机场货邮量，那么这种政策将会加大机场间的虹吸作用，并引发更加激烈的特惠竞争。

10.4　基于合成控制法的特惠制效应评估

　　要研究特惠政策对机场发展的作用，可以比较该机场在政策实行成立前后机场旅客增长率、货邮增长率以及飞机起落架次增长率的变化。然而影响特惠政策实行之后机场发展的因素有很多。一个机场在实行特惠政策之后机场人流货流更高，背后的原因也可能并非政策的实行，而是其他宏观环境的原因；而较少的机场流量也并非一定是没有实行特惠政策的后果，而可能是遭受了其他负面冲击的影响。别除影响机场流量的一般性因素的一种常见计量方法是双重差分法（Difference in Difference，DID），其原理是构建有政策影响的"处理组"和没有政策影响的"对照组"，通过控制其他的相关因素，对比政策实行前后处理组和对照组之间的差异，从而解释政策对处理组的作用。一般而言，对政策效果进行评估需要知道以下要素：政策措施、观察结果和对照组。研究"政策措施"对"结果"的影响时，对照组就自然成为参照。应用 DID 必须满足随机性假设和同质性假设，其中随机性假设要求样本选择是随机的，同质性假设要求处理组和对照组在政策实施前具有类似的发展趋势。机场特惠政策的

表10-8 扩展到138个机场SDM模型的直接、间接和总体效应

		全国 W_1	全国 W_2	全国 W_3	东部 W_1	东部 W_2	东部 W_3	中西部 W_1	中西部 W_2	中西部 W_3
直接效应	ln*tra*	0.048 3***	0.075 8***	0.050 7***	0.006 3	0.029 2	0.025 3	0.061 2***	0.089 7***	0.057 1***
		(5.28)	(4.20)	(4.92)	(0.42)	(1.62)	(1.53)	(4.96)	(4.82)	(4.07)
	ln*cm*	−0.004 2	0.003 8	−0.014 4***	0.030 7***	0.027 5***	0.004 2	−0.010 8**	−0.009 4	−0.022 8***
		(−1.13)	(0.51)	(−3.44)	(4.23)	(3.18)	(0.56)	(−2.39)	(−1.57)	(−4.36)
间接效应	ln*tra*	0.473 0***	4.586 6**	0.003 5	−0.134 7	1.262 6***	0.075 1*	0.420 8***	2.542 8**	0.107 7
		(3.75)	(2.26)	(0.11)	(−0.81)	(2.62)	(1.91)	(3.72)	(2.36)	(1.57)
	ln*cm*	0.028 6	1.706 3**	−0.023 2	0.324 3***	0.349 4	−0.087 4***	0.013 9	0.316 8	−0.001 7
		(0.74)	(2.06)	(−1.31)	(3.64)	(1.54)	(−3.20)	(0.41)	(1.06)	(−0.06)
总效应	ln*tra*	0.521 3***	4.662 4**	0.054 2	−0.128 4	1.291 8***	0.100 3**	0.482 0***	2.632 4**	0.164 9**
		(4.02)	(2.28)	(1.47)	(−0.74)	(2.61)	(2.18)	(4.09)	(2.41)	(2.21)
	ln*cm*	0.024 5	1.710 2**	−0.037 6*	0.354 9***	0.376 9	−0.083 2***	0.003 1	0.307 4	−0.024 5
		(0.62)	(2.05)	(−1.95)	(3.81)	(1.61)	(−2.74)	(0.09)	(1.01)	(−0.85)

注：括号内显示的为 t 值。 * $p<0.1$， ** $p<0.05$， *** $p<0.01$。

实施在航空运输业中由来已久，有的地区并未公布正式文件以支持航空经济的发展，目前已知的最早公布特惠政策文件的只有郑州市政府，这给处理组和控制组的选择造成了一定困难。

Abadie & Gardeazabal（2003）、Abadie 等（2010）提出的合成控制法（Synthetic Control Method，SCM）对不同的控制组个体赋予不同的权重，基于这些权重构建政策干预个体的"反事实"控制组并模拟处理组在受到政策影响前的特征，将真实的处理组数值与合成值进行对比得到政策处理效应。SCM 采用数据驱动的方式赋予合成个体权重，给出每一个合成个体对"反事实"控制组的贡献，有效克服了样本选择的主观性和内生性问题，弥补了 DID 方法在政策评估中的局限性。

10.4.1　合成控制法原理

基于反事实分析的思想，本研究采用 SCM 方法分析特惠政策对机场客流量、货邮量的影响。假设有 $N+1$ 个区域，设区域 1 在 t_0 时期颁布特惠政策，其余 N 个地区未实施该政策。构建如下模型：

$$Y_{it} = Y_{it}^N + \alpha_{it} R_{it} \qquad (10-25)$$

其中，Y_{it} 表示地区 $i(i=1，\cdots，N+1)$ 在 t 时期因变量的观测值，Y_{it}^N 表示未受政策影响的地区 i 在时期 t 的变量潜在结果，R_{it} 表示区域 i 在 t 时期的特惠政策干预情况（受到政策干预的区域取值为 1，否则为 0）。对于其余 N 个未受政策影响的地区，在 $t > t_0$ 时期，特惠政策的效应可以表示为 $P_{it} = Y_{it} - Y_{it}^N$，因 Y_{it}^N 无法观测，需要先估计出 Y_{it}^N，然后求出政策效应 P_{it}。

借鉴 Abadie 等（2010）构建的因子模型：

$$Y_{it}^N = \beta_i + \delta_t X_i + \lambda_t \mu_i + \varepsilon_{it} \qquad (10-26)$$

其中，β_i 是时间固定效应，δ_t 是 $1 \times K$ 维的时变参数向量，X_i 是 $K \times 1$ 维可观测向量，λ_t 是 $1 \times F$ 维的时变参数向量，μ_i 是 $F \times 1$ 维不可观测向量，ε_{it} 是均值为 0 的随机扰动项。该模型允许不可观测变量对因变量的影响随时间变化。

通过构建一个 $N \times 1$ 维的权重向量 $W = (w_2，w_3，\cdots，w_{n+1})'$ 来估计区域 1 在 t_0 时期后的反事实结果 Y_{it}^N，每个控制组的区域 i 的权重 $w_i \geqslant 0$ 且 $w_2 + w_3 + \cdots + w_{N+1} = 1$。因此 Y_{it}^N 是控制组所有区域加权平均得到的估计值。受政策干预地区的因变量可写为：

$$\sum_{i=2}^{N+1} w_i Y_{it} = \beta_i + \delta_t \sum_{i=2}^{N+1} w_i X_i + \lambda_i \sum_{i=2}^{N+1} w_i \mu_i + \sum_{i=2}^{N+1} \varepsilon_{it} \quad (10-27)$$

假设存在权重组合 $W^* = (w_2^*, w_3^*, \cdots, w_{n+1}^*)'$，则有政策实施 t_0 期前：

$$\sum_{i=2}^{i+1} w_i^* Y_{i1} = Y_{11}, \quad \sum_{i=2}^{i+1} w_i^* Y_{i2} = Y_{12}, \quad \cdots, \quad \sum_{i=2}^{i+1} w_i^* Y_{it_0} = Y_{1t_0}$$

$$(10-28)$$

$$\sum_{i=2}^{i+1} w_i^* X_i = Z_1 \quad (10-29)$$

得到政策估计值 P_{it} 的主要步骤是找到合成个体的权重向量，通过最小化 X_1 和 $X_0 W$ 之间的距离函数 $\sqrt{(X_1 - X_0 W)' V (X_1 - X_0 W)'}$ 可以确定合成个体向量的权重 W^*。其中 X_1 是处理组在政策实施前区域的 $R \times 1$ 维特征向量，X_0 是控制组的 $R \times N$ 维特征向量，第 i 列是地区 i 在政策实施前相应的特征变量，V 是 $R \times R$ 维对称的半正定矩阵。本研究采用 Abadie 等（2010）提出的程序选择合适的 V 和 W 来最小化特惠政策实施前合成地区与处理组的机场客流量和货流量变化轨迹。

10.4.2 特惠政策效应实证分析

本研究合成控制法的研究对象是中西部各省市的机场，划分区域的依据来自《中国统计年鉴》（2019）。本章节使用了 19 年的平衡面板数据，其中中西部机场的数量为 36 个。本章未采用容量更丰富的 87 个样本的原因有以下三个方面：一是 SCM 要求较长的政策前期数据以得到政策实施前更加明显的拟合曲线，但我国机场数据存在部分缺失，如欲获得长期的平衡面板数据，就必须舍弃一定的样本量，本章采用 36 个机场是一种妥协的举措；二是这 36 个机场是在王全良（2017）、陈欣等（2019）等人研究数据的基础上搜集的，已经涵盖我国中西部主要的机场，因此能得到较为一致的估计；三是前文采用两组样本的空间计量模型的结果差别不大，由此合理推测本章仅使用一组样本得到的结果不会存在较大误差。

在处理组和控制组的选择上，笔者整理了中西部各市政府的文件，但特惠政策在航空业存在时间较久，这导致远超平常的特惠政策较难被识别出来，本研究仅将可观测到的特惠政策的实施时间作为政策节点，具体如下：2012 年河南省率先出台了《关于支持河南省航空物流业发展的若干政策》和《河南省扶持郑州新郑国际机场引进基地航空公司优惠政策》。为加快郑州航空港的建设，河南省在积极向国家争取优惠政策的同时，又制定了 20 条优惠政策，这些政策在航班补助、航线开拓奖励、场地租用费用减免和补助、用地、融资、人才引进等方面予以特惠。因此，本研究选取郑州新郑机场为实验对象，此时中西部其他机场暂时未受到特惠政策的影响或影响程度不如郑州高，自然成为对照组。

合成控制法以数据驱动的方式得到控制组的权重，可以实现最小化特惠政策实施前实验对象和合成控制组的均方误差（the Root Mean Square Prediction Error，RMSPE）。预测控制变量的拟合情况如表 10 - 9 所示。

表 10 - 9 显示郑州市机场的旅客和货邮吞吐量与合成地区比较相似。货邮量和客流量的 $RMSPE$ 均小于 0.1，各个合成地区的经济发展水平（$\ln gdp$）、政府干预（gov）、人口（$\ln pop$）、产业结构（$esis$）等预测控制变量与真实水平十分接近。2001 年和 2006 年合成地区的机场发展指标与实验地区高度相似，可以证明 SCM 方法的拟合效果较好。

表 10 - 9　PMSPE 比较情况

地区	政策实施前应用合成控制法的预测质量							
	$RMSPE$	$\ln cm$（2001）	$\ln cm$（2006）	gov	$\ln ta$	$\ln pop$	pd	$esis$
郑州市机场货邮量	0.093 1	9.851	10.836	1.134	1.494	6.625	0.103	0.067
合成机场货邮量		9.851	10.757	1.683	1.268	6.636	0.075	0.067
郑州市机场客流量	0.072 3	14.236	15.171	1.134	1.494	6.625	0.103	0.067
合成机场客流量		14.254	15.217	1.299	1.455	6.477	0.070	0.067

合成地区的权重列于表 10 - 10。针对郑州市机场货邮量指标，合成地区包括南昌市（0.145）、成都市（0.522）、武汉市（0.188）、通辽市（0.137）、银川市（0.008），表明在货邮量指标上，郑州与成都最为接近。同理，在郑州市机场客流量指标上，长沙与郑州较为接近。

表 10 - 10　郑州机场发展指标的合成地区权重

受政策影响的对象	合成地区（权重）			
郑州市机场货邮量	南昌市	0.145	成都市	0.522
	武汉市	0.188	通辽市	0.137
	银川市	0.008		
郑州市机场客流量	合肥市	0.238	武汉市	0.341
	洛阳市	0.041	长沙市	0.380

本研究将样本分为事件前窗口期（2001—2012 年）和事件后窗口期（2013—2018 年），从而更好地研究郑州市实施的特惠政策的直接政策影响。但由于不同地区之间经济发展水平、人口数量、产业结构存在差异，采用合成控制法构建出较好拟合实验机场在政策实行前发展指标的合成对象十分重要，如此才能一定程度上使事件后窗口期实验对象和合成的机场发展指标间差值能体现该政策的效应。

进一步，本研究对政策实施前地域禀赋拟合较好的实验机场客、货流量指标进行合成控制，估计结果如图 10 - 2。图 10 - 2 中显示，特惠政策实施前，

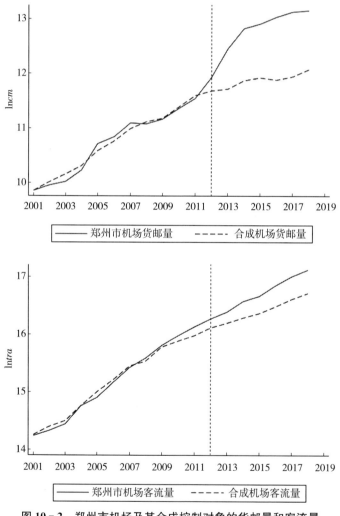

图 10 - 2　郑州市机场及其合成控制对象的货邮量和客流量

实验机场和合成机场的客、货吞吐量拟合度总体较好，在政策实施后，新郑机场的旅客吞吐量和货邮吞吐量均出现增加趋势。其中，可以看出，在政策实施前约一年，实验对象和合成对象的观测值就出现了差异，这有可能是政策的提前效应，在郑州市政府正式公布特惠政策前，已有企业得知消息签订合作项目，提前享受特惠政策。但和货邮量相比，旅客吞吐量变化相对不明显，这是因为货邮的订单主要来自企业，客流量更具有自发性，这一定程度更加印证了该政策的提前效应。

10.4.3　合成控制法的稳健性检验

借鉴 Abadie 等（2010）的研究，本研究采用排序检验法和虚假实验来检验前文结果的稳健性。

根据前文内容，实验对象和合成对象的旅客吞吐量和货邮吞吐量在政策实施后出现差异，但不排除有其他因素的影响。本研究采用排序检验法排除其他政策因素的干扰性和偶然性，该方法主要用于分析反事实实验的稳健性，其原理为：假设控制组机场所在城市分别在 2012 年实施特惠政策，应用合成控制法构造出合成对象，然后与各机场实际发展指标进行对比。如果得到的标准变化程度（实验对象实际观测值与合成对象观测值之差与当期实际观测值的百分比）存在显著差异，说明二者之间的政策效应差异大，特惠政策能显著影响实验地区，政策效应显著。如果排序检验得到的政策效应差异不明显，则需要进一步研究。

本研究对新郑机场之外的 37 个控制组样本进行排序检验，但如果实验对象的 RMSPE 较大，则表明无法找到合适的权重对控制对象的观测值进行拟合，不满足合成控制法的假设。本研究参考 Abadie 等（2010）的做法，在控制组中剔除 RMSPE 五倍于实验对象的机场，最终针对货流量和客流量两种变量分别得到 25 个和 32 个样本。绘制出实验对象（新郑机场货流量和客流量）和其他机场标准变动程度的折线图。如图 10 - 3 所示，特惠政策实施前新郑机场的货邮量和其他机场的差异较小，政策实施后，新郑机场的货邮量与其他机场的货邮量标准变动程度差异逐渐增大，新郑机场的货邮量分布图位于其他机场外部，这证明了特惠政策效应的有效性。如果给予随机处置，有 1/25，即 4% 的概率会出现新郑机场货邮量和合成新郑机场货邮量之间类似的变异程度。因此，特惠政策对机场货邮量的影响效应在 4% 的水平上显著。但图 10 - 3

中，郑州新郑机场与其他机场的客流量在政策实施后标准变化程度差距没有显著增大，其分布位于其余机场内部，表明特惠政策对新郑机场的旅客吞吐量的政策效应不显著。这反映了特惠政策带来的交通成本降低效应可能仅对机场货邮量有效，旅客不会因为机票价格降低而大量增加飞机出行的次数。但特惠政策是否对机场旅客吞吐量无效仍需进一步检验。

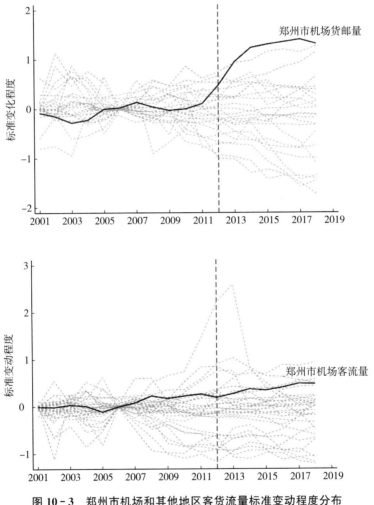

图 10-3 郑州市机场和其他地区客货流量标准变动程度分布

为了避免排序检验结果可能因随机性不足问题而出现偏差，本研究进一步采用虚假实验（Falsification Test）的方法进行稳健性检验。其思路为：选择未实行特惠政策的机场进行分析，如果政策实施前该机场与新郑机场的发展指

标类似，而政策实施后其真实值和合成值之间差异较大，则说明前文的政策效
应分析结果不稳健。否则，本研究分析结果可信。

考虑两种极端情况，分别构建实验对象（新郑机场的货邮吞吐量和旅客吞
吐量）权重最大和权重为零的机场发展指标。权重最大说明该机场指标与实验
对象最为相似，权重为零表明两机场指标差异较大。图 10 - 4、图 10 - 5 分别
列出了新郑机场两个变量的稳健性检验结果。从两幅图可以发现，新郑机场货
邮量指标的虚假实验对象（成都市、西安市）的实际观测值与合成值的差异，

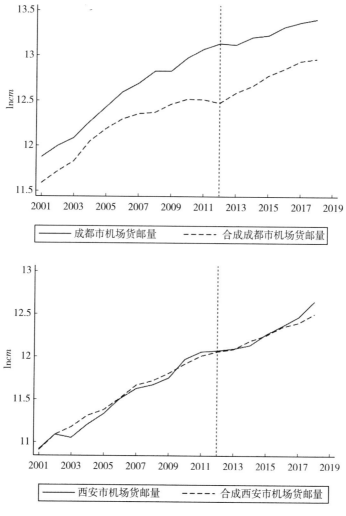

图 10 - 4　新郑机场货邮量的虚假实验

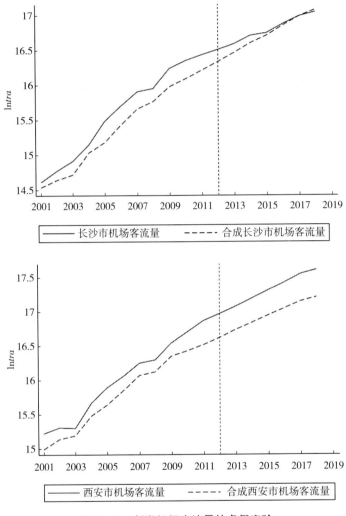

图 10 - 5　新郑机场客流量的虚假实验

在 2012 年后均未出现与新郑货邮类似的趋势。但新郑机场客流量的虚假实验组（长沙市、西安市）的货流量变异趋势与新郑机场类似。这与排序检验的结论一致，更进一步说明了特惠政策仅对实验机场货邮量产生了影响。出现这一现象的原因很好解释。首先，我国东部机场向中西部转移的产业是货邮，与客流相比，货邮更能改善地区产业结构，推动经济发展；其次，自从 2002 年机场归属地改革以来，航空货邮的贡献率超过了客运（Sun & Li，2011），航空货邮运输已经成为地区经济增长的发动机。

根据以上的研究内容，特惠政策的主要作用是提高机场的货邮量，而上一章的内容表明中西部航空经济区在货运量上存在明显的竞争关系。由此易于推断出：特惠政策的实施将会加剧这种竞争关系。特别地，飞机起落架次和货邮量的增加对地区经济产生了负面影响，表明针对机场的补贴给地区财政带来了一定压力。但为了降低周围地区特惠政策的虹吸效应，保护本地航空经济，各地区政府在机场持续亏损的情况下对其实行长期的补贴，由此航空经济的发展趋向于地区政府间的"特惠竞争"。

10.5　特惠政策的作用机制和新时期下的适用性讨论

前文已证实了特惠政策会加剧中西部的货运竞争，本章分析了特惠政策的作用机制，进而分析其在新时期下的适用性。

10.5.1　特惠政策的作用机制分析

机场可以加速劳动力资本在区域间的流动，促进产业结构升级和区域经济转型（宋伟、杨卡，2006；David & Saporito，2017）。特别是对地处内陆的中西部地区，航空运输的作用在于打破地理环境的限制。因此，我们将从人力资本、产业结构和外商投资三个方面来检验优惠政策的作用机制。该模型如下所示：

$$Y_{it} = \alpha_1 + \beta_i D \times \theta_i + \delta_i X_i + \mu_i + \upsilon_t + \varepsilon_{it}，\ D = d_i \times d_t \quad (10 - 30)$$

其中，Y 为区域经济水平，α_1 为常数，政策效应（D）为时间虚拟变量 d_t（2011 年后为 1，否则为 0）和区域虚拟变量 d_i（受到特惠政策影响的地区取 1，其余为 0）的交互项。θ 为核心解释变量（人力资本、产业结构、外商投资）的交互项系数。在本研究中，政策效应 D 和三个变量的交互项被用来检验政策作用机制。X 是一系列控制变量，如机场货流量、客流量、政府干预、人口密度等。此外，该模型还控制了个体效应和时间效应，检验结果见表 10 - 11。

表 10 - 11　特惠政策的作用机制

	基准检验	产业结构	外商投资	人力资本
D	0.351 5***	2.108 9***	2.916 8***	5.872 7***
	(8.51)	(11.85)	(8.90)	(6.02)

（续）

	基准检验	产业结构	外商投资	人力资本
ln*tra*	0.054 4*	0.056 1**	0.054 1*	0.054 4*
	(1.96)	(2.03)	(1.93)	(1.95)
ln*cm*	−0.021 6	−0.022 5*	−0.021 6	−0.021 6
	(−1.61)	(−1.69)	(−1.60)	(−1.61)
ln*rf*	−0.036 5	−0.036 8	−0.036 1	−0.036 5
	(−1.36)	(−1.36)	(−1.34)	(−1.36)
gov	−0.013 0*	−0.012 1*	−0.013 0*	−0.013 0*
	(−1.80)	(−1.73)	(−1.80)	(−1.80)
ln*ta*	0.004 6	0.004 8	0.004 6	0.004 7
	(1.28)	(1.35)	(1.29)	(1.32)
ln*pop*	0.692 4***	0.726 2***	0.689 0***	0.693 2***
	(2.70)	(2.72)	(2.68)	(2.70)
pd	0.429 2	0.500 4*	0.420 6	0.431 4
	(1.48)	(1.77)	(1.44)	(1.49)
sec	0.015 3***	0.015 5***	0.015 4***	0.015 3***
	(5.21)	(5.34)	(5.25)	(5.22)
forcom	0.112 2**	0.111 7**	0.114 0**	0.111 9**
	(2.47)	(2.48)	(2.49)	(2.46)
ln*tea*	0.030 5	0.031 8	0.031 2	0.031 0
	(0.81)	(0.85)	(0.83)	(0.82)
D_*sec*		−0.035 8***		
		(−12.21)		
D_*forcom*			−0.637 2***	
			(−7.88)	
D_ln*tea*				−0.508 4***
				(−5.84)
_*cons*	8.480 4***	7.899 3***	8.528 9***	8.461 6***
	(6.05)	(6.36)	(5.96)	(6.06)
个体效应	控制	控制	控制	控制
时间效应	控制	控制	控制	控制
R^2	0.759	0.767	0.760	0.759
N	783	783	783	783

注：括号内显示的为 t 值，$*\ p<0.1$，$**\ p<0.05$，$***\ p<0.01$。

第一列不包括核心解释变量的交互项，本研究将其作为基准回归。在第二列中，产业结构对区域经济有正向影响，但政策效应与产业结构的交互项为负，说明优惠政策对产业结构的改善在经济发达的地区难以起到良好的效果。在第三列中，政策效应和外商投资的估计结果都显著为正，政策的实施可以通过吸引外资促进区域经济发展。两个变量的交互项明显为负。随着区域外商企业数量的增加，优惠政策对区域经济的促进作用越来越弱。与其类似，第四列的结果同样表明随着人力资本的提高，特惠政策发挥的作用十分有限。这一结果与现有研究的结论一致。在人力资本和产业水平较差的地区，优惠政策可以起到良好的支持作用。但是，随着经济社会的发展，优惠政策对经济的促进作用逐渐减弱（白重恩，2015）。

同时，这一结论也表明在经济发展到一定程度的地区，特惠政策很难取得巨大的经济效益。尤其是考虑到航空经济是区域经济趋向成熟后的产物，一味对其补贴，打"价格战"，只会扰乱市场秩序。

以陕西省为例，韩国三星公司 2018 年在中国进口货量每月约为 300 吨，其中 54% 左右的货量主要通过西安机场运输，而 30% 和 16% 分别通过浦东机场和郑州机场运输；出口量每月 350 吨，一半货量主要从西安机场运输，其余一半货量，由于西安货运航线的舱位供给不足，流失到郑州等城市再空运出口，陕西年流失货量超 3 000 吨。

三星公司的情况只是一个缩影，据不完全统计，外省每年分流西安外贸进出口航空货物总量达 1.5 万吨，占西安国际航空物流运输存量的 40%。为了挽回这部分流失的货物，西安于 2019 年 7 月出台了《加快通用航空产业发展的扶持办法》和《西安国家民用航天产业基地招商引资"引税"奖励办法》，在招商引资和机场运行方面给予的优惠远超中西部其他地区。在东部机场向中西部转移过程中，这样的政策无疑是十分吸引人的，因此航天公司很可能会选择政策更优惠的地方。同时，西安、成都、郑州、武汉属于相互辐射圈，在航空资源上存在竞争。某地对航线进行大力补贴，将会抢夺原本属于其他地区的货运资源，为了避免本地的航空产业被过度挤压，其他地区也难免会采取相应的优惠政策来抵消特惠政策的影响。各个机场的生产成本暂时降低、货运量提高，原本走陆路的货物也选择成本降低到可以接受的空运，但是总体上中西部的航空货运成本呈上升趋势，显然这是不利于地区持续发展的。此外，这也可能诱导航空公司通过使用大机型，以低客座率换取高补贴标准，相当于拿财政补贴来弥补经营效率低下的问题。这就可以解释为何机场的飞机起落架次的增加对地区经济起负向影响。

10.5.2 新时期下的航空特惠制度的适用性讨论

目前，我国经济已经从高速的粗放发展转向中高速的高质量发展，而地方政府需要保有权利、能控制资源分配，这样才能给企业优惠，给政府带来各类激励。考虑到现实情况，中西部地区临空经济实现从特惠制向普惠制发展是可能的。因为特惠模式的实行需要一些条件：一是普惠制度还不完善；二是地方政府有能力帮助；三是地方政府因存在激励而予以帮助；四是地方政府不会帮助所有人，只会帮助某些特定企业。在我国进入到供给侧改革的新时期，普惠制度逐渐完善，经济结构不断优化，只要进行适当的政策调整与优化，就可以消除特惠制的不利影响。

同时，国家临空经济区历经十余年的建设和积累已经进入"二次创业"的阶段，作为一种新的经济形态和区域经济的重要内容，一味地对其进行特惠很可能会扰乱市场秩序。此外，考虑到航空枢纽承载了地方政府提高 GDP 的期望，其希望通过航空经济的极化效应拉动经济高速发展的目标，也违背了中国经济高质量发展的初衷。因此，在航空经济领域由"特惠制"向"普惠制"转变，不仅有利于航空经济高质量发展，也有利于各地区政府摒弃"唯 GDP"的理念，切实做好产业结构优化、增进民生福祉。

至此对特惠政策的作用机制进行研究，发现在人力资本、产业结构、外商投资情况较好的地区，特惠政策难以发挥出预期的成果。同时，在经济发展新阶段下，特惠政策越来越不适应经济高质量发展的要求。在我国经济结构供给侧改革、普惠制度不断完善的背景下，特惠政策的生存空间也会被不断缩小，如能进行适当的调整，就可以消除特惠政策的不利影响。

根据以上研究，本研究总结出如下结论，提出促进中国中西部航空枢纽协调发展的政策建议，最后反思了本研究的不足并对未来研究进行展望。

本研究在中国经济迈入高质量增长阶段、航空经济因新冠疫情陷入低迷的背景下，讨论了中国中西部航空枢纽特惠竞争的问题。首先使用空间杜宾模型研究了中国机场的空间效应，之后使用合成控制法评估了特惠政策对机场货流量、客流量的影响，最后通过机制检验探明特惠制度的作用机制。

研究发现：①中国中西部机场在空间杜宾模型中的空间间接效应显著为负，各个机场在货物运输上存在激烈的竞争关系；②航空特惠政策能显著提升机场的货运量，但其对客运量的影响不显著，一系列的稳健性检验结果均支持这些结论；③在人力资本、产业结构、外商投资状况较好的地区，特惠政策难以发挥预期的经济效应。从目前的情况来看，临空经济中存在的特惠政策将会加剧中西部地区航空经济区在货运量上的竞争，对经济效益的追求导致竞争倾向于提升货运、客运数量，而忽视航空经济区的综合、高质量发展，从长远看不利于地区经济结构的优化升级、转型发展，并阻碍中国经济"降速提质"。

结合上文结论，本研究提出如下政策建议以促进中西部航空枢纽高质量发展。

（1）改善锦标赛制，注重经济高质量发展。 在我国"一穷二白"之时，发展地方经济是第一要务，这时 GDP 在某种程度上就代表了人民生活幸福程度，"GDP 锦标赛"满足了政府和人民的需求。随着我国社会制度的演进和经济的发展，各项经济制度日渐完善，社会的主要矛盾也从单纯的物质文化与生产力的矛盾转化为人民日益增长的美好生活需要和不平衡不充分的发展之间的矛盾。此时，我国的经济也进入新常态，经济发展目标从高速发展转变为保持中高速发展。但是，让经济"降速"总会遭到阻碍，其中，"GDP 锦标赛"模式是其重要原因。在完成上级政府 GDP 发展任务的地方领导升职机会大的情况下，地方政府会采取特惠政策大力扶持特定企业，使其迅速扩张拉动 GDP 增长。可以说，"GDP 锦标赛"制度正是特惠制度形成的直接原因。改善"GDP 锦标赛"制度，就要改善政府工作人员晋升制度，不能单以 GDP 的增长作为唯一政绩，也不可单纯以 GDP 的高低来评判各省经济发展的好坏。

特别地，在新冠疫情的影响下，我国航空经济面临着长期的低迷期。地方政府和民航管理局需要适时调整发展方向，追求区域协调发展，摒弃经济效益优先的理念，调整业绩评估标准，降低对货运、客运量的要求，切实做好每次飞行的各项安全检查和防疫检查，注重提升服务质量和客户满意度，降低航班"熔断"风险，增强航空经济的发展韧性并实现高质量发展。

（2）统一空港油价，避免过度补贴。 政府实施特惠政策的直接目的是降低本地航空运输的成本，其中，燃油价格是航空运输成本中重要的一部分。因此，应提倡中西部省份对于航空港区的燃油形成统一定价或者补贴联动机制，避免出现部分地区为了吸引航班起降而对油品过度补贴甚至是免税的不正当竞争情况。

（3）形成补贴政策的区域协商机制，针对大型跨国企业实行透明政策。 价格战不会有真正的赢家，中西部地区需要非常清楚地认识到恶意竞争的危害，根据各地经济的特点和优势，形成临空经济的重点发展路径，走差异化道路，并形成透明、高效的区域协商机制，尤其各地区对大型跨国企业的航运优惠政策需要向社会公布，以减少地方的不正当竞争，也可以阻止外企在华获取非正当的补贴，减少对于国民经济的负面影响，提倡公平竞争。

（4）区分补贴重点，逐渐实现"特惠制"向"普惠制"的转化。目前，中国支线航空更多起到一种公共服务的作用，对于带动落后地区的经济发展、提升民生福祉具有重要的作用，但是此类航线客流量和货运量一般不足以让航空公司盈利，政府可制定若干年的发展计划，对这类支线航空进行适度补贴，让其不至于无法运营。而中西部的主线航空大多基础设施完善、发展成熟，政府需要逐步取消对其的特惠补贴，逐渐实现"特惠制"向"普惠制"的转化。

第 11 章　突发能源安全事件对于
绿色发展的影响

突发能源安全事件对于实施国家能源安全战略，保障能源安全治理体系，应对灾后生产恢复工作等均有重要的影响，同时，这些影响也可能是长周期的并且跨地区的，本章以 2011 年 3 月 11 日日本福岛核泄漏事件对于中国碳排放的影响作为案例，具体展开讨论其影响及作用机制。

11.1　突发能源安全事件的影响与评价

20 世纪 70 年代之后，由于全球性资源约束和环境恶化问题趋于严峻，可再生能源由此进入大规模推广和应用时期。清洁能源是从其低排放的特性上来界定的，新能源以新技术为基础，是相对于常规能源而言的。按照联合国的定义方式，核能并没有包含在新能源和可再生能源的范畴内，但是核能是新能源似乎是中国人常识性的东西，这主要因为核能满足了具有高开发价值的新型能源的条件，其经济效益的附加值非常可观。

11.1.1　重大突发安全事件对清洁能源的影响

清洁能源的发展存在着争议，其中以核电为甚。福岛核事故是自 1986 年切尔诺贝利核事故以来最大的核灾难，再次唤起人们对世界各地核安全的关注（Butler et al.，2011；Hayashi & Hughes，2013；Visschers & Siegrist，2013；Huang et al.，2013），与核安全相关的道德问题，如污染、环境、健康等也成为热门话题（Butler et al.，2011）。

第一条主线是核事故对核电发展的直接影响。在核事故发生后，部分国家在福岛核事故后改变了核能发展战略甚至放弃核电（Lee & Wang，2014）。总体说来，福岛核事故后，各国对核电发展的态度可以分为以日、德为代表的"弃核派"和以中、美为代表的"核改派"两大阵营（Butler et al.，2011；

Joskow & Parsons，2012；Kim et al.，2013；Ming et al.，2016）。所谓"弃核派"是指通过逐渐减少核电站的数量来逐步达到放弃使用核能的目的，而"核改派"则主要强调加强对核能的合理开发利用以及提高核电的安全性。能源供给的紧缺性和需求的急迫性之间的矛盾，以及核电与传统能源相比在减排和成本方面的优势，决定了中国核电发展的整体趋势在福岛核事故之后不会产生根本性逆转。但是福岛核事故的确在一定程度上造成中国既定的能源结构低碳化进程受到冲击，抑制了中国核电的发展。这体现在以下几个方面。第一，中国目前暂停审批新建核电项目，核电发展速度将受此影响。根据国网能源研究院的判断，核电开工减缓1～2年将可使2020年装机规模减小1 000万千瓦以上。第二，中国内陆核电建造计划搁置将影响中西部地区发展（Zhu and Krantzberg，2014）。第三，核电重启缓慢对设备制造企业影响较太，如东方电气、中国一重，这势必给中国后续的核电建设造成压力。

第二条主线是核事故的间接作用，即其引发的恐核情绪对中国核电发展的影响。一般情况下，由于邻避效应，居住在核电站附近的居民对核能的态度较为消极（Dan，2007；Guo & Ren，2017），这种情绪在福岛核事故后更加显著（Lee & Wang，2014；Kessides，2012；Srinivasan & Rethinaraj，2013）。根据Laes等（2011）对24个国家的18 787名成年人进行的一项调查，62%的受访者反对核能，26%的反对者报告说福岛事故改变了他们原来的观点。其中，中国民众对核电的态度变化尤为明显，核电站周边居民普遍不愿意让再建设新的核电项目（Huang et al.，2013；Huang et al.，2018）。

在"恐核"情绪下，几处核电相关建设项目都因当地居民的反对而搁置。在此情势下，为平衡国际发展趋势与国内民意需求间的背离，政府制定核电政策议程将会采取更加谨慎的做法。目前来说，对核的恐惧给中国带来的损失，将远远超过核泄漏本身。后福岛时代公众对核电建设愈发敏感，如何协调核电建设项目和居民的关系成为一个重要的命题。

第三条主线是福岛核事故对中国其他清洁能源的影响。一些研究表明，相对于核能，更多人支持可再生能源（McGowan & Sauter，2005；Pidgeon et al.，2008）。这种趋势在福岛核事故后更加明显，Wallard等（2012）的研究表明，相比核能（38%），公众更喜欢太阳能（97%）、风能（93%）和水力发电（91%）等可再生能源。一批学者将目光转向了风电、水电、生物能、地热和潮汐、氢能等可再生能源，寻求能替代核能的其他清洁能源，并提出实现能源结构多元结构化的观点（Notter，2015；Sorensen，2017）。

11.1.2　福岛核泄漏事件对于能源战略的影响

　　福岛核泄漏事件发生以来，公众对核电站的建设愈发敏感，如何协调核电建设项目和居民的关系成为一个重要的命题。在福岛核事故之后的十年时间里，公众对核能的接受度与科学家呈现较大的差异，研究表明内部因素（个体因素）和外部因素（制度、技术因素）是这种差异存在的原因。其中，外部因素是民众和科学家对核能持不同态度的主要原因（Groot et al.，2013）。居民对核电的担忧更深层次的原因是对信息公开不及时、参与机制不健全等因素的不满（Huang et al.，2013）。美国核管会主席 Richard A. Meserve 指出："公众的态度对决定核技术能否面临 21 世纪的挑战并成为能源技术的一部分，将起到至关重要的作用。而且，理解并面对公众的关注是核能管理在任何情况下的中心任务。"

　　受公众情绪的影响，原本努力发展核能的国家不得不面对核电规避的问题，这些国家对核电发展的态度可以分为以日、德为代表的"弃核派"和以中、美为代表的"核改派"。中国出台了简称"国四条"的应对措施，国家政策从"积极发展"核电转变为"安全稳健发展"，表明中国核电将从高速发展转向到科学理性发展的轨道。核电发展规模下调，产业发展进程放缓，对于中国实现 2035 年碳达峰、2060 年碳中和存在一定的潜在影响。

　　核能政策的改变，也带来了中国能源结构和减排效果的变化。考虑到中国对于全球气候变化的承诺，如果对于发展核电进行规避，那么加快可再生能源的装机量就成为最可能的选项，经济直觉显示中国的可再生能源比例将会上升，并伴生更少的碳排放总量。但是，由于水电存在地形限制，风能与太阳能是间歇性能源来源，无法用来全面取代核能，这就使得中国要在能源政策与环境保护之间寻找新的平衡状态。按照联合国的定义方式，核能并没有包含在新能源和可再生能源的范畴内，但是核能是新能源似乎是中国人常识性的东西，这主要因为核能满足了具有高开发价值的新型能源的条件，其经济效益的附加值非常可观。水电、风能与太阳能的经济回报远不如核能，它们需要进一步地被降低成本，才能满足经济性的需求；煤炭具有成本优势，其对于核能的替代会突然增加，但是必须预防碳排放也会随之增长；技术进步既可以加快对于清洁能源的开发，也可以降低传统能源的碳排放，但其作用方式是多元的。因此，可以发现，福岛核泄漏事件对于中国碳达峰和碳中和的潜在影响是一个非常复杂的问题，其现实结果还有待考察。

11.1.3　外生事件影响的评估方法

福岛核事故作为一种自然灾害，是一次外生性的事件，对中国已经建设或计划建设核电和无核电建设计划的地区产生了不同程度的影响，可视为一次自然实验。本研究将 2011 年作为事件冲击节点，将 2011 年前已建有核电的地区视为实验组。要研究福岛核事故对地区碳排放的影响，可以比较实验地区在外生冲击发生前后碳排放量的变化。然而影响地区碳排放量的因素有很多。一个地区在遭到外生冲击之后地区碳排放量更高，背后的原因也可能并非外生事件的发生，而是其他宏观环境的原因；而较低的地区碳排放量也并非一定是没有受到外生冲击的后果，而可能是遭受了其他事件的影响。

剔除影响地区碳排放量的一般性因素的一种常见计量方法是双重差分法（Difference in Difference，DID），其原理是构建有事件影响的"处理组"和没有外生冲击影响的"对照组"，通过控制其他的相关因素，对比事件实行前后处理组和对照组之间的差异，从而解释外生事件对处理组的作用（Ashenfelter，1978）。一般而言，对外生冲击效果进行评估需要知道以下要素：事件或措施，观察结果和对照组。研究"外生冲击效应"对"结果"的影响时，对照组就自然成为参照。应用 DID 必须满足随机性假设和同质性假设，其中随机性假设要求样本选择是随机的，同质性假设要求处理组和对照组在外生冲击实施前具有类似的发展趋势。中国东西部各省份经济发展水平存在较大差异，这给控制组的选择造成了一定困难。

Abadie 和 Gardeazabal（2003）提出的合成控制法（The Synthetic Control Method，SCM）对不同的控制组个体赋予不同的权重，基于这些权重构建政策干预个体的"反事实"控制组，来模拟处理组在受到政策影响前的特征，并将真实的处理组数值与合成值进行对比，得到政策处理效应。SCM 采用数据驱动的方式赋予合成个体权重，给出每一个合成个体对"反事实"控制组的贡献，有效克服了样本选择的主观性和内生性问题，弥补了 DID 方法在政策评估中的局限性。近年，SCM 被运用于不同领域的政策评价研究中，如 Adhikari & Alm 通过 SCM 对单一税改革产生的经济效应进行评估，Kim MK & Kim T 采用 SCM 检验了美国东北部地区施行的绿色气体倡议政策的实施效果。

从以上文献中可以得知，清洁能源具有良好的前景，但国内外对清洁能源的研究多偏向于可再生能源、新能源等，对核能的实证研究相对较少。这可能是由于核电行业关系到国家战略安全，所以许多数据无法获得，使得相关文献无法从实证方面通过准确的数字来验证模型，只能通过案例验证模型。此外，近几年对于核电的研究大都从法学和管理学角度，从经济学角度研究的文献和研究成果非常少。

11.2　福岛核事故对于中国节能减排的冲击效果

11.2.1　模型和数据

基于反事实分析的思想，本研究采用 SCM 分析福岛核事故对中国核电拥有省的影响。本研究使用的碳排放量指标 CE 来源于 CEADs，遵循政府间气候变化专门委员会（IPCC）的排放核算方法，根据能耗数据和排放因子计算得出，并具有地区性管理范围。清单包括与能源有关的排放（47 个领域的 17 种化石燃料）和与过程有关的排放（水泥生产）。根据已有研究，人口规模、经济发展水平、产业结构、能源强度、对外开放水平等因素会影响碳排放量。本研究选取这些指标作为控制变量，其中，城市化水平为年末城镇人口比重，数据取自国家统计局；经济发展水平用地区人均 GDP 的对数表示，数据取自国家统计局并以 2000 年为基期进行平减；对外开放水平为境内目的地和货源地出口总额与 GDP 的比值，进出口数据来源于海关总署，并用当年人民币兑美元平均汇率进行折算；煤炭消费量和火电发电量相关数据均取自《中国能源统计年鉴》（2001—2018 年）；能源强度为万吨标准煤与不变价万元 GDP 的比值，相关数据来源于《中国能源统计年鉴》（2001—2018 年）；产业结构为地区工业增加值与地区 GDP 的比值，数据来自《中国统计年鉴》（2001—2018年）。具体各变量符号和含义如表 11 - 1 所示，表 11 - 2 是主要变量的描述性统计。

11.2.2　福岛核事故冲击效果评估

采用本研究构建的 SCM 模型，以数据驱动的方式得到控制组的权重，实现最小化特惠政策实施前实验对象和合成控制组的均方差误（the Root Mean

Square Prediction Error，RMSPE）。预测控制变量的拟合情况如表 11 - 3 所示。

表 11 - 3 显示广东、江苏、浙江的 $RMSPE$ 差异较小，且均小于 10，实验地区与合成地区比较相似，各地区的经济发展水平（$\ln gdppc$）、人口规模（$\ln pop$）、城市化水平（urb）、产业结构（is）等预测控制变量与真实水平极为接近，其中 2000 年和 2005 年合成地区的碳排放量与实验地区高度相似，表明本研究 SCM 方法的拟合效果较好。

表 11 - 1　合成控制法研究主要指标及计算方法

变量类型	变量名称	变量符号	变量定义
被解释变量	碳排放总量	$lnce$	根据能耗数据和排放因子计算得出
控制变量	经济发展水平	$\ln gdp$	实际地区生产总值的对数
	产业结构	is	第二产业增加值/地区 GDP
	人口规模	$\ln pop$	年末人口数量的对数
	煤炭消费量	$lncoal$	地区原煤消费量的对数
	火力发电量	$\ln the$	地区火力发电量的对数
	能源强度	ei	标准煤（万吨）/不变价 GDP（万元）
	对外开放水平	$open$	地区出口总额/地区 GDP
	城市化水平	urb	年末城镇人口/年末地区总人口

表 11 - 2　主要指标的描述性统计

	(1) N	(2) mean	(3) sd	(4) min	(5) max
CE	540	236.141	177.377	8.700	842.200
$lnthe$	540	6.457	0.985	3.262	8.545
$\ln gdppc$	540	10.342	1.011	7.923	12.357
$\ln pop$	540	8.155	0.757	6.248	9.321
$lncoal$	540	8.920	0.954	5.256	10.668
ei	540	1.683	0.933	0.459	7.102
$open$	540	0.235	0.295	0.008	1.787
is	540	0.463	0.078	0.190	0.615
urb	540	0.498	0.152	0.232	0.896

表 11 - 3 RMSPE 比较情况

地区		政策实施前应用合成控制法的预测质量									
	RMSPE	CE(2000)	CE(2005)	lngdppc	lnpop	lncoal	lnthe	ei	is	open	urb
真实广东	5.614 7	199.60	341.80	10.35	9.15	9.23	7.46	0.95	0.51	1.29	0.60
合成广东		197.67	348.12	10.27	8.40	9.43	6.97	1.76	0.50	0.42	0.54
真实江苏	9.999 7	199.40	396.10	10.37	8.94	9.65	7.55	0.99	0.54	0.71	0.51
合成江苏		189.09	395.93	10.30	8.61	9.59	7.14	1.50	0.52	0.41	0.52
真实浙江	4.393 7	131.40	255.80	10.46	8.53	9.16	7.04	0.99	0.53	0.69	0.56
合成浙江		132.02	263.40	10.37	8.35	9.08	6.85	1.21	0.50	0.55	0.57

实验省份的合成地区权重如表 11 - 4 所示。广东省碳排放的合成地区有河北（0.592）、辽宁（0.094）和上海（0.315），表明广东省碳排放情况与河北最为接近；江苏省碳排放的合成地区为辽宁（0.353）、山东（0.489）、上海（0.158），说明山东的碳排放与江苏最相似；针对浙江的合成情况，合成地区有福建（0.162）、河南（0.276）、山东（0.154）、上海（0.408），基本情况与浙江最接近的是上海市。

表 11 - 4 实验省份的合成地区权重

实验地区	合成地区（权重）			
广东	河北	0.592	辽宁	0.094
	上海	0.315		
江苏	辽宁	0.353	山东	0.489
	上海	0.158		
浙江	福建	0.162	河南	0.276
	山东	0.154	上海	0.408

本研究将样本分为事件前窗口期（2000—2010 年）和事件后窗口期（2011—2017 年）。由于不同地区之间在经济发展水平、人口规模、产业结构等地区特征方面存在较大差异，为了使事件后窗口期实验对象和合成对象的观测值之差能表现出事件的冲击效应，应用合成控制法构建出能较好拟合出实验地区在外生冲击前碳排放量的合成对象显得尤为重要。

进一步，本研究对三个实验地区（广东、江苏、浙江）进行合成控制，结果如图 11-1 所示。从图 11-1 中可以看出,在福岛核事故发生前(虚线左边),广东、江苏、浙江三省的实际碳排放量与合成地区拟合度总体较好,在事件发生后,广东、浙江的碳排放量出现下降趋势,而江苏呈现显著的上升趋势。在福岛核事故发生后,中国耗时 9 个月对所有沿海核电进行停机检查,即使检查结果表明中国核电厂的安全是有保障的,但政府部门将核电发展计划暂缓,中国核电高速发展的势头被遏制。在中国其他清洁能源无法短时间增加的情况下,火电自然就成为弥补核电缺口的重要能源,与之相应的,很可能是碳排放量的上升。此外,地区能源供应如无法满足持续增长的工业需求,地区经济也会受到影响。但在图 11-1 中,除了江苏省,其他两个实验省份的碳排放

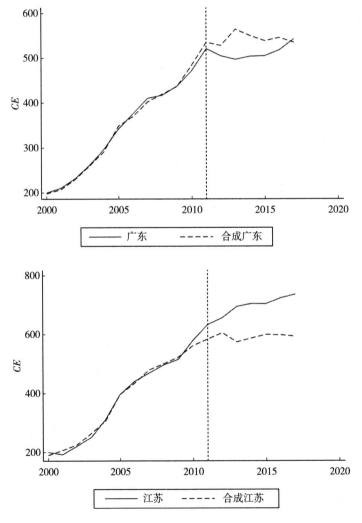

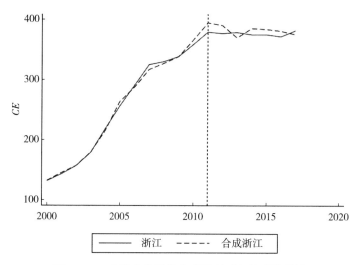

图 11 - 1　实验省份及其合成控制对象的碳排放量

量均呈现下降趋势，这貌似不符合常理：用火电弥补核电缺口，地区碳排放量
会增加。对比这三个地区的工业结构和实际情况，江苏的发展模式与其他核电
基地省份存在显著差异。在机制分析中，本研究将基于地区异质性着重讨论各
个核电基地省面临外生冲击出现不同情景的原因。

11.2.3　稳健性检验

目前有一个需要理解的核心问题，即福岛核事故与中国碳排放是否存在某种
关系。因为失去某种清洁能源的供应，江苏的碳排放量增加是一个可预见的现象。
但广东、浙江两省的碳排放减低也有可能是受到其他因素的影响，如 2011 年启动
的碳交易试点或地方政府已实行的减排措施。另外，从整体环境来说，碳减排是一
个全球趋势，即使没有核事故，中国的碳排放也可能呈现下降趋势。但福岛核
事故的发生不仅使日本、德国的能源结构发生了变化，基本上所有的核电国家
都受到了影响，这种影响可能体现在激发了核电地区的"忧患意识"，使其采
取新的能源政策和更严格的环境规制，以应对可能的长期无核带来的能源和减
排压力。即使核电在一次能源中的比重并不高，福岛核事故对地区乃至国家能
源战略的影响仍然是深刻而深远的。本研究借鉴 Abadie 和 Gardeazabal
（2003）、Abadie 等（2010）的研究经验，采用排序检验法（Permutation
Test）、虚假实验（Falsification Test）、倾向匹配得分双重差分法（PSM -

DID)、控制其他政策影响等方法来检验核事故和中国碳排放的关系。

（1）排序检验。根据前文内容，实验对象和合成对象的碳排放量在事件后窗口期出现差异，但不排除有其他因素的影响。为了排除其他因素的干扰性，本研究采用排序检验法进行稳健性检验，其原理为：假设控制组地区都拥有核电，并分别在 2011 年受到福岛核事故的冲击，应用 SCM 构建出合成对象，然后与各地区实际碳排放量观测值进行对比（冲击效应为地区实际观测值与合成值之差）。通过排序检验，可以得到一系列安慰剂检验的分布，并将其与实验地区进行对比。如果得到的分布存在显著差异，表明二者之间的事件冲击效应差异大，外生冲击能显著影响实验地区。如果得到的冲击效应差异不明显，则需要进一步进行检验。

最终，本研究对广东、江苏、浙江三省之外的 27 个控制组样本进行排序检验，但根据 Abadie 等（2010）的研究，如果在事件冲击前某地区拟合效果较差（均方预测误差 MSPE 很大），其拟合之后的结果也不可信。本研究根据式（11-1）计算出事件前窗口期的均方预测误差，分别剔除了事件冲击前 MSPE 超过实验地区的前 6 个省份，并将剩下 21 个省市的安慰剂检验结果列于图 11-2。

$$MSPE_{pre} \equiv \frac{1}{T_0} \sum_{t=1}^{T_0} \left(y_{1t} - \sum_{j=2}^{J+1} w_j^* y_{jt} \right)^2 \qquad (11-1)$$

图 11-2 显示，在外生事件冲击前，三个省份与其他城市的冲击效应差距不大，但在 2011 年后，广东和浙江的冲击效应为负，表明这两个省在福岛核事故后在上层减排和人民反核的双重压力下出现"应激反应"，核事故导致的核电缺口不仅未能使广东和浙江两省的碳排放增加，反而促使当地政府采用更

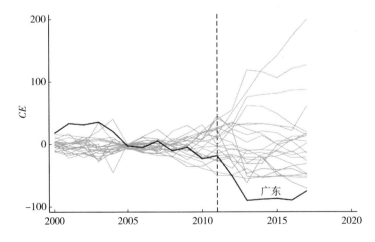

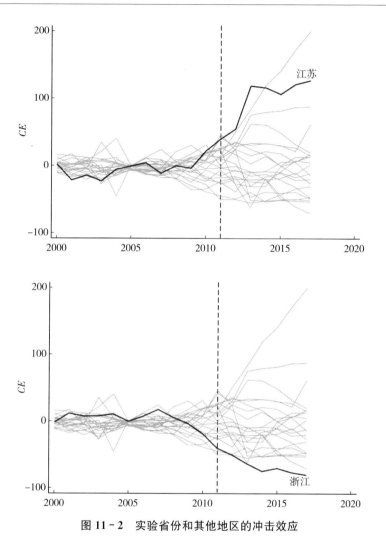

图 11 - 2 实验省份和其他地区的冲击效应

严格的碳排放标准或更高效的生产方式来降低碳排放量。根据图 11 - 2 中所示，广东和浙江的冲击效应均处于其他省市的外部，如果给予随机处置，有 1/22，即 4.5% 的概率会出现广东和浙江这么大的冲击效应。因此，广东和浙江的外生冲击效应在 5% 的水平上显著。

另一方面，图 11 - 2 显示江苏省在经历外生冲击后，碳排放量仍处于高速增长的状态，2013 年之前冲击效应位于其他省市外部，而在 2013 年之后，江苏的碳排放量降低，进而被另一省份超越。根据前文所述，出现这种情况可能是由于江苏的工业占比较大，对能源的依赖程度高，在遇到突发事件的外生冲击后，难以较快地进行转型和应对，直到两年之后，江苏的碳排放增长速度才有所降低。因此，总体而言，江苏省的冲击效应位于其他省份的外部，并在5%的水平上显著。

（2）虚假实验。为了避免排序检验可能存在随机性不足导致的结果偏差，本研究继续采用虚假实验的方式进行稳健性检验。这种方法基于反事实思想，思路为选取未受到事件冲击的地区进行分析，如果事件前窗口期该地区实际碳排放量情况与合成地区类似，而事件后窗口期实际与合成碳排放量之差较大，则表明前文分析结果不稳健，否则，本研究结果稳健。

根据已有文献研究经验，本研究分别选取实验对象的合成对象中权重最大和权重为0的地区。根据表11-4所示，与广东最为相似的地区为河北，权重为0的地区选取了广西。广东虚假实验的结果如图11-3所示。事件前窗口期

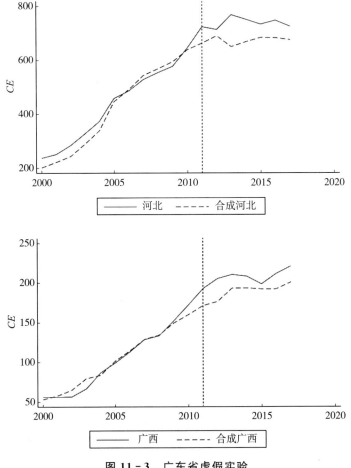

图 11-3 广东省虚假实验

实验地区和合成地区的碳排放量接近，在事件后窗口期，权重最大的河北
与其合成地区的碳排放量变化情况与广东的情况相反，权重最小的广西的
情况与河北类似。图 11-4 和图 11-5 分别是江苏省和浙江省的虚假实验
结果，合成对象中权重最大和最小地区的碳排放量变化情况均不与原地区
类似。

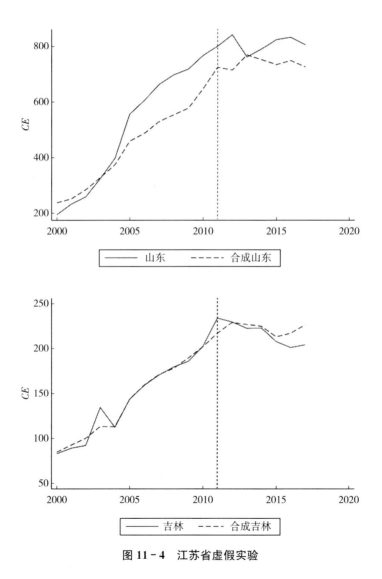

图 11-4 江苏省虚假实验

本研究假设广东、浙江在福岛核事故后采取一系列的"应激反应"来降低

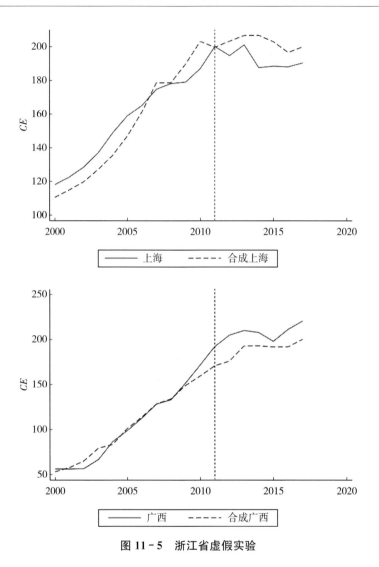

图 11 - 5　浙江省虚假实验

本地碳排放量,虚假实验的结果进一步证实了福岛核事故是导致广东、浙江两省碳排放量降低而江苏省增加的重要因素,而非偶然的因素。

(3) **PSM - DID 稳健性检验。**倾向得分匹配(PSM)可以克服样本选择的主观性,其原理为:在控制组中寻找与处理组特征相似的控制组个体与其匹配,进而用控制组个体的结果来估计处理组个体的反事实结果。我们选择经济发展水平、人口规模和产业结构等变量作为匹配变量,构建Logit 模型,并根据核匹配原则进行样本匹配,之后进行 DID 回归。检验回归结果如表 11 - 5。广东、浙江的检验结果显著为负，而江苏的检验结果显著为正，但江苏的检验样本较小，这可能是由于江苏其工业结构的特殊性，与之匹配的样本较少所致。但总体而言，PSM - DID 的研究结果与前文一致，证明了上文研究结论的稳健性。

表 11 - 5　PSM - DID 稳健性检验

碳排放量	调整前的控制组	调整前的处理组	调整前处理组与控制组差异	调整后的控制组	调整后的处理组	调整后处理组与控制组差异	双重差分检验结果
广东、浙江	380.758	281.343	-99.415^{***} (-3.82)	583.877	377.203	-206.674^{***} (5.4)	-107.259^{**} (2.32)
江苏	379.389	387.23	7.841 (0.27)	542.01	693.247	151.237^{***} (4.12)	143.396^{***} (3.05)

注：广东浙江、江苏控制组的总样本数分别为 207、69，R^2 分别为 0.37、0.63。括号内为 t 统计量，***、**、* 分别代表在 1%、5%、10%的水平上显著。

（4）控制其他政策影响。前文的研究排除了样本选择的内生性，进一步，本研究对福岛时间冲击的偶然性和有效性进行检验。在本研究样本期间，国家针对广东、深圳等地开展了碳排放权交易试点，在碳排放方面和福岛事件冲击效应重叠，可能对本研究基准结果产生影响。为避免这一政策的干扰，本研究剔除了开展碳排放权交易试点的样本重新进行 PSM - DID 检验，结果如表 11 - 6 所示，在剔除了其他政策的影响后，福岛核事故的冲击效应仍然在 5%的水平上显著，表明福岛核事故对中国部分核电基地省碳排放的抑制作用是稳健的。

表 11 - 6　控制其他政策影响的稳健性检验

碳排放量	调整前的控制组	调整前的处理组	调整前处理组与控制组差异	调整后的控制组	调整后的处理组	调整后处理组与控制组差异	双重差分检验结果
浙江	303.421	247.809	-55.612^{**} (-2.39)	524.858	377.203	-147.655^{***} (4.75)	-92.043^{**} (2.37)

注：浙江控制组的总样本数分别为 184，R^2 为 0.36。括号内为 t 统计量，***、**、* 分别代表在 1%、5%、10%的水平上显著。

11.3 福岛核事故对于中国碳排放的影响机制分析

有效性和稳健性检验的结果均证实了福岛核泄漏影响了中国的碳排放。进一步，核事故对广东、浙江两省碳排放量的影响机制也是本研究关注的重要内容。根据前人研究经验，政府针对碳减排的政策主要从技术升级、优化区域污染水平和能源结构等方面入手，从而产生产业结构效应、技术创新效应、能源效率效应三种减排效应。本研究参考 Wang 等（2020）的研究方法，使用中介效应检验程序来验证外生冲击促进减排的传导机制。如模型（11-2）至（11-4）所示，在固定效应模型和随机效应模型的选择上，Hausman 检验结果表明固定效应模型更加适合。

$$Y_{it} = a_1 \times D_i \times T_t + \beta_m \sum \times C + \mu_i + v_t + \varepsilon_{it} \qquad (11-2)$$

$$M_{it} = a_2 \times D_i \times T_t + \beta_m \sum \times C + \mu_i + v_t + \varepsilon_{it} \qquad (11-3)$$

$$Y_{it} = a_3 \times D_i \times T_t + a_4 \times M_{it} + \beta_0 \sum \times C + \mu_i + v_t + \varepsilon_{it}$$

$$(11-4)$$

其中：D_i 为虚拟变量，如果地区 i 受到减排政策影响，D_i 取 1，否则为 0；T 表示时间虚拟变量，如果 $t > 2011$，$T = 1$，否则为 0。M_{it} 表示减排政策影响的中介变量。C 是影响碳排放的各类控制变量，包括经济发展水平、城市化水平等，u、v 分别代表个体和年份固定效应，分别控制了可能遗漏的个体变量和时间变量，ε 是误差项。

11.3.1 外生冲击与产业结构

根据已有经验，地方政府会通过一系列环境规制工具来调整产业结构，实现地区减排。中国的工业部门是碳排放的主要来源，地方政府通过一系列政策，使高能耗的产业生产要素成本增加，迫使企业产品的资源消耗弹性降低，进而限制企业的发展。因此，企业若想继续生存下去，必须要调整生产方式和工艺，增加生产绿色程度，同时，低碳绿色的行业被鼓励发展扩大，驱动地区产业结构调整，并最终实现区域碳排放降低。本研究使用第二产业增加值占GDP 的比重作为产业结构的代理变量，结果如表 11-7 所示。

表 11 - 7　产业结构中介检验

	(1) lnce	(2) is	(3) lnce
$D \times T$	$-0.082\ 1^{***}$	$-0.013\ 3^{*}$	$-0.073\ 5^{***}$
	$(0.020\ 4)$	$(0.007\ 3)$	$(0.019\ 2)$
is			$0.645\ 1^{***}$
			$(0.128\ 2)$
$\ln pop$	$-0.570\ 7^{***}$	$-0.226\ 1^{***}$	$-0.424\ 8^{***}$
	$(0.139\ 6)$	$(0.035\ 8)$	$(0.131\ 9)$
$\ln the$	$0.453\ 3^{***}$	$0.051\ 7^{***}$	$0.419\ 9^{***}$
	$(0.024\ 7)$	$(0.008\ 7)$	$(0.025\ 9)$
$open$	$0.026\ 8$	$0.044\ 4^{***}$	$-0.001\ 9$
	$(0.034\ 4)$	$(0.012\ 8)$	$(0.033\ 6)$
urb	$0.244\ 3^{**}$	$0.072\ 0$	$0.197\ 9^{*}$
	$(0.115\ 8)$	$(0.048\ 0)$	$(0.102\ 9)$
个体效应	控制	控制	控制
时间效应	控制	控制	控制
$\_cons$	$6.782\ 3^{***}$	$2.078\ 6^{***}$	$5.441\ 3^{***}$
	$(1.215\ 7)$	$(0.337\ 0)$	$(1.158\ 5)$
R^2	0.987	0.835	0.988
N	540	540	540
Sobel - Goodman Mediation Tests			
Sobel		-2.641^{***}	$0.008\ 3$
Goodman - 1（Aroian）		-2.621^{***}	$0.008\ 8$
Goodman - 2		-2.661^{***}	$0.007\ 8$

注：括号内为 t 统计量，Sobel 检验分别展示了 z 值和 p 值，$***$、$**$、$*$ 分别代表在1%、5%、10%的水平上显著。

检验结果显示，第一列中 $D \times T$ 的系数显著为负，表明广东、浙江两省的核事故应对措施的区域减排总效应存在，核事故发生后，广东、浙江两省失去核能这种清洁能源的供应不仅未能使其碳排放量增加，反而由于其更严格的减排政策使得碳排放量降低。第二列中 $D \times T$ 的系数同样显著为负，表明产业结构在福岛核事故后有所降低。工业生产是地区碳排放的主要来源,对工业进行治理是碳减排最快,也是最有效的途径。福岛核事故后,广东、浙江两省为了完成减排任务,将更多的目光从发展清洁能源上转移到改变产业结构上,对水泥、钢铁等行业进行限制,倒逼这些高能耗产业向绿色生产方向发展,由于广东、浙江两省近年已经逐渐将省内高能耗的产业转移至其他欠发达的地区,第二产业的占比和能源依赖度相对江苏省较低,因此这两个省份能迅速对核事故做出反应,出台政策限制高能耗企业的发展,进而实现区域减排。相比之下,江苏省 GDP 的主要来源是高能耗的第二产业,对其进行限制将严重影响江苏省的发展,因此,江苏并未采取严厉的限制措施阻碍高能耗企业的发展,或减排措施效果不好。国家统计局数据显示,从 2011 年开始,江苏省的第二产业增加值占地区 GDP 比值处于各个核电基地地区最高水平,2014 年核电重启后,新建核电的速度仍无法满足江苏省对能源的需求。

第三列中,$D \times T$ 和 is 的系数显著,根据模型(11 - 2)至模型(11 - 4),直接效应(a_3)与间接效应($a_2 \times a_4$)同号,且 $|a_1| > |a_3|$,说明减排政策在降低区域碳排放量的关系中起到部分中介的作用。本研究采用 Sobel 检验对产业结构中介效应进行分析,结果列于表 11 - 7,证明了产业结构中介效应的研究结果是稳健的。经过计算,产业结构对政策减排的解释比例为10.45%。

因为产业结构的不同,福岛核事故对中国核电基地省份产生了截然不同的影响。

11.3.2 外生冲击和技术创新

技术创新是推动碳减排的另一关键点,合适的环境规制可以促进企业创新并提高竞争力(Porter & Van der Linde,1995)。如果技术创新带来的收益高于被环境规制增加的成本,企业就会增加绿色创新投入,实现企业生产绿色化,进而推动地区碳减排。一般情况下,地方政府会根据一定标准向地方企业分配碳排放额度或向企业征收碳税。环保型企业率先完成减排任务,可以出售剩余配额。而高能耗、高排放的企业为了避免多购买碳排放配额或多交碳税,也会增加绿色投入以求改进生产方式,降低碳排放量。本研究借鉴(Choi and Choi,2021)的研究经验,选取研究与试验发展(R&D)人员全时当量衡量技术创新效应(lntech)。基于(11 - 2)式至(11 - 4)式进行估计,结果列于

表 11 - 8。

表 11 - 8　技术创新中介检验

	(1) lnce	(2) lntech	(3) lnce
$D \times T$	−0.095 6***	0.565 1***	−0.179 9***
	(0.023 4)	(0.081 3)	(0.026 2)
lntech			0.149 2***
			(0.026 7)
lnpop	−0.774 8***	0.591 6***	−0.863 1***
	(0.197 5)	(0.198 1)	(0.188 7)
open	0.060 8	0.149 6	0.038 4
	(0.060 8)	(0.109 9)	(0.058 6)
urb	0.330 7	0.688 2*	0.228 0
	(0.213 1)	(0.374 4)	(0.171 7)
个体效应	控制	控制	控制
时间效应	控制	控制	控制
_cons	11.246 9***	4.877 0***	10.519 3***
	(1.705 3)	(1.732 0)	(1.537 3)
R^2	0.975	0.976	0.977
N	540	540	540

注：括号内为 t 统计量，***、**、* 分别代表在 1%、5%、10%的水平上显著。

表 11 - 8 展示了技术创新的中介效应检验结果，第一列中 $D \times T$ 的系数显著为负，表明核事故应对措施的减排效果显著。第二列中 $D \times T$ 的系数显著为正，表明核事故应对措施使地区的创新资源投入显著增加。在第三列中 $D \times T$ 的系数显著为负，但 lntech 的系数显著为正，说明技术创新未能推动地区减排，根据模型（11 - 2）至模型（11 - 4），间接效应与直接效应异号且 $|\alpha_1| <$ $|\alpha_2|$，技术创新在核事故应对措施减排效应中表现为遮掩效应，削弱了政策的减排效果。结合中国实际情况，出现这种与预期不符的情况可能是中国高能耗、高排放企业缺乏低碳创新的积极性。与将资金投入到绿色创新上相比，企业更愿意将创新投入用于提升生产率。生产效率的提高可以帮助企业向价值链高端领域提升，带来的利益可以抵消因环境规制带来的成本提高。企业的能源需求持续扩张导致区域碳排放量增加，因此，只有企业创新投入转向降低单位

生产的污染排放，实现工业结构优化升级，才能发挥技术创新对降低碳排放量的积极作用。

11.3.3 外生冲击和能源效率

企业为了降低环境规制的影响，会将增加的环境成本加入生产成本，使企业环境成本内部化，进而导致企业利润降低（Copeland & Taylor，2004）。长期来看，如果企业不发展绿色生产技术，提高能源效率，就有可能失去竞争力被迫退出市场。为了研究核事故应对政策能否通过提高能源效率降低碳排放量，本研究采用地区 GDP（以 2000 年为基期进行平减）与地区能源消费量（万吨标准煤）的比值来衡量能源效率（ee），估计结果如表 11-9 所示。

表 11-9 能源效率中介检验

	(1) lnce	(2) ee	(3) lnce
$D×T$	−0.105 3***	0.066 9***	−0.089 4***
	(0.012 1)	(0.020 7)	(0.013 5)
ee			−0.237 6**
			(0.117 6)
lngdp	0.091 6***	0.527 7***	0.217 0***
	(0.035 2)	(0.032 4)	(0.069 9)
lnthe	0.214 0***	0.054 3***	0.226 9***
	(0.027 0)	(0.020 8)	(0.025 2)
lncoal	0.371 4***	−0.415 4***	0.272 7***
	(0.031 9)	(0.026 5)	(0.054 9)
lnpop	−0.100 2	−0.002 6	−0.100 8
	(0.078 4)	(0.093 2)	(0.073 5)
open	0.013 7	−0.031 1	0.006 3
	(0.024 9)	(0.029 6)	(0.024 3)
urb	0.109 0	−0.137 4	0.076 3
	(0.091 5)	(0.095 2)	(0.076 5)
个体效应	控制	控制	控制
时间效应	控制	控制	控制

（续）

	(1) lnce	(2) ee	(3) lnce
_cons	0.276 9	−0.153 4	0.240 5
	(0.781 7)	(0.936 0)	(0.731 2)
R^2	0.993	0.942	0.993
N	540	540	540
Sobel - Goodman Mediation Tests			
Sobel		−1.662*	0.096 4
Goodman - 1（Aroian）		−1.632	0.102 7
Goodman - 2		−1.695*	0.090 1

注：括号内为 t 统计量，Sobel 检验分别展示了 z 值和 p 值，***、**、* 分别代表在 1%、5%、10% 的水平上显著。

表 11 - 9 检验结果显示，2011 年核事故后，广东、浙江的能源效率进一步提高，能源效率在核事故应对政策降低区域碳排放量的关系中起到部分中介的作用，Sobel 检验结果表明能源效率中介效应的研究结果是稳健的。经过计算，能源效率对政策减排的解释比例为 15.1%。能源效率的提升可以通过能源结构的改善来体现，《中国能源统计年鉴》显示，2011 年之后，江苏省火力发电量仍保持高速上涨趋势，与其相比，浙江、广东两地的火力发电量增加速度放缓，表明这两省正努力寻找替代能源，降低对火电的依赖性。以上研究表明，广东、浙江两省为了应对核电缺失后的碳减排压力，出台的一系列政策会提高污染、高排放企业的生产成本，这些企业为了降低环境成本，会逐渐改善能源结构或者采用高效节能的生产方式，进而提高能源效率，降低地区碳排放量，推动区域向绿色发展转型。

从整体来看，我国核电基地省份碳排放量在经历福岛核泄漏事故后呈现下降趋势，但是我国核电行业发展进程已经被延缓。作为清洁能源的重要一环，核电产业的滞后发展将严重影响中国 2035 年碳达峰、2060 年碳中和目标的实现。

然而，福岛核泄漏对中国碳中和目标的影响远远不止这些已经显露的直接影响。我国中西部地区人口众多，发展急需核电，产业结构低和较大的能源需求导致山西、内蒙古、陕西、宁夏等中西部地区碳减排压力大（Li et al.，2021）。福岛核泄漏导致的中西部核电建设项目搁浅，不仅成为制约内陆城市发展的能源瓶颈，也阻碍了中国碳中和目标的提前实现。

11.4 本章结论和政策启示

福岛核事故是 21 世纪以来最大的核泄漏事故，给世界多个国家的核电发展带来了深远的影响。即使在核事故发生近 10 年后的现在，福岛核事故的相关信息仍然牵动着众多学者的注意力。评价核事故对中国碳排放的影响并提出应对措施，在今天仍具有现实意义。

本研究利用福岛核事故这一外生冲击构造反事实，利用 2000—2017 年中国 30 个省份的数据，利用合成控制法研究了这一外生冲击对核电拥有省碳排放量的影响。进一步，本研究从产业结构、技术进步和能源效率三个方面检验了核事故应对措施对区域碳减排的中介效应。本研究的研究结论如下：①福岛核事故后，中国的核电拥有省（广东、江苏、浙江）的核电站暂停运行，核电缺口由火电补上，但在国家碳减排的压力下，这些省份制定了更加严格、力度更大的减排政策，总体上三个省份的碳排放量的总量不升反降。但考虑到内陆核电项目的搁浅，福岛核泄漏给中国碳减排的潜在影响可能远超目前已显露的直接影响。②根据工业结构的不同，福岛核事故对不同发展类型的省份的冲击存在异质性。工业结构过高的江苏省在失去核电的供应后，对火电的需求提高，与广东、浙江相反，其碳排放量在 2011 年之后迅速增加。③广东、浙江两省的核事故冲击效应的减排效应主要是通过降低工业占比、促进产业结构高级化和提升能源效率两个途径来促进区域碳减排，技术进步对碳减排的作用表现为遮掩效应。机制检验结果表明，产业结构升级和提升能源效率对实现碳减排的解释比例分别为 11.67％和 17.78％，因此该外生事件的冲击效应促进广东、浙江两省改善产业结构和能源结构，进而降低区域碳排放量。

以上研究结论表明，福岛核事故导致的核电厂停止运行不仅没有导致核电拥有省份的碳排放量上升，反而刺激这些省份通过内生性变革降低碳排放量。与此同时，环境规制作用机制的不同效果反映出目前中国绿色发展的创新驱动力不足，企业更愿意把创新投入放在提高企业生产率上，用生产率提升带来的收益弥补增加的环境成本。

基于本研究的研究结论，提出以下几点政策建议。

（1）东部核电基地对核电发展安全性进行动态评估并及时公布结果。后福岛时代，国家对核电的安全管理陆续提出新的要求，核电的安全性进一步提升。对核电的安全性进行动态评估，披露核电厂附近空气指标信息，能提高公众的接受度；对于急需核电支撑的中部地区，应及时安排内陆核电的建设。通过研究国内外内陆核电的发展经验发现内陆核电是安全可控的。结合中国环境及人口分布情况，中国需要适时提出内陆滨河、滨湖核电厂的建设规划。但破除邻避效应，推进内陆核电建设，需要政府、企业的多方努力。福岛核事故带来的恐慌影响远大于事故本身，一方面是由于民众对于核电的认识不足，根据前文所述，普通民众和科学家对待核电的态度截然不同，这是由于二者对核能的认知程度不同。为此，很有必要继续加强核安全文化的普及，宣扬发展核电对于地区环境和经济的益处。另一方面也是由于政府对于相关信息的披露不够及时。普及核电知识，推动核电企业公开安全信息，有利于树立民众对核电的正确认识；我国西部地区的发展同样需要能源的支撑，但西部地区水力资源丰富，对核电的需求并不迫切，未来中国需要合理规划水电开发，以满足四川、重庆等省建立中西部新一线城市的能源需求。

（2）**加快东部地区第二产业转移，实现产业结构高级化，同时中部地区合理规划产业园区，在环境承载容量下发展制造业**。随着东部沿海地区生产要素价格的上升、人民币汇率不断升值、出口退税比例下调以及贸易政策的收紧等多重要素的交互影响下，东部地区制造成本居高不下、资源环境的限制日渐显著。在这样的情况下，东部地区部分产业开始向中西部转移。广东、浙江等地已走在前列，通过产业转移逐渐实现产业结构高级化，目前江苏对第二产业的依赖过高，多数工厂属于劳动力密集型和能源密集型产业，在土地成本和环境成本日益上涨的情况下，江苏的发展道路是不可持续的。因此，江苏以及和江苏类似的省市需要考虑产业转移，加快实现产业结构高级化和绿色化。相比之下我国中部地区劳动力、土地要素成本相对较低，但各省生态承载力不同，应结合环境因素，合理规划产业园区。

（3）**适度加强环境规制强度，合理选择环境规制工具**。环境标准和排放限额等环境规制工具具有较强的控制性，而碳排放权交易、环境补贴等对企业低碳创新提供持续的激励。根据研究内容，环境规制可以通过改善产业结构和提高能源效率来降低广东、浙江两省的碳排放量。但推及至全国范围，需要考虑到地区经济差异和发展动力的异质性，采用差异化环境规制。类似广东、浙江等地的东部发达地区，人民对于绿色发展的诉求较高，适宜采用较高标准的控制性环境规制工具；对于中西部以资源密集型产业为主的地区，采用较高标准的控制性环境规制工具会直接扼制住地区发展的命脉，因此，中西部省市需要采用"激励性"工具，政府运用财政工具协助企业实现绿色转型。

（4）激发区域低碳创新的内生动力。当前企业的创新要素较少地投入到低碳绿色技术领域，企业更愿意通过提高生产率来抵消环境规制的约束，但绿色创新技术是实现区域经济高质量发展的重要因素，忽视绿色创新而仅关注提高生产率最终会带来对环境的恶性影响。出现这种情况的原因可能是绿色投入的短期收益不高，且外在的约束不足以迫使企业实现低碳转型。与传统产业相比，新能源产业具有能源安全、环境友好等正外部性特征，但同时也面临着竞争力不足的风险，因此，政府在继续加强高能耗、高排放企业的环境规制的同时，还需要对区域低碳发展的企业进行鼓励和补贴，增强其竞争力。同时，政府运用财政工具引导高能耗企业向绿色生产转型，避免因代价过高造成的转型困难问题。

第 12 章　数据要素市场的特征与前景

在技术革命的影响下，中国的数字经济发展在经历了 2003—2012 年的高速发展期后，已经在 2013 年迈入了成熟期。自 2015 年党的十八届五中全会提出将大数据战略作为国家战略以来，我国出台了一系列关于数字经济发展的政策，2017 年实施的《大数据产业发展规划（2016—2020 年）》中提出，数据已经成为各国的"钻石矿"，是一种基础性的战略资源。2020 年我国首次将数据纳为生产要素并写入了政策文件，并要求加快推动数据要素的市场化。同年又再次提出要推进政府数据的开放共享、充分发挥数据价值、加强对数据资源的整合以及对个人信息的依法保护。

在 2018 年牛津研究院与华为联合对数字经济的调查中显示，数字经济的增长速度是全球 GDP 增长速度的 2.5 倍，对数字技术的长期投资回报率是非数字的 6.7 倍。显然数字经济已经是 21 世纪推动经济发展的重要一环，数字经济成为发展的主要动力。

没有数据就谈不上数字经济，数据是数字经济的基础。如今的数据已经不再是简单的文字、数字等静态的传统数据，而是经过现代的先进信息技术收集、加工下的数据集，这些数据集可以和企业、政府、个体相融合，推动社会经济活动的发展。将数据作为生产要素进行合理配置，能够进一步优化市场结构，同时数据要素具备许多传统生产要素不具备的特性，因此实现数据要素的市场化，还有许多问题亟待解决。

12.1　数字时代、区块链与数据要素市场的特点

在现代的先进信息技术不断发展下，我国已经步入了数字时代。数字时代指的是将人类的社会经济活动以"0"和"1"这样的计算机语言所表达，以二进制等工具来运作的时代。数字时代促进了数字与经济的融合，产生了数字经济。数字经济将各类信息数字化，与现实社会的各类经济相结合，推动各产业

的数字化、智能化发展。

12.1.1　数字时代产生了数字经济

数字时代与以往的时代相比产生了许多新的特点。

一是及时性，在数字时代，数字能够接近实时地反映各类信息的产生、变更及消灭，只存在极短时间的延迟，这样的信息传输速度能够大幅缩减交易所需的时间成本。

二是普惠性，数字时代不仅仅是给企业带来便利，政府可以对负责区域的各种纸质信息进行数字化管理，大幅度提高对各地区的管理效率，2020 年我国对数据要素市场发展提出的要求中就提到，要推动政府数据共享，建立数字政府。另外个体在有所需求时，可以通过网络办理各类业务，实现远距离的交易，如今遍布中国的手机支付也是数字给个体带来便捷的一个表现，甚至不用随身携带证件也可以证明自己的身份。

三是效率性，数字的边际成本非常低，但是能够给企业等提供大量的信息，企业可以根据这些信息预测出更准确的产品需求量，优化产品生产结构，也可以根据用户信息对各产品进行创新和改进，让企业更好地分配所持有的资源，在降低企业成本的同时，提高企业的生产效率。数字还能提高政府的管理效率，地区数据可以由相关数据库统一收集管理，在政府需要时可以迅速地查找到相关信息，大幅度缩短处理事务所需的时间成本，尤其在处理刑事案件时，能够极大地提高办事效率。

四是渗透性，数字为第三产业带来了许多发展机遇，在信息技术的不断创新下，数字已经向第一产业和第二产业渗透，各产业已经开始步入数字化，这种数字化也加强了三大产业之间的联系，推动了三大产业的融合，促进了社会的经济发展。

数字时代推动了数字经济的发展，数字经济主要包括数字的产业化、产业的数字化、数据的价值化以及治理的数字化。2021 年 2 月发布的《中国互联网络发展状况统计报告》中显示，我国 2019 年的数字经济规模达到了 35.8 万亿元，数字经济对我国 GDP 的贡献率达到了 67.7%（图 12-1）。第三产业数字化效果显著，制造业加快了数字化进程，农业也开始逐步应用数字技术。可以看到，数字经济已经成为我国经济不可分割的一部分。

数字经济发展的基础就是数据，我国自 2015 年提出将大数据战略作为国

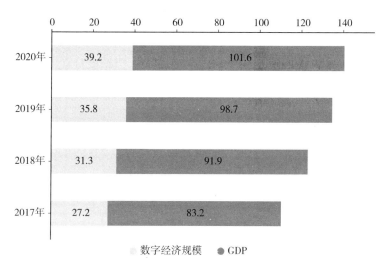

图 12 - 1　数字经济规模与 GDP 发展情况（单位：万亿元）

资料来源：《中国数字经济白皮书》。

家战略以来，不断地推出了一系列数字发展的政策，相关文件中强调要将数据作为生产要素，加快数据要素的市场化。在数据要素市场化的进程中，有许多问题也显现出来。数据作为信息的载体，价值也随着信息的重要性波动，导致交易标准难以界定，数据又包含了许多个人、企业和政府的各类隐私，需要确保各主体的隐私权，另外数据的治理方法还未明确，如何保证数据的安全合规、如何确权、如何定价都需要解决。

我们要利用区块链技术助推数字经济的发展，让区块链技术推动数字经济的模式创新。区块链在 2008 年被首次提出以来，十几年间已经得到了产业界和学术界的广泛关注。

12.1.2　区块链为数字经济提供信用背书机制

区块链虽然还没有统一的定义，但一般认为区块链是运用了密码学相关技术，用链条将数据区块连接形成的，确保数据不可被篡改与伪造的去信任、去中心化的分布式数据库。区块链以多方形成的共识作为交易记录依据，防止数据被篡改，保证数据的可信与共识。区块链还可以对各个节点产生的数据实时监控，对必要的数据进行共享，能够实现对相关数据的追溯。另外区块链的使用者在使用时全程匿名，不用担心身份泄露问题。因此，区块链技术可以有效地解决数据要素市场化所需解决的定价、监管、有效性以及隐私问题，能够加快数据要素市场化的建设。以上可以看出，区块链具有以下特点：

一是去中心化。区块链不存在特定的中心对区块链进行管理，区块链的管理与维护由链条上的所有节点共同实现，各个节点都有一套数据库的备份，不会被少数节点的变化所影响。

二是去信任。区块链的实现有具体公开的规则，实现的数据必须由多方的共识达成，交易并不依赖于如银行、政府之类的第三方作为信任主体监控。

三是不可篡改性。交易数据的实现依赖于多方主体，想修改数据必须得到多方的共同意见，一个节点或交易的部分节点想篡改数据是无法实现的。

四是匿名化。区块链中的用户交易全程都不会暴露自己的身份信息，不用担心自身的隐私泄露问题。

五是可追溯性。由于交易是透明公开的，每个客户对数据的访问都会被记录，每一笔交易数据的产生和变化都能够被追溯。

区块链的特征推动了区块链技术的发展，各国企业都开始使用区块链技术，各国区块链企业在全球的占比如图 12-2 所示，美国和中国区块链企业在国际占比最高，中国略低于美国，部分国家的区块链技术发展暂未成熟，区块链企业占比偏低。

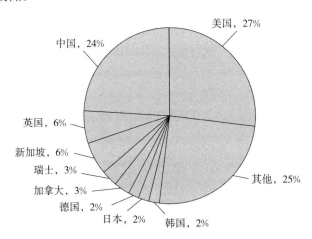

图 12-2　主要国家的区块链企业占比情况

资料来源：《区块链白皮书》。

区块链企业对各种行业都有垂直发展，其中对于数字资产的涉及最广，占比达到 35%，金融、互联网业发展的较多，可以看出，区块链技术已经渗入了各个行业，为各个行业带来了新的发展（图 12 - 3）。

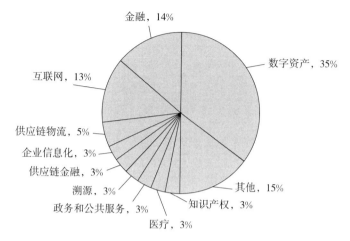

图 12 - 3　全球区块链企业垂直行业分类

资料来源：《区块链白皮书》。

　　区块链技术可以推动数据要素的市场化，但区块链技术本身也有许多问题还未得到解决。一方面，虽然用户匿名能够保护客人的身份信息，但由于所有信息是公开的，其他个体可以轻松地得到某个用户的全部交易信息。另一方面，区块链依靠的技术还没有成熟，想要真正做到与产业结合还没有特定的技术标准，大量的数据存放所需的技术成本也会不断增加，使用区块链是否能够为企业带来更多利润并不一定，这些问题都需要进一步的研究。

12.1.3　数据要素市场需要分级管理

　　数据要素市场让数据要素由市场来进行配置，使数据在市场交易中实现价值。数据要素具有传统生产要素没有的特性，一是易复制性，传统要素土地、劳动力等具有唯一的主体且不能被复制，但数据可以通过信息技术加以复制且没有数量限制，这种特性给数据要素的交易带来了便捷，但也导致数据要素很容易被违规违法传播。二是非排他性，资本、土地生产要素在特定时间只能归属于一个主体使用，而数据、技术等要素不排斥其他主体的使用，这种特性使数据要素的交易只能建立在使用权交换的基础上，数据要素的所有权无法被交易。三是非均质性，大部分数据的价值是逐渐消减的，但也存在价值能长期存续的数据，个人的消费数据只在特定市场环境下有效，在市场发生变动时，个人消费数据便失去了效力。政府的工作数据则需要被长期保存，以便日后查看，因此具有长期价值。四是可再生性，新数据可以不断地产生，同时使用过的数据也不会消失，也不用担心环境污染问题。

数据要素作为信息的载体，承载了各个主体的活动信息，因此想要市场化就需要考虑隐私保护问题。国家工信安全中心指出，实现数据要素市场化，需要将数据进行分层管理，根据信息敏感程度将数据进行分类，从而实现数据的分级分类管理。

按照敏感程度来分，首先是高度敏感数据，包括涉及国家安全和机密的数据、国家军事数据、企业核心技术数据、个人极度隐私数据等，这些数据需要严格管控，不得在市场上进行流通，如果有泄漏高度敏感数据的行为，应当对其进行严厉的处罚。其次是中度敏感数据，与高度敏感数据相比，敏感程度降低，但也涉及了企业、个人的隐私，这些数据流通前需要进行安全测试，得到数据产生者的同意后才能进行流通，任何主体不得私自对中度敏感数据进行交易。再次是低度敏感数据，这些数据不涉及企业、个人的隐私，但平时也并不公开在网络上，这些数据可以在市面上进行流通，但需要确保流通渠道、方式的合法性。最后是公开数据，这些数据不涉及任何隐私，且可以在公开平台上查询到，不需要在市场上进行购买就能获取。

数据要素的分类管理依然需要许多政策的支持。首先是制定数据要素确权的法律法规，确保相关当事人的数据权利，数据交易者不得对数据进行私自流传，不得对数据进行篡改和修饰，交易单位不得对数据进行垄断；其次是制定数据分类的统一标准，保障数据的正确区分，数据的分类还很模糊，需要出台政策对各类数据进一步进行划分；再次是对数据的定价提出要求，防止数据要素市场价格混乱，数据要素和传统要素有较大的差别，不能简单地以数量为定价标准，需要在分类的基础上选择合适的定价方法；最后还要鼓励数据要素的共享，减少现在普遍的"数据孤岛"现象，加强企业、政府等主体之间的数据交流，发挥出市场在数据要素配置上的作用，政府存储的公开数据应该及时地更新，以供相关企业在数据分析基础上对市场及时进行反应。

12.2 数据要素的市场交易模式与跨境流通

在数据还没有成为生产要素之前，我国部分地区已经开始探索数据的交易模式，主要以建立交易所为主。早在 2015 年 4 月 15 日，贵州就成立了全国首家大数据交易所，交易所以数据资产的交易为主要业务，还涉及数据清洗及建模等业务，在政府部门的监管下，建立信用评估系统，促成数据之间的交易，同时总结交易经验制定了一系列的数据交易治理规则，促进了我国数据交易体系的建立。在贵阳大数据交易所成立之后，各个一线城市也开始筹备并建立大数据交易所。数据被作为生产要素正式提出，意味着中国要开始正式探索数据要素的市场交易模式，仅仅只依靠数据交易所可能会导致交易模式过于单一，因此要寻求交易模式的多元化。

数据要素市场的建设不仅要关注国内市场，还要探索数据的跨境流通。因为数据要素敏感程度不同，所以交易时也要确保不影响国家或企业的机密。我国可以吸取其他国家数据跨境流通政策的经验，完善自己的数据要素跨境流通政策。

12.2.1　三种市场交易模式

数据要素的交易模式主要可分为直接交易模式和间接交易模式，间接交易模式又可分为交易所交易模式和平台交易模式。

直接交易模式指数据供给方和数据需求方直接对接，以合同、协议等方式进行交易，数据需求方能更好地了解数据是否符合自身需求，同时双方直接交易没有中间机构进行收费，节约了交易成本。但是直接交易模式可能会产生违法数据交易，数据的可复制性导致购买方可能会再次高价出售，影响卖方利益，同时也可能会产生数据篡改、数据造假的行为。想要避免直接交易模式的相关风险，政府必须对直接交易进行严格监管，严厉打击违规违法的数据线下交易行为，维护卖方合理权益。

交易所交易模式在我国已经开始确立并发展，截至当前，国内筹集和设立的大数据交易所已经超过了 30 个，但是由于顶层设计和交易法律法规的缺失，相关业务一直不温不火。在数据成为生产要素后，缺失被逐渐填补，大数据交易所开始迎来热潮。大数据交易所在监管下设立，交易具有权威性，数据篡改和数据造假的可能性较低，但数据购买方依旧可以买后高价再出售，侵犯卖方权益，因此仍要确立法律法规打击此类行为。

平台交易模式指数据供求方将自己拥有的数据在线上平台上售卖，买方根据自身需求挑选合适的数据，在平台上完成交易。平台交易与直接交易和交易所交易对比，节省了交流的时间，不需要去特定的地点和交易所进行交易，但平台交易依旧无法摆脱再次出售的问题，并且存在信息不对称的问题，平台也可能会收集交易双方的数据，导致交易双方的隐私被侵犯。

因此，三种交易模式都各有利弊，但三者都存在着买方高价再次售卖的问题，需要政府针对此问题制定相关的法律法规，在该问题解决后，交易各方可以按照自己的情况选择合适的交易模式，实现交易模式的多样性。

12.2.2 国外数据跨境流通政策经验

目前我国还没有形成完整的数据跨境流通体系，但纵观世界，已经有一些发达国家在数据跨境流通方面做出了探索，由于各国国情不同，其跨境流通政策也不相同。因此，我国的数据跨境流通政策可以在分析其他国家政策的基础上加以变通。

欧盟的数据跨境流通政策强调将数据流通集中在内部市场，但为了提高国家的数字经济，只能以数据跨境流通的方式提高自身的数字发展能力。2018年5月25日，欧盟出台了《通用数据保护条例》（General Data Protection Regulation，简称GDPR），与前身1995年发布的《个人数据保护指令》不同，GDPR从原本的属地原则转为属人原则，这也意味着，所有产品、服务等只要能够被欧盟境内的个人所访问和使用，收集、传输、保留或处理欧盟境内人员的个人数据，都必须服从GDPR的要求，否则将面临高额的处罚。GDPR对于违法企业以2 000万欧元或全球营业额的4%为标准，取其高者作为处罚金额。2019年7月8日，英国航空公司违反了GDPR被处罚1.833 9亿英镑。可以见得，欧盟十分看重对于境内个人数据的保护。

GDPR还声明，个人对于自己相关的数据具有知情权、访问权、反对权、个人数据可携权和被遗忘权。知情权要求相关单位必须向个人说明数据处理的过程。

访问权要求相关单位在个人需要时必须同意将处理数据提供给个人，并且不得收费。反对权指个人有权要求相关单位不得处理自己的相关信息，有权要求相关单位不得以自己的信息作为营销手段。个人数据可携权表明相关单位没有权利反对个人对自己的数据进行跨平台转移。被遗忘权指个人想要删除自身的数据时，相关单位不得私自储存。

GDPR不仅对相关单位做出规定，还对数据接受的国家进行了规定，无法满足规定的国家不得接受欧盟境内的数据。GDPR首先要求接受国至少达到本国同等的数据保护水平，考察接受国是否已经在个人数据保护方面颁布了较为完善的法律措施，是否有专门的数据监管机构，同时考察接受国是否签署了具有法律约束的国际协议。

美国的跨境流通政策对国内数据的流出规定非常严格，但却允许境外相关数据的自由流入。美国对于境内技术和部分领域的数据出口管控非常严格，美国国内的农业、受控技术、关键基础设施等领域的数据都被严格管控。另一方面，美国还对国外的高科技技术进行限制。2019 年以来，美国对于华为、海康威视、中兴通讯等企业进行制裁，这些公司在没有美国相关部门的特许下，不得在美国商业伙伴企业采购产品。

美国还通过"长臂管辖"扩大了自身法律的适用范围，长臂管辖权指被告人即使不在本地居住，但和本地有最低联系，在发生了与该联系相关的事件时，法院能够直接对被告人发出传票。长臂管辖权本身是美国民事诉讼的一个概念，但美国在《澄清境外数据的合法使用法案》（Clarify Lawful Overseas Use of Data，简称 Cloud 法案）中采用了控制者原则，美国的权力机关能够调取境外的相关数据，但境外国家想调取美国境内的数据却需要严格的审查。

中国对于数据境外流通管控也较为严格，《网络安全法》提出，要将重要的个人信息在国内存储，在数据向境外转移前必须说明转移的目的以及范围，转移时不得破坏数据的安全性和完整性。数据转移前必须取得相关个体的同意，遵守相关法律的规定。对于个人信息以及敏感信息，转移前必须按照特定的方法进行评估。我国以数据存储本地化为主，严格管控数据的流通过程，同时还采取了欧盟对于个人数据的相关方法，确保个人在数据转移的全过程拥有要求更正或删除的权力。

中国对于数据的跨境流通政策探索还未成熟，还没有针对各领域数据的流通确立相对的方案，因此仍旧需要借鉴其他国家的政策经验，在考虑了我国的国情之后对政策不断进行完善，使数据在境外流通中保证安全性的同时加强与境外数据的交流，推动我国的数字经济发展。

12.3　布坎南的三个要素理论

在 20 世纪 30 年代的经济大危机发生后，凯恩斯主义被西方各国接受，西方国家开始干预经济，但这种宏观调控给各国带来了新的挑战，政府赤字情况严重、经济滞胀、政府职能扩大、政府资源浪费等问题使国家干预经济陷入困境。在此背景下，以詹姆斯·布坎南为代表的公共选择理论出现，公共选择理论从方法论个人主义、经济人的理性假设以及政治交易这三个要素对政府的决策过程加以分析，认为政府干预来弥补市场失灵并不一定能成功，经济上的问题只有在市场解决成本比政府解决成本高时才能选择政府干预。

公共选择理论认为社会市场由经济与政治组成，经济活动和政治活动的主体都是人，人在经济活动中追求个人利益最大化，没有理由认为人在政治活动中就会追求公共利益最大化，政府的工作人员不会因为去政府工作就放弃自身利益。公共选择理论将政治与经济融为一体，将经济学上的方法论运用到政治上，形成了新的政治经济学。

12.3.1 公共选择理论的三个要素

詹姆斯·布坎南在其获奖演说中提到，公共选择理论的方法论包括三个要素，即方法论个人主义、经济人假设和政治交易。

传统的集体主义总是把集体的行为作为整体来评判，但公共选择理论认为，集体行为是由许多个体决策后实施的，在分析群体行为前必须先分析个人的行为。布坎南认为，个人是集体行为和个人行为的决定者，国家、政府等集体只是由许多个体选择后的必然结果。这种把人作为社会活动的唯一决策者的理论就是方法论个人主义，不同于普通的个人主义，方法论个人主义强调个人可能利己也可能利他，个体可能对集体活动的目的带有不同想法。方法论个人主义不仅适用于经济社会，也适用于政治社会，政治活动的参与者也是社会的个体，也参与集体活动的决策过程。在分析集体的经济和政治活动前，必须先分析个体的行为动机。

方法论个人主义的基本假设就是"经济人"假设，布坎南认为人天生就追求效用最大化，"经济人"假设提出，个体无论是什么身份，做出自身相关的决策时都会选择最大化自身效益的方案。当存在一些适当的法律约束时，经济人行为可以提高社会的利益。公共选择理论将经济人假设运用到政治中，认为利己主义者不会因为参与政治工作就变成利他主义，这种认识有助于换个角度来分析政治工作者的行为动机，"经济人"假设也是政府失灵的解释之一。

在方法论个人主义和"经济人"假设的基础上，公共选择理论认为政治活动是一种特殊的交易活动，政府推出相关的协议与规定，普通公民考虑自身利益后，秉持着自愿原则决定是否接受，这种行为是集体与集体、集体与个人达成的交易，这种交易的客体不是商品，而是各种政治利益。

12.3.2 三要素理论对数据要素市场建设的启发

在建设数据要素市场的过程中，为了预防市场失灵现象的出现，政府必须对数据要素市场进行干预，布坎南的三个要素理论能够为政府对数据要素市场的建设带来启发。

第一，监督政府工作的效率。政府本身掌管了各地区大量的数据，能够对大部分数据进行垄断供给，政府作为地区的管理机构，没有竞争者的压力，政府工作人员难免会缺乏工作的动力，工作效率低下。政府工作人员的收入与业务处理并不相关，一些政府官员只注重权利的扩大，当权力范围内的政治活动降低了自身利益时，即使该活动会增加社会利益，他们也不会同意。当政府的工作数据能够共享，但共享会影响政府相关人员利益时，这些数据的共享可能是不完整甚至不准确的。因此，需要设立相关机构来监督政府的工作情况，对政府数据的共享提出要求，对编造、隐瞒政府数据的行为做出惩罚。

第二，严控政府的支出。政府相关人员为了更好地完成数据要素市场建设，对建设数据要素市场的相关支出可能不会加以控制，政府支出并不损害他们的利益，政府工作绩效好又会给他们带来权力扩张的机会，因此政府人员可能会花费不必要的支出来达到更好的工作成果，造成资金的浪费，国家应当对政府建设数据要素市场的支出加以监督，避免各地区政府不合理、不合规的支出。

第三，严厉打击"寻租"行为。政府拥有大量的数据，在对数据要素市场进行干预时，可能会影响各企业的利益，某些企业为了得到更多的数据利益，可能会通过各种途径给政府工作人员好处。公共选择理论的"经济人"假设提出，政府工作人员在政治活动中依然会追求自身利益的最大化，当正常的工作收益比企业给的利益低时，一些政府工作者可能会做出不公平的决策，甚至违规泄漏数据，导致数据资源的配置不合理，降低配置效率。企业的这种"寻租"行为会催生腐败现象，国家应当不定时地对相关部门进行突击检查，对有类似腐败现象的部门严肃处理，避免社会资源的浪费以及数据资源的泄漏。

第四，规范政府的权力范围。数据要素市场的建立需要政府的干预，但政府不得在权力范围外干预正常的数据交易，或者在权力范围外与其他主体进行违规交易。政府拥有大量的公共数据，很容易对数据进行垄断提供，正常交易中政府不得无理由地拒绝提供数据，也不得违规交易敏感数据，这也需要国家制定数据的分类标准，划分出政府管控数据的具体范围。

12.4　经济周期与要素配置理论是否适用于数据要素市场

2016 年，新经济被正式写入政府的工作报告，之后的党的十九届五中全会又提出要尽快实现新型工业化、城镇化、信息化和农业现代化，将大数据、互联网等数字技术与传统经济相融合，完善现代化经济体系的建设。新经济的本质就是数字经济，而数据要素市场决定数字经济的发展水平。数据要素市场与传统的要素市场相比具有很多特性，因此需要对要素市场相关理论进行重新检验，以经济周期和要素配置理论为主，分析要素相关理论对于数据要素市场的适用性。

12.4.1　经济周期与新经济——以美国为例

经济周期理论衡量了经济活动的波动情况，主要可分为繁荣、衰退、萧条与复苏四阶段，经济学上将周期的长短划分为三种，第一种是长周期，即康德拉耶夫周期，周期长度为 50 到 60 年；第二种是中周期，即朱格拉周期，周期长度为 9 到 10 年；第三种是短周期，即基钦周期，周期长度为 3 到 4 年。西方经济学家对经济周期的波动原因有着不同的见解，哈耶克在《价格与生产》一书中提出，货币因素是导致经济周期变动的唯一原因。

哈耶克认为，货币过多地注入信贷市场会导致利率下降，投资者获取资金的成本降低，在投资了生命周期较短的项目后，投资者会继续投资于周期较长的新项目，增加社会的经济活动，形成社会的繁荣景象，然而这些新项目的繁荣会导致生产要素无法满足全部需求。要素价格上升需要投资者进一步增加投资，当投资无法给投资者带来利润时，投资者会选择撤回，但投资的沉没成本已经无法收回，各种新项目招募的就业人员也面临失业风险，导致经济逐渐衰退甚至萧条。哈耶克认为经济在资本供给的自行恢复后能够自然复苏，国家并不需要干预经济危机。

数据要素市场适用经济周期理论需要有事实的支撑，本章以美国的新经济发展为例来分析数字经济是否改变了经济周期理论。

自 20 世纪 90 年代美国开始出现新经济以来，美国的 GDP 增长率持续增长，从 1992 年到 2000 年美国 GDP 增长率维持在 2.68% 到 4.75% 的水平，学术界甚至开始出现经济周期终结论。然而好景不长，2000 年美国的 GDP 增长率还以 4.13% 的水平稳定增长，2001 年美国 GDP 的增长率大幅下滑，直降为 1.0%，2002 年到 2005 年有了些许回升，但仍未达到前期的增长率水平，2005 年后美国 GDP 增长率再次下滑，2008 年经济危机爆发后美国 GDP 增长率转为负数（图 12-4）。

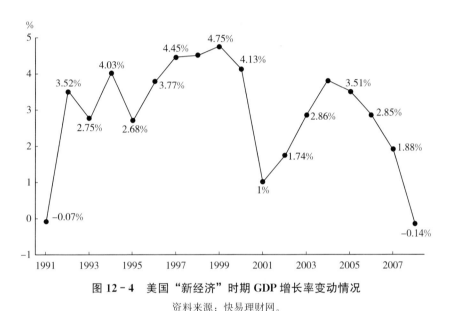

图 12-4　美国"新经济"时期 GDP 增长率变动情况

资料来源：快易理财网。

美国的新经济发展推动了经济结构的优化，IT 产业推动了美国从工业社会到信息社会的转型，为其增加了新的经济增长点，数字产业为美国带来了大量的新产品，各种科技项目调动了投资者的热情。在新经济的浪潮下，美国的股票指数持续上涨，甚至在 1999 年美国的个人储蓄率降为负数，消费者的消费欲望超越了储蓄水平，这导致了 2000 年美国主要股票指数的迅速下降，可以看出，美国的新经济虽然为其 GDP 带来了近十年的稳定增长，但仍未摆脱经济周期的理论。自 2000 年开始，美国的失业率急剧上升，尤其是新经济看好的互联网行业首次出现了失业浪潮，美国的公司因国内外需求降低导致收益率急速下滑，股票市场开始暴跌，大量市值蒸发。新经济的初期繁荣导致了市场上透支消费现象严重，美国政府财政出现巨额赤字，新经济的经济周期步入衰退阶段。

美国的新经济发展起伏已经揭示了数据要素市场并不能摆脱经济周期理论，虽然其能够淡化经济周期的阶段性特征，但依旧无法处于长期繁荣，现存依据无法表明经济周期理论不适用于数据要素市场。

12.4.2 马克思主义要素分配理论

马克思主义分配理论作为马克思主义政治经济学的重要组成，一直是学术界研究的重点。马克思主义理论是许多马克思主义者在实践中得出的结论，主要内容包括三点：分配是再生产过程的重要一环、生产决定分配、分配对生产具有反作用。

马克思主义分配理论认为，社会再生产的规律主要包括生产、分配、交换和消费四个环节，分配是其中的重要环节，连接了生产与交换，处于中间地位，与其他环节都密切联系。分配包括了生产资料和消费品的分配。马克思主义分配理论认为分配确定了配给个人的份额，而交换使被分配者取得自己的份额，分配的重要性不可忽略，否则必然导致交换环节的混乱。因此，分配即是再生产过程的中间环节，也是不可或缺的环节。

没有生产环节，则分配就失去了标的物。生产决定分配，马克思在《资本论》中提出分配和生产是同一的。生产数量决定了分配的数量，生产的方式也决定分配的方式。如果生产以私有制为基础，则分配也是私有制，如果生产是公有制，则分配也是公有制。

马克思主义分配理论认为分配对生产具有反作用，分配合理可以促进生产的发展，不合理则会阻碍其发展。生产需要生产要素，生产要素需要被合理分配，分配失衡会导致生产速度缓慢甚至停滞。马克思主要将生产要素分为劳动力与物质要素，要素分配在生产之前，生产后的消费品需要再次分配，生产要素的分配决定了消费品的分配。

马克思主义分配理论将生产要素的分配扩展到了对于生产要素索取权的分配上，这就使得生产要素的使用在生产关系中可以得到充分体现，"分配关系本质上和生产关系是同一的，是生产关系的反面，所以二者具有同样的历史的暂时的性质"（《资本论》第三卷，1975 年）。数据要素本身既是服务于生产过程的而且也通过生产过程来发挥作用，同时，由于数据要素具有可复制性等特点，也使其具有更加丰富的要素分配形式，可以在使用损耗很小的前提下大大增加其使用价值。

马克思主义分配理论还提出了劳动是社会价值的唯一来源，要将按劳分配作为分配方式，以公平分配作为分配目标。数据要素在社会经济的诸多领域都是开放的与共享的，相对于多数要素资源的物理稀缺性甚至是不可再生性而言，劳动者对于数据要素的取得则是更加便利的，劳动者可以根据自身的实际需求，只要付出相应的劳动，就可以实现对于数据要素的使用与再加工，并且通过这种劳动而创造出新的价值。数据要素市场是一种劳动者可以直接并且广泛参与分配的新兴的要素市场，并且能够更加充分地体现马克思主义分配理论的公平性原则。

数据要素市场符合马克思主义分配理论的一般规律，数据要素市场的分配能够充分体现出马克思主义分配理论的内涵，因此，应该重视马克思主义分配理论对于新兴要素市场的科学指导并加强现实实践，不断完善新时代中国特色社会主义理论的深刻内涵。

第 13 章　数据要素市场与新型经济系统性风险

在全球不确定不稳定因素上升与中国走向世界舞台中央所交织的关键时刻，突破国际贸易中"美元天花板"的问题已越发紧迫，从 1985 年的美日"广场协议"到 2022 年初的俄罗斯被 SWIFT 制裁，来自金融战场的威胁始终存在。中国至少有三种路径可以破解美元霸权：一是数字人民币的快速发展和全球推广，通过密码学和科技手段降低交易费用和风险；二是类似于 RCEP 的区域贸易一体化，成员国之间实现用本币结算；三是对自然资产与生态环境赋值的方法，例如浙江省积极实践的"两山银行"，只有实物资产才是真正的资产，数据要素市场的提出加快了中国经济数字化转型的进程，2021 年我国数字经济规模达到 45.5 万亿元，占 GDP 比重高达 39.8%。深刻理解数据要素市场的特征，对于在新一轮国际竞争中提升经济增长质量具有重要意义。

数据要素市场是新经济的主要组成部分，而数据要素市场的管理权属于市场还是政府依旧需要进一步考虑，市场作为资源配置的主要抓手，必须在满足完全市场竞争的条件下才能达到经济的一般均衡，然而完全市场竞争的条件难以达成，如果只依靠市场进行数据要素的配置，就会产生市场失灵现象。

市场失灵需要政府进行干预才能缓解，但是政府干预总会或多或少地影响价格机制，有时并不能缓解市场失灵现象，甚至会导致非市场失灵的产生，使政府干预导致的效率损失高于市场失灵的效率损失。

因此，数据要素市场的建设必须要考虑市场与政府失灵的可能性，针对市场失灵和非市场失灵采取相应地措施。另一方面，新冠疫情发生后，为了复苏受创的经济，我国提出了以国内大循环为主的国内国际双循环政策，数据要素虽然已经与循环的各节点进行了融合，但数据要素市场依旧存在许多关键问题没有解决。

13.1　数据要素与非市场失灵的供求关系

数据要素应当由市场进行主要配置，这一点是毋庸置疑的，但是，只依靠市场并不能达到资源配置的帕累托最优。帕累托最优作为评判资源配置效率的标准已经被各界所认同，帕累托最优指对任意的资源进行重新配置，都无法在使一方受益的同时，其他方的利益不降低。经济学认为，想要实现资源配置的帕累托最优，达到经济的一般均衡，市场必须是完全竞争的状态。然而在现实生活中，完全竞争市场很难实现，当市场无法达到对资源的最优配置时，就会导致市场失灵。

13.1.1　市场失灵的主要原因

市场失灵指市场对资源的分配没有达到最优化，从而产生了效率损失。市场失灵主要有三种原因：不对称信息、外部性和公共产品。

不对称信息指交易双方对于商品信息认知的不对称性，这种不对称性可能导致资源的配置无法达到最优。在信息的不对称情况下，如果交易双方的利益有冲突，会导致"道德风险"和"逆向选择"的行为产生，这些行为不仅损害了他人的利益，自身的信誉也会下降，导致市场资源配置效率低下。

外部性分为正外部性和负外部性。正外部性指市场主体自身的行为为社会带来了额外收益，但主体并未获取到这部分收益，正外部性的个体利益低于社会利益，从而产生其他个体的"搭便车"现象。负外部性指主体行为损害了社会利益，但并未付出成本，社会的利益低于个体的利益。在经济学上，无论是正外部性还是负外部性，都导致了个体与社会利益之间的不均衡及资源的配置失当。

公共产品具有典型的非竞争性与非排他性，公共产品的成本不随使用者数量增长，每个个体使用时不能排除他人的使用权利，因此，个体可以免费使用公共产品，市场规则无法对公共产品进行定价收费，从而导致市场失灵。

13.1.2　非市场需求和非市场供给

在市场失灵的情况下，就需要政府出面对经济进行干预，经济学对市场失灵的研究分析已经很成熟，但政府对资源配置也会产生问题，出现非市场失灵现象。Charlies Wolf 在《市场，还是政府》中指出，非市场失灵理论的不足使资源配置矩阵失衡，非市场失灵理论能够给公共政策带来建议。

非市场失灵除了政府外，还包括其他的非市场组织，但政府是非市场失灵的主要组织。市场失灵为政府干预经济提供了依据，诺贝尔经济学奖获得者 Joseph E. Stiglitz 提出，市场功能的不完善导致个体利益被侵害，政府必须进行干预才能保障市场的运作。虽然政府可以弥补市场失灵，但是政府的干预并不一定能够成功，有时甚至会产生另一种失灵，即非市场失灵。非市场失灵产生的原因为决策组织的利益与社会的整体利益不平衡。

Charlies Wolf 认为，对非市场失灵的分析应当以政府（即非市场）的供求关系为重点，从需求条件和供给条件来分析非市场失灵产生的原因。

非市场需求主要有以下条件：

一是对市场失灵的高估。此处高估指公众在新闻、环保组织等夸大宣传下，高估了市场失灵带来的危害，从而增加对政府干预的需求。

二是组织与参政权利的变化。在市场失灵发生后，社会上的各类组织团体不断涌现，要求政府进行经济干预，同时赋予他们政治权利。

三是政治奖励结构。在公众对政府干预的强烈需求下，政治决策者提出解决问题的对策后，即使对决策后果不予负责，也能获得奖励。

四是政治参与者的高额贴现。由于政府的参与者任期普遍较短，因此决策时未来的收益会被低估，而短期的收益会被夸大，政治参与者的贴现率高于社会贴现率，从而产生非市场需求。

五是责任与利益分离。政府活动的受益人与利益受损人相分离，宏观上，政治权属于投票的多数人，少数人成为税基，导致多数人能够剥削少数人。微观上，政府一些活动的受益人与受损人的分离，收益集中于特定组织，其他纳税人的利益受到侵害，导致受益人极力维护该活动，受损人极力反对该活动，导致特定的少数人剥削多数人，这两种分离都会产生对政府的需求。

非市场供给的主要条件为产出难以界定、生产来源单一、生产技术不定以及利润难以确定。非市场的供求条件促成了非市场失灵，非市场失灵主要类型为：多余成本、递增成本、派生外部性以及分配不公。

可以看出，市场与政府都有失效的情况，经济的正常运作离不开市场和政府的合理分工，如何均衡政府的效率与公平性是现代经济运作的重点。

13.1.3　数据要素市场如何应对失灵风险

对于数据要素市场，数据要素本身存在价值，但也承载了个体信息，只依靠市场来配置会导致个体的利益受损，社会的利益高于个人利益，产生外部性。数据要素的交易过程也可能会产生信息不对称情况，数据的价值难以衡量，购买者对数据要素价值的不了解可能会导致其资源配置达不到最优，市场失灵发生。数据要素由市场决定配置符合我国的市场经济体系，但同时也需要政府来监管、纠正，政府与市场两者之间相辅相成。因此，需要政府对数据要素市场进行监管，政府可以制定交易规则，出台相关法律法规保护个体信息，降低信息不对称性。

另一方面，政府干预可能会产生非市场失灵，数据要素的易复制性可能会导致一些政府工作人员为了自身利益违规分享数据，政府虽然以多数人的利益为目标，但政府的相关人员有自身的利益，当个体利益与社会利益冲突时，需要有监管机制防止产生内部性。政府本身没有竞争者，办事效率可能不高，国家应设立匿名反馈渠道来对政府工作进行监管。政府应当随时关注数据要素市场的动态，不断完善数据要素交易机制，防止政府干预过度带来反作用，也防止管控不足导致配置效率低下的情况。

13.2　数据要素与传统要素的协同发展机制

数据要素具有许多传统要素没有的特性，给传统要素带来了危机和机遇。危机在于数据要素的出现弱化了其他生产要素的市场地位，产生了替代性。数据要素具有跨地域性，且边际成本比其他要素低，为市场经济带来了新的活力。2020 年 7 月，发改委提出要打造跨越区域边界的虚拟产业园和产业集群。虚拟产业园有许多传统产业园不具有的优势，虚拟产业园没有园区的实体，不需要各产业集中在某个区域，产业园的内部交流更加快捷，同时虚拟数据的共享也能整合上下游的资源，对资源进行合理地配置。在新冠疫情的冲击下，线上交流已经成为新的办公模式，腾讯会议自新冠疫情暴发以来，在教育、医疗、金融甚至政府工作上发挥了巨大的作用，推出了远程教育论坛、教育资源共享、远程会诊、远程探视、云签约、远程投资咨询、云招商、云专访等功能，为新冠疫情下的经济复苏提供了工具。这些优势大部分传统要素都不具有，虚拟产业园降低了产业对土地要素的依赖性，腾讯会议也节省了资本等要素的成本，某些岗位的劳动力需求可能会被人工智能替代，因此数据要素给传统要素带来了冲击。

虽然数据要素的出现给传统要素带来了危机，但数据要素也能够促进其他要素的发展。一方面，数据要素必须要运用到价值创造过程才能实现其价值，而价值创造过程又离不开其他传统要素的参与。另一方面，数据必须经过整合加工后才能成为资源，整合加工的过程都离不开劳动力、土地、资本等要素，数据要素的边际成本低，但其初始成本包括了其他传统要素的成本，因此数据要素也催生了新的传统要素需求，同时数据要素的出现为市场带来了新的活力，数字经济已经成为我国经济发展的重要组成部分，数字产业也为我国带来了新的就业机会，培育了数据处理技术层面的人才。

要更好地发挥数据要素在要素市场上的作用，就必须确立数据要素与传统要素的协同发展机制，党的十九大提出的现代化产业体系中强调，要将实体经济、科技创新、现代金融与人力资源四个方面协同发展，做到产业链、创新链、资金链和人才链的有效结合。数据成为要素为这个体系提供了新的链条，即数据链，从而形成以产业链为核心，以数据链为枢纽，创新链、资金链、人才链为基本的新的协同机制。

13.2.1 以产业链为核心

中央财经委员会在 2019 年召开的第五次会议中提出，要以产业基础为本、推进产业基础的高级化和产业链的现代化。产业基础指产业发展的基础能力，其中包括了劳动力、土地、技术等传统要素，这些传统要素支撑了产业的发展，人才、技术等的质量直接决定了产业链的水平。另一方面，在数字经济的发展下，数据要素已经在产业发展中发挥了作用，大数据、人工智能、互联网等已经成为产业发展的基础设施。因此，在传统要素推进产业现代化建设的同时，数据要素也促进了我国三大产业的数字化转型。

从图 13-1 中可以看出，数字经济已经逐步渗透到我国的三大产业，其中第三产业渗透性最强也最快，增长速度较为稳定，第二产业略低于第三产业，但增长速度逐渐提高，第一产业的渗透性最低，渗透速度也最为缓慢。

数字经济主要由数字产业化和产业数字化组成，从近年来数字经济的结构图可以看出，我国以产业数字化为主，产业数字化已经成为我国数字经济的主要内容，同时数字产业化也开始逐渐发展（图 13-2）。

因此，我国的三大产业已经开始运用大数据、人工智能、互联网、区块链等数字技术，结合数据要素提供的信息来优化产业链和物流网络，从而降低企业成本、促进区域经济、鼓励企业的创新，因此传统要素和数据要素的协同发展机制需要以产业链的优化为核心目标，促进我国经济发展。

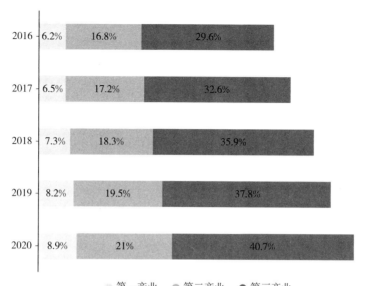

图 13-1　我国近年来产业数字化情况

资料来源：《中国产业数字化发展报告》。

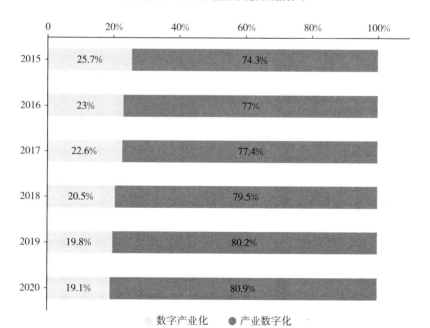

图 13-2　我国近年来数字经济结构

资料来源：《数字经济白皮书》。

13.2.2　以数据链为枢纽

建设现代化产业体系的基本点为创新链、资金链和人才链，创新链以技术要素为主，资金链以资本要素为主，人才链以劳动力要素为主，数据要素的发展推动了数据链的产生，数据链可以与创新链、资金链和人才链相融合，推动了三链的进一步发展。

作为发展的第一动力，创新能够提高国家的竞争力，是产业升级的第一驱动力。为了促进创新链的优化，数据链可以为各个产业和企业提供内外部数据，运用大数据、人工智能等技术聚集创新想法，筛选出最有利的创新数据，并对筛选后的数据进行整合与利用，提升各产业的创新效率。另外，各高校与科研所是研发创新的主要地点，数据链可以为其提供可共享的数据，同时记录各个创新成果的归属人，保护创新主体的权益，调动科研人员的积极性。

资金链是现代化产业体系的血脉，各个产业的发展都离不开资金的支撑。虽然我国的金融资产实力较强，但依旧存在着产品供需关系不匹配、资本边际效率下降、杠杆率较高和市场机制运行不畅的问题，因此资本市场需要进行供给侧改革。在此背景下，数据链能够为政府优化金融政策提供数据支撑，政府在对数据加以整合后制定出更准确和更有针对性的财政补贴政策，缓解贫富差距过大、小微企业和新兴企业资金需求无法满足的问题。过去我国经济主要依赖于低成本劳动力、土地等传统资源，在"新常态"下，数据要素已经成为新的经济增长动力点。

劳动力是产业发展的基本组成，所有产业都无法绝对脱离劳动力，即使是数据产业也离不开技术人员的维护。数据链能够将各行业的人才数据进行整合，搭建人才与企业的交流平台，为企业寻找人才提供新渠道。同时，数据链的发展衍生了大量的数据技术人才的需求，大数据、人工智能、互联网等应当被确认为各高校的专业学科，夯实相关专业学生的理论基础，为市场培育出更多的数据技术人才，形成完整的数据人才培养体系。因此，数据链为人才链提供了新的平台，而人才链也为数据链提供了人力资源。

五链协同发展机制作为一个整体，相互联系并相互依赖，只有把数据要素、技术要素、资本要素和劳动力要素相结合，才能提升传统要素形成的创新链、资金链和人才链的运作效率，推动现代化产业体系的建设。

13.3 公共管理政策在完善数据要素市场中的作用

公共管理指政府等组织为了社会的公共利益，采用法律、行政、经济等手段来对社会事务进行管理，尽可能地实现社会资源分配公平，维护公民的合法权益。公共管理的主体有政府、非政府公共组织和个人，其中政府属于主要主体，大部分公共管理都由政府主导实施。公共管理的客体主要包括经济的、政治的和社会的公共事务，以实现公共利益作为核心目标，公共利益是平衡了公共范围内所有的个人利益后做出的，并不是所有个体利益的总和。

公共政策指具有一定权力的政府和部门等为了实现社会分配公平，向权力范围内的居民做出的法律法规、命令、方案等措施，为社会各项活动做出具体准则。公共政策的主体与公共管理相同，客体为政策所涉及的物和人。

公共管理和公共政策的目标都是运用主体的权力，实现社会公共利益。公共管理与公共政策都以政府为主要主体，将政府作为实现目标的主要渠道。但是公共管理与公共政策不同的是，公共管理只负责对社会的管理，公共政策却要制定具体的方案。公共政策是实现公共管理目标的基础，是公共管理的起点，参与公共管理实现的整个过程。

13.3.1 公共政策的特征

由于公共政策的主要主体为政府，政府本身有制定相关法律法规的权力，因此，公共政策有以下特征：

一是公共性。公共政策由公共部门制定，以社会公众的利益为核心，被社会公众所监督，因此，公共政策必须具有公正性才能使公众接受并遵守，如果公共部门违反了社会公众的利益，制定出的政策必定会引起公众的不满和抵制。

二是高效性。公共政策是政府等为了社会的发展推出的，必须用最少的社会资源做尽量多的事，如果公共部门对资源过度浪费且办事效率低下，就必然会导致群众的不满，从而造成政府公信力下降。为了避免以上问题的产生，公共政策就必须具有高效性。

三是强制性。公共部门推出的公共政策面向具体的社会主体，以社会利益为目标，即使公共政策有时会损害部分人的利益，也不会影响到政策的效力，相关主体必须服从政策，否则会面临行政、刑事处罚。

四是关联性。不同时期的公共政策必须有一定的关联性，短时期内的政策虽然有变动，但差异不能太大。政府虽然会依据社会的变化来推出新的公共政策，但新政策不能太偏离旧政策，否则会影响到社会的稳定，必须有个过渡的时期才能大幅改变公共政策。

公共政策在字面上来看就是以公共为主体，为社会的发展而推出的强制性的政策，公共政策不会被某些个体和组织所干扰。

13.3.2 公共政策是预防数据要素市场失灵的手段

公共政策能够为社会事务的管理带来作用，虽然公共政策有时也会带来消极作用，但主要以积极作用为主。由于市场的完全竞争很难实现，因此为了预防数据要素市场失灵的出现，政府等部门要对数据要素市场进行适当干预，公共管理政策就是其干预的主要手段。

公共管理政策对数据要素市场建设的作用主要表现为以下方面：

首先是管制社会行为。数据要素有非排他性和易复制性，这种特性可能会导致市场出现盗版数据、隐私泄露、数据造假等问题，公共管理政策可以制定法律法规对这些法律问题进行管制，防止不法人员钻法律的漏洞。另外，中国的"数据孤岛"现象还很严重，企业对自己产生、收集的数据不愿意共享，为了防止巨头企业垄断行业数据，需要对反垄断的法律进行完善，同时鼓励企业对不敏感数据进行共享或公平交易。

其次是调节社会关系。在数据要素的交易中难免会出现纠纷，政府需要对各种社会关系产生的利益矛盾进行调节，以公平公正的态度运用公共政策来解决问题。公共管理政策能够为政府等部门处理事务提供依据，是公共部门解决纠纷的手段。

再次是分配社会资源。公共管理政策可以将政府数据进行共享，为社会公众提供一些公开的数据处理技术。另一方面，政府可以制定公共管理政策为数据要素市场建设提供补助，促进数据要素市场的完善。

最后是引导社会发展。公共管理政策能够为数据要素市场的发展提供方向，引导数据要素市场的规范化，使数据要素能够在市场上有序地交易。公共管理政策可以制定出数据要素交易的模式、确定数据要素的分类标准、为数据要素定价提供方法，只有模式、标准、定价等问题解决了，数据要素市场才能得以完善。

13.3.3　公共政策失灵与非市场失灵的关系

公共管理政策是政府干预经济的主要手段，但公共管理政策有时并未有效地解决市场失灵，甚至导致市场失灵现象更加严重，造成资源浪费，这种情况就是公共政策失灵。非市场失灵是以政府为代表的非市场主体的效率损失超过了市场失灵的损失，布坎南的三个要素理论指出，政府的工作人员也是"经济人"，有自身的利益，政府机构也有其内部利益，因此可能会导致政府的工作目标与公共利益背离，产生非市场失灵。

公共政策主要由政府制定，公共政策的失灵与政府无法分离，而政府是非市场主体的代表，是非市场失灵产生的主要组织。两者的主要代表都是政府，政府的行为与公共政策具有关联性，因此公共政策失灵与非市场失灵相互联系。

公共政策失灵与非市场失灵既有联系也有区别。公共管理政策的制定不仅仅需要政府的同意，还要得到相关利益主体的同意，尤其是政策影响到市场上大规模组织的利益时，需要收集各界的意见，如果不考虑这些意见，公共管理政策的实施也会受到阻碍，因此公共政策失灵并不只是政府引起的，也是社会利益各主体的意见不一致导致的，甚至有时公共政策失灵是市场本身造成的。非市场失灵的主要原因有政府内部工作人员的个人利益与社会利益冲突，产生内部性，导致社会效率损失，这与公共政策无关，公共政策的对象主要为政府以外的企业和组织，因此两者并不相同，数据要素市场的完善不仅要考虑非市场失灵风险，也要考虑公共政策失灵的风险。

13.4　数据要素市场改革对接国内大循环的关键问题

自 2020 年新冠疫情暴发以来，全球的经济不断受到冲击，为了促进经济的复苏，习近平总书记在 2020 年"两会"期间提出，在满足国内需求的基础上，推进数字经济等新兴产业发展，加快形成以国内大循环为主体的国内国际双循环体系，为我国在国际竞争上取得优势。双循环新发展格局强调以国内大循环为主体，畅通循环的生产、分配、流通和消费节点，发展出完善的内需体系。在疫情时期，数字经济发挥出了巨大的作用，线上教学、线上购物、线上娱乐等服务保障了居民的生活所需，"健康码"、"行程卡"等服务有效遏制了疫情的传播。另一方面，疫情也推动了这些数字产业的发展，数字经济已经催生了巨大的消费需求。

数据要素与其他生产要素相比，具有流动速度快、边际成本低的特点，同时能够与其他生产要素结合，驱动其他要素的发展。数据要素市场的建设需要满足国内大循环的要求，打通市场经济的生产、分配、流通、消费的环节。数据要素市场能够助推我国产业进行数字化转型，将我国的实体经济与数字经济融合，带来新的发展机遇。

13.4.1 数据要素与经济节点的融合

在生产节点上，我国的制造业已经开始运用数字技术，形成了"智能制造"、"自动化生产"技术。数字已经开始渗透三大产业，形成新的产业结构。

在分配节点上，数据要素市场能够优化市场对资源的配置，数据的开放共享也可以帮助国家更好地掌握市场经济规律，保障国内大循环下的市场竞争环境。数字技术能够帮助国家和政府搜集和整理国内居民的收入情况，从而及时地调节控制。当存在资源错配问题时，可以通过算法优化及时对接供求双方，降低生产方的经营风险，保障国内大循环的运作。

在流通节点上，数据要素市场能跨越地域的限制，整合各地区的数据，挖掘出偏远地区的发展优势，推动偏远地区的经济发展，缩小我国的地区贫富差距。另一方面，数据要素市场还能助推跨区域物流行业的发展，提高流通效率，促进城乡的信息交流和共同发展。

在消费节点上，数字支付已经成为我国居民的首选消费方式，居民的消费结构已经开始改变，内需不足的问题已经开始得到缓解。居民可以在线上购买跨区域的产品，足不出户便可以完成交易，升级了我国的居民消费结构。

13.4.2 数据要素市场亟待解决的问题

数据要素想要发挥出对国内大循环的作用，就需要参与市场的各个环节。我国的数据要素市场建设依旧处于初级阶段，还没有一个完整的交易体系，因此，需要注意以下几个问题。

一是确定数据要素的权属。数据要素与普通的要素不同，作为虚拟物品，数据要素无法直接确定权属于某个支配者，且数据要素具有非排他性，在生命周期内可能会同时被不同的主体支配，数据要素的整个生命周期中会产生所有者、加工者、使用者等，因此需要国家相关部门出台相关法律法规确定数据要素的权属以及保障权利人的权益不受侵害。

二是确定数据要素的定价标准。数据要素的质量参差不齐，且价值具有针对性。对于企业来看，跨行业的数据并不能带来太大价值，但对于政府来讲，各行各业的数据都有其价值，因此基于价值定价并不现实。另一方面，数据要素的生产成本主要集中于技术、劳动力等，边际成本低，难以在边际成本的基础上定价。因此我国的相关部门应当确定数据要素的定价标准，防止数据要素市场定价混乱。

三是打破"数据孤岛"现象。当下的各个企业在经济活动中产生的数据大多都储存于本企业，不愿意共享本企业的数据，形成"数据孤岛"现象。而数据要素需要在大量数据的整合下才能发挥出更大的价值，分散的数据给经济带来的发展微乎其微，因此这样的现象对于数据要素市场的发展十分不利。极端情况下，有些企业甚至会将数据进行垄断，甚至出现数据的非法交易，泄漏用户的隐私。2021 年 7 月，人民日报发文指出，"滴滴出行"APP 存在严重的违法使用用户信息的问题。"滴滴出行"作为我国网约车的代表企业，具有庞大的用户群体，收集了大量的用户信息。"滴滴出行"违法使用信息已经属于数据的非法交易，这样的违法使用会导致部分用户抗拒 APP 收集信息的行为，不利于数字经济的发展。

四是隐私保护问题。从"滴滴出行"事件可以看出，数据的隐私保护问题急需解决。数据要素承载了各个主体的社会经济活动，这些数据的泄漏不仅侵犯了用户的隐私，甚至会催生违法犯罪行为。用户在浏览网页、登录网站时都会被收集信息，部分应用在申请收集信息权限被拒时会拒绝提供服务。不仅是个人数据，企业数据也存在泄漏风险，企业部分数据还包含自身的商业机密，一旦泄漏就会增加经营风险。因此，必须出台数据要素隐私保护的相关法律，保障数据要素的市场化进程。

因此，数据作为新的生产要素，数据要素市场对接国内大循环，可以促进三大产业的数字化，畅通循环的各个环节，但需要建立完整的数据要素交易体系，确定数据权属、制定定价标准、促进数据的共享并且保护主体的隐私，从而助推我国经济的高质量发展。

由于数据要素市场是被"无中生有"地创生出来的一种要素市场，其所显示的实物性特征远不及土地、劳动力等传统要素市场来得明显，因此也必须借由国家对其价值予以信用，这类似于纸币通货的信用诞生，但是数据要素又具有极强的市场化特性，是一个既容易被创生又充满活力的市场，且具有以下几个方面显著的经济学特征：其一，无损性特征，由于数据的存储、传输和使用的成本都很低，因此其并不像其他要素一样必然出现使用中的实物损耗现象；其二，高折旧率特征，尽管特定时期的稀缺数据的价值可能会很高，但是随着时间的推移，数据的使用价值随即会有所降低，全球每天产生的数据量正在以惊人的速度增长，这使得数据的价值在加速贬值；其三，非竞争性和非排他性特征，非竞争性是指大量公开数据是可以被公众共同使用的，非排他性是指免费提供给大众使用的基础性数据；其四，高风险性特征，一方面是一些隐私性、敏感性较强的数据存在信息泄漏的风险，另一方面数据的更新和变化较快，可能造成由于使用过时数据而产生的使用效果不佳的应用风险；其五，价值边界模糊与垄断趋势特征，市场对于数据的定价存在较大的不确定性，对于一些独有的或极度稀缺的数据，如果任由市场自发定价容易产生价格扭曲，具有数据独享优势的部门会为了获取超额利润而走向自然垄断。由于数据要素市场具有上述特征，为了有效预防经济系统性风险，国家才不可能像制定货币政策或者外汇政策一样，仅需采用周期性的措施就可以预防供需失衡与流动性陷阱的危机，更加需要充分考虑到数据要素市场的自身特点，进行适合的要素市场设计，并依靠更加敏锐和有效的调控措施纠正市场失灵。

我国在数字经济和区块链产业方面已经位居世界前列，需要进一步加快数据要素统一大市场建设，在国际重要标准制定方面取得有利地位，同时要理顺数据要素与科技创新的关系，设计出更具市场活力的交易制度和模式，为孵化科技创新型企业提供数据要素支持，降低数据要素市场失灵的风险，做好数据要素与传统要素的协同发展，增强国民经济的整体发展质量和预防经济系统性风险的能力。同时，由于政府本身掌管了各地区各部门大量的数据，还要做好管理与监督工作，严厉打击数据要素"寻租"行为，完善数据要素市场的顶层设计。

参 考 文 献

白雪洁，宋莹. 中国各省火电行业的技术效率及其提升方向——基于三阶段 DEA 模型的分析 [J]. 财经研究，2008（10）：15 - 25.

白重恩，刘俏，陆洲，等. 中国上市公司治理结构的实证研究 [J]. 经济研究，2005（2）：81 - 91.

白重恩，马琳. 政府干预、最优税收与结构调整 [J]. 税务研究，2015（6）：46 - 50.

白重恩，钱震杰，武康平. 中国工业部门要素分配份额决定因素研究 [J]. 经济研究，2008（8）：16 - 28.

白重恩，钱震杰. 国民收入的要素分配：统计数据背后的故事 [J]. 经济研究，2009，44：27 - 41.

白重恩，张琼. 中国的资本回报率及其影响因素分析 [J]. 世界经济，2014，37：3 - 30.

白重恩. 从特惠到普惠，完善中国经济发展的制度基础 [N]. 企业家日报，2016 - 01 - 08（W03）.

曹廷求，杨秀丽，孙宇光. 股权结构与公司绩效：度量方法和内生性 [J]. 经济研究，2007，42（10）：126 - 137.

曹允春，谷芸芸，席艳荣. 中国临空经济发展现状与趋势 [J]. 经济问题探索，2006a（12）：4 - 8.

曹允春，席艳荣，李微微. 新经济地理学视角下的临空经济形成分析 [J]. 经济问题探索，2009（2）：49 - 54.

曹允春，杨震，白杨敏. 提高临空经济区核心竞争力研究 [J]. 经济纵横，2006b（8）：21 - 23.

陈德萍，陈永圣. 股权集中度、股权制衡度与公司绩效关系研究——2007—2009 年中小企业板块的实证检验 [J]. 会计研究，2011（1）：38 - 43.

陈敏，桂琦寒，陆铭，等. 中国经济增长如何持续发挥规模效应？——经济开放与国内商品市场分割的实证研究 [J]. 经济学（季刊），2007（7）：125 - 150.

陈若玮. 从补贴看中国支线航空政策发展 [J]. 大飞机，2017（3）：36 - 39.

陈晓，江东. 股权多元化、公司业绩与行业竞争性 [J]. 经济研究，2000（8）：28 - 35，80.

陈欣，袁建，戴靓. 基于空间计量模型的机场网络溢出效应研究 [J]. 交通运输系统工程与信息，2019，19：211-217.

陈信元，汪辉．股东制衡与公司价值：模型及经验证据［J］．数量经济技术经济研究，2004（11）：102-110.

陈燕．中国城乡建设用地市场一体化研究［D］．福州：福建师范大学，2012.

程名望，贾晓佳，仇焕广．中国经济增长（1978—2015）：灵感还是汗水？［J］．经济研究，2019，54：30-46.

崔强，武春友，匡海波．BP-DEMATEL在空港竞争力影响因素识别中的应用［J］．系统工程理论与实践，2013，33：1471-1478.

崔荣．基于DEA模型的中国电力上市企业经营绩效评价与实证分析［D］．西安：西北大学，2008.

杜莹，刘立国．股权结构与公司治理效率：中国上市公司的实证分析［J］．管理世界，2002（11）：124-133.

段瑞君．技术进步、技术效率与产业结构升级——基于中国285个城市的空间计量检验［J］．研究与发展管理，2018，30：106-116.

樊潇彦．中国工业资本收益率的测算与地区、行业结构分析［J］．世界经济，2004（5）：48-57.

范子英，张军．财政分权、转移支付与国内市场整合［J］．经济研究，2010，45：53-64.

方忠权，王章郡．民航运输增长和区域经济发展的格兰杰因果检验——以广州白云国际机场为例［J］．城市发展研究，2011，18：118-121.

费凡．股权结构对上市公司并购绩效的影响［J］．商业会计，2020（23）：39-42.

冯正霖．推动民航高质量发展　开启新时代民航强国建设新征程［J］．人民论坛，2018（5）：6-8.

高黎．基于空间计量模型的机场经济溢出效应研究［D］．广汉：中国民用航空飞行学院，2020.

高圣平，刘守英．集体建设用地进入市场：现实与法律困境［J］．管理世界，2007（3）：62-72，88.

郭伟，唐人虎．2060碳中和目标下的电力行业［J］．能源，2020（11）：19-26.

胡加明，吴迪．股权结构与企业绩效之谜［J］．东岳论丛，2020，41（10）：97-113.

胡洁，胡颖．上市公司股权结构与公司绩效关系的实证分析［J］．管理世界，2006（3）：142-143.

黄慧娟．绿色经济背景下的职业教育研究［D］．上海：华东师范大学，2013.

黄立玲，李琳．基于DEA与因子分析法的电力上市公司绩效分析［J］．鸡西大学学报，2013，13（9）：35-37，40.

江金启．中国农村内部的收入流动性：位移效应和增长效应［J］．南方经济，2010（2）：3-14.

蒋丽．基于竞争优势模型的国内航空货运发展探讨［J］．中国流通经济，2015，29：40－45．

蒋云赟，任若恩．中国工业的资本收益率测算［J］．经济学（季刊），2004（7）：877－888．

金靖寅．补贴的利益和权利辩析——基于航空航天产业视角［J］．中国航天，2017（8）：45－50．

金真，李凯，许刚．中西部地区航空经济区竞争力分析［J］．郑州航空工业管理学院学报，2018，36：13－21．

康妮，万攀兵，陈林．新中国土地产权制度变迁的理论与实践——兼议深圳"小产权房"问题［J］．财经问题研究，2017（11）：113－120．

柯水发，潘晨光，潘家华，郑艳，张莹．中国森林公园旅游业发展的就业效应分析［J］．中国人口·资源与环境，2011，21（S1）：202－205．

柯水发，潘晨光，温亚利，潘家华，郑艳．应对气候变化的林业行动及其对就业的影响［J］．中国人口·资源与环境，2010，20（6）：6－12．

李成，秦旭．银行股权集中度与经营绩效的相关性分析［J］．金融理论与实践，2008（1）：29－32．

李栋梁，曹允春．行业发展与区域经济振兴——基于航空运输业效应的分析［J］．求是学刊，2010，37：57－61．

李虹，董亮．发展绿色就业提升产业生态效率——基于风电产业发展的实证分析［J］．北京大学学报（哲学社会科学版），2011，48（1）：109－118．

李建林，杜笑天．区块链＋共享储能＝？［J］．能源，2019（12）：74－75．

李晋，蔡闻佳，王灿，陈艺丹．碳中和愿景下中国电力部门的生物质能源技术部署战略研究［J］．中国环境管理，2021，13（1）：59－64．

李乃彬．机场的空间溢出效应及其区域差异研究［D］．南京：东南大学，2013．

李玉民，马晓伟，高妞．中西部地区航空物流发展综合竞争力评价研究——以郑州、武汉、西安三市为例［J］．经济研究导刊，2016（3）：43－46．

李增泉，孙铮，王志伟．"掏空"与所有权安排——来自中国上市公司大股东资金占用的经验证据［J］．会计研究，2004（12）：3－13，97．

梁树广，崔健，袁见．中国电力行业上市公司的股权结构与技术效率关系——基于超效率DEA模型和面板模型［J］．上海立信会计学院学报，2011，25（4）：78－86．

刘国亮，王加胜．上市公司股权结构、激励制度及绩效的实证研究［J］．经济理论与经济管理，2000（5）：40－45．

刘瑞明．国有企业、隐性补贴与市场分割：理论与经验证据［J］．管理世界，2012（4）：21－32．

刘守英．中国城乡二元土地制度的特征、问题与改革［J］．国际经济评论，2014（3）：

9－25，4.

刘星，刘伟．监督，抑或共谋？——中国上市公司股权结构与公司价值的关系研究［J］.
会计研究，2007（6）：68－75，96.

刘雪妮，宁宣熙，张冬青．区域间民航发展与经济增长关系的比较分析［J］. 管理评论，
2007：21－26，63.

吕怀立，李婉丽．控股股东自利行为选择与上市公司股权制衡关系研究——基于股权结构
的内外生双重属性［J］. 管理评论，2010，22（3）：19－28.

毛世平．金字塔控制结构与股权制衡效应——基于中国上市公司的实证研究［J］. 管理世
界，2009（1）：140－152.

梅文明，王栋．区块链技术在电力领域应用场景的探索分析［J］. 电力信息与通信技术，
2020，18（2）：21－29.

钱文荣，朱嘉晔，钱龙，等．中国农村土地要素市场化改革探源［J］. 农业经济问题，
2021（2）：4－14.

秦岩．我国航空物流体系发展研究［D］. 西安：长安大学，2006.

曲怡．低碳经济对山东省就业影响的机理与实证研究［D］. 青岛：中国石油大学（华
东），2018.

荣晨．我国土地收益分配制度改革的取向和举措——基于不同利益主体的视角［J］. 宏观
经济管理，2020（6）：13－22.

邵帅，范美婷，杨莉莉．经济结构调整、绿色技术进步与中国低碳转型发展——基于总体
技术前沿和空间溢出效应视角的经验考察［J］. 管理世界，2022，38（2）：46－69，
4－10.

邵帅，张曦，赵兴荣．中国制造业碳排放的经验分解与达峰路径——广义迪氏指数分解和
动态情景分析［J］. 中国工业经济，2017（3）：44－63.

邵挺，李井奎．资本市场扭曲、资本收益率与所有制差异［J］. 经济科学，2010（10）：
35－45.

邵挺．金融错配、所有制结构与资本回报率：来自 1999—2007 年我国工业企业的研究
［J］. 金融研究，2010（9）：51－68.

施东晖．股权结构、公司治理与绩效表现［J］. 世界经济，2000（12）：37－44.

宋伟，杨卡．民用航空机场对城市和区域经济发展的影响［J］. 地理科学，2006（12）：
649－657.

孙波，金丽国，曹允春．临空经济产生的机理研究——以首都国际机场为例［J］. 理论探
讨，2006（11）：93－95.

孙宁华，堵溢，洪永淼．劳动力市场扭曲、效率差异与城乡收入差距［J］. 管理世界，
2009（9）：44－52，187.

孙永祥，黄祖辉．上市公司的股权结构与绩效［J］. 经济研究，1999（12）：23－30，39.

唐勇军，赵智慧．智力资本、股权性质与公司绩效——基于电力行业企业 Public 模型的实证分析 [J]．财会月刊，2015（24）：29-33.

滕飞，吴宗鑫．中国电力企业的绩效分析 [J]．数量经济技术经济研究，2003（6）：127-130.

田利军，王丹阳，王杏文，等．航空公司高质量发展水平测度与驱动因素研究 [J]．会计之友，2022（6）：40-47.

王辰．基础产业瓶颈：体制与非体制成因的系统考察 [J]．管理世界，1995（5）：126-132.

王家赠．教育对中国经济增长的影响分析 [J]．上海经济研究，2002（3）：10-17，31.

王莉莉，韩道琴，张宸恺．中小板公司股权集中度、研发投入与公司绩效 [J]．会计之友，2021（3）：117-123.

王全良．基于动态空间模型的中国临空经济区与腹地区域经济关系研究 [J]．地理研究，2017，36：2141-2155.

王云泽，王秋瑾，马欣欣．基于区块链技术的能源互联网交易方案设计 [J]．华电技术，2020，42（8）：83-89.

吴淑琨．基于认股权证的高管激励理论与制度设计 [J]．证券市场导报，2003（7）：45-50.

吴延兵，米增渝．创新、模仿与企业效率——来自制造业非国有企业的经验证据 [J]．中国社会科学，2011（4）：77-94，222.

吴育华，甘世雄．电力工业效率分析与实证研究 [J]．武汉理工大学学报，2004（8）：90-92.

武珂．支线运营补贴政策及效用分析初探 [J]．中国管理信息化，2016，19：149-151.

谢敬东，陆池鑫，孙欣，等．区块链技术在能源与电力系统领域的应用和展望 [J]．电测与仪表，2021，58（6）：1-12.

谢良才，孙玲．美国绿色职业教育运动进展与经验 [J]．比较教育研究，2017，39（7）：71-78.

徐莉萍，辛宇，陈工孟．股权集中度和股权制衡及其对公司经营绩效的影响 [J]．经济研究，2006（1）：90-100.

徐晓东，陈小悦．第一大股东对公司治理、企业业绩的影响分析 [J]．经济研究，2003（2）：64-74，93.

严志芳．西山煤电集团绩效评价及其影响因素研究 [D]．太原：太原理工大学，2017.

杨海．基于 DEA 的煤电企业协同绩效评价研究 [J]．中国锰业，2018，36（3）：191-195.

杨秀云，毛舒怡，张宁．机场发展对地区旅游业发展的贡献性分析 [J]．统计与信息论坛，2011，26：85-89.

杨燕. 基于"绿色工作"理念的职业教育技能培训 [J]. 职教通讯, 2012 (22): 34 - 36, 52.

杨友孝, 程程. 临空经济发展阶段划分与政府职能探讨——以国际成功空港为例 [J]. 国际经贸探索, 2008 (10): 69 - 73.

杨振, 韩磊. 城乡统一建设用地市场构建: 制度困境与变革策略 [J]. 学习与实践, 2020 (7): 27 - 34.

姚国章. 国际能源区块链的发展进展与启示 [J]. 南京邮电大学学报 (自然科学版), 2020, 40 (5): 215 - 224.

殷瑞普. 国内城市临空经济发展模式分析 [J]. 特区经济, 2015 (5): 27 - 28.

于斌斌. 产业结构调整与生产率提升的经济增长效应——基于中国城市动态空间面板模型的分析 [J]. 中国工业经济, 2015 (12): 83 - 98.

于文领, 张力派, 王静静. 股权集中度、股权制衡度与融资约束——来自 2013—2017 年中国房地产业 102 家上市公司的经验证据 [J]. 河北经贸大学学报, 2020, 41 (3): 46 - 54.

张海龙, 黄镜淳, 贾菲, 等. 我国 288 个城市经济发展的空间溢出效应研究 [J]. 统计与决策, 2019, 35: 141 - 144.

张海明. 当代中国土地产权制度变迁研究 (1949—2015) [D]. 济南: 山东大学, 2019.

张红军. 中国上市公司股权结构与公司绩效的理论及实证分析 [J]. 经济科学, 2000 (4): 34 - 44.

张军. 分权与增长: 中国的故事 [J]. 经济学 (季刊), 2008 (7): 21 - 52.

张蕾, 陈雯, 宋正娜, 等. 机场运营与区域经济增长关联性——以南京禄口国际机场为例 [J]. 地理科学进展, 2010, 29: 1570 - 1576.

张蕾, 史威. 空港经济区空间结构演变及驱动机制——以上海虹桥国际机场为例 [J]. 地理研究, 2014, 33: 57 - 70.

张林, 夏磊. 航空物流产业与区域经济的关联效应研究——基于物流节点城市的面板数据 [J]. 西安石油大学学报 (社会科学版), 2018, 27: 9 - 16.

张硕. 股权集中度、股权制衡度与公司绩效关系研究 [J]. 中国集体经济, 2020 (32): 79 - 82.

张学良, 孙海鸣. 交通基础设施、空间聚集与中国经济增长 [J]. 经济经纬, 2008 (3): 20 - 23.

张玉皓. 区块链技术在碳交易中的运用 [J]. 现代商贸工业, 2020, 41 (32): 94 - 95.

张子立, 张晋宾, 李云波. 国际能源区块链典型项目应用及分析 [J]. 华电技术, 2020, 42 (8): 75 - 82.

赵玥. 基于 Super - SBM 与 Tobit 模型的电力上市公司绩效分析 [D]. 大连: 大连海事大学, 2019.

周不群. 吉林省绿色就业发展研究 [D]. 长春：长春工业大学，2018.

周方召，符建华，尹龙. 股权制衡、法律保护与控股股东侵占——来自中国 A 股民营上市公司关联交易的实证分析 [J]. 投资研究，2011，30 (8)：101 - 110.

周黎安. 中国地方官员的晋升锦标赛模式研究 [J]. 经济研究，2007 (7)：36 - 50.

周业安. 金融抑制对中国企业融资能力影响的实证研究 [J]. 经济研究，1999 (2)：15 - 22.

周振，孔祥智. 新中国 70 年农业经营体制的历史变迁与政策启示 [J]. 管理世界，2019，35 (10)：24 - 38.

朱红军，汪辉. "股权制衡" 可以改善公司治理吗？——宏智科技股份有限公司控制权之争的案例研究 [J]. 管理世界，2004 (10)：114 - 123，140 - 156.

朱武祥，宋勇. 股权结构与企业价值——对家电行业上市公司实证分析 [J]. 经济研究，2001 (12)：66 - 72，92.

邹薇，刘勇. 技能劳动、经济转型与收入不平等的动态研究 [J]. 世界经济，2010，33 (6)：81 - 98.

Abadie A，Diamond A，Hainmueller J. Synthetic control methods for comparative case studies：Estimating the effect of California's tobacco control program [J]. Journal of the American Statistical Association，2010，105 (490)：493 - 505.

Abadie A，Gardeazabal J. The economic costs of conflict：A case study of the Basque Country [J]. American Economic Review，2003，93 (1)：113 - 132.

Abraham Wald. On some systems of equations of mathematical economics [J]. Econometrica，1951 (19)：368 - 403.

Aceleanu M I. Green jobs in a green economy：Support for a sustainable development [J]. Progress in Industrial Ecology，an International Journal，2015，9 (4)：341 - 355.

Acemoglu D，Guerrieri V. Capital deepening and nonbalanced economic growth [J]. Journal of Political Economy，2008，116 (3)：467 - 498.

Adhikari B，Alm J. Evaluating the economic effects of flat tax reforms using synthetic control methods [J]. Southern Economic Journal，2016，83 (2)：437 - 463.

Afolabi A O，Ojelabi R A，Tunji - Olayeni P F，et al. Survey datasets on women participation in green jobs in the construction industry [J]. Data in Brief，2018，17：856 - 862.

Agarwal A，Singhmar A，Kulshrestha M，et al. Municipal solid waste recycling and associated markets in Delhi，India [J]. Resources，Conservation and Recycling，2005，44 (1)：73 - 90.

Aistrakhanov，D.，Ishchuk，V. & Yatsenko，Yu.，The turnpike approach to modeling renewal rates for engineering systems [J]. Engineering Simulation，1993 (6)：941 - 954.

Al - Khatib I A，Al - Sari M I，Kontogianni S. Scavengers' contribution in solid waste management sector in Gaza Strip, Palestine [J]. Environmental Monitoring and Assessment, 2020, 192 (6).

Aldy, J. E. & Stavins, R. N., Climate policy architectures for the Post-Kyoto World [J]. Environment, Vol. 50, No. 3, 2008: 6-17.

Alejandro Perez-Segura, Vigfusson, R. J. The relationship between oil prices and inflation compensation, IFDP Notes [EB/OL]. http://econpapers.repec.org/paper/fipfedgin/2016-04-06.htm.

Aliyu, M. & Aminu. Foreign direct investment and the environment: Pollution haven hypothesis revisited [C]. Paper Prepared for the Eight Annual Conference on Global Economic Analysis, 2005, 6: 9-11.

Allan G, Lecca P, Mcgregor P, et al. The economic impacts of marine energy developments: A case study from Scotland [J]. Marine Policy, 2014, 43: 122-131.

Appold S J, Kasarda J D. The airport city phenomenon: Evidence from large US airports [J]. Urban Studies, 2013, 50 (6): 1239-1259.

Appold S J. Airport cities and metropolitan labor markets: An extension and response to Cidell [J]. Journal of Economic Geography, 2015, 15 (6): 1145-1168.

Ashenfelter O. Estimating the effect of training programs on earnings [J]. The Review of Economics and Statistics, 1978 (60): 47-57.

Ayodele T, Alao M, Ogunjuyigbe A. Recyclable resources from municipal solid waste: Assessment of its energy, economic and environmental benefits in Nigeria [J]. Resources, Conservation and Recycling, 2018, 134: 165-173.

Baker D, Merkert R, Kamruzzaman M. Regional aviation and economic growth: cointegration and causality analysis in Australia [J]. Journal of Transport Geography, 2015, 43: 140-150.

Baltaci N, Sekmen O, Akbulut G. The relationship between air transport and economic growth in Turkey: Cross-regional panel data analysis approach [J]. Journal of Economics and Behavioral Studies, 2015, 7 (1): 89-100.

Batool S A, Chaudhry N, Majeed K. Economic potential of recycling business in Lahore, Pakistan [J]. Waste management, 2008, 28 (2): 294-298.

Beccarello M, Di Foggia G. Moving towards a circular economy: Economic impacts of higher material recycling targets [J]. Materials Today: Proceedings, 2018, 5 (1): 531-543.

Bennedsen M, Wolfenzon D. The balance of power in closely held corporations [J]. Journal of Financial Economics, 2000, 58 (1).

Bishop P, Brand S. Measuring the low carbon economy at the local level: A hybrid approach [J]. Local Economy, 2013, 28 (4): 416-428.

Blanco M I, Rodrigues G. Direct employment in the wind energy sector: An EU study [J]. Energy Policy, 2009, 37 (8): 2847 - 2857.

Bowen J. Network change, deregulation, and access in the global airline industry [J]. Economic Geography, 2002, 78 (4): 425 - 439.

Brueckner J K. Airline traffic and urban economic development [J]. Urban Studies, 2003, 40 (8): 1455 - 1469.

Butler C, Parkhill K A, Pidgeon N F. Nuclear power after Japan: The social dimensions [J]. Environment: Science and Policy for Sustainable Development, 2011, 53 (6): 3 - 14.

Button K, Lall S, Stough R, et al. High - technology employment and hub airports [J]. Journal of Air Transport Management, 1999, 5 (1): 53 - 59.

Button K, Taylor S. International air transportation and economic development [J]. Journal of Air Transport Management, 2000, 6 (4): 209 - 222.

Cecere G, Mazzanti M. Green jobs and eco - innovations in European SMEs [J]. Resource and Energy Economics, 2017, 49: 86 - 98.

Cheng S, Chan C W, Huang G H. Using multiple criteria decision analysis for supporting decisions of solid waste management [J]. Journal of Environmental Science and Health, Part A, 2002, 37 (6): 975 - 990.

Choi J, Choi J Y. The effects of R&D cooperation on innovation performance in the knowledge - intensive business services industry: Focusing on the moderating effect of the R&D - dedicated labor ratio [J]. Technology Analysis & Strategic Management, 2021, 33 (4): 396 - 413.

Cidell J. The role of major infrastructure in subregional economic development: An empirical study of airports and cities [J]. Journal of Economic Geography, 2015, 15 (6): 1125 - 1144.

Connolly K, Allan G J, Mcintyre S G. The evolution of green jobs in Scotland: A hybrid approach [J]. Energy Policy, 2016, 88: 355 - 360.

Consoli D, Marin G, Marzucchi A, et al. Do green jobs differ from non - green jobs in terms of skills and human capital? [J]. Research Policy, 2016, 45 (5): 1046 - 1060.

Copeland B R, Taylor M S. Trade, growth, and the environment [J]. Journal of Economic Literature, 2004, 42 (1): 7 - 71.

Cremer H, Marchand M, Thisse J - F. Mixed oligopoly with differentiated products [J]. International Journal of Industrial Organization, 1991, 9 (1): 43 - 53.

Cremer H, Marchand M, Thisse J - F. The public firm as an instrument for regulating an oligopolistic market [J]. Oxford Economic Papers, 1989, 41 (1): 283 - 301.

Dan V D H. NIMBY or not? Exploring the relevance of location and the politics of voiced opinions in renewable energy siting controversies [J]. Energy Policy, 2007, 35 (5): 2705 - 2714.

David F, Saporito G. The impact of a new airport on international tourism: The case of Ragusa (Sicily) [R]. David F, Saporito G, Bank of Italy, Economic Research and International Relations Area, 2017.

De Fraja G, Delbono F. Alternative strategies of a public enterprise in oligopoly [J]. Oxford Economic Papers, 1989, 41 (2): 302 - 311.

Debbage K G. Air transportation and urban - economic restructuring: Competitive advantage in the US Carolinas [J]. Journal of Air Transport Management, 1999, 5 (4): 211 - 221.

Demsetz H, Lehn K. The structure of corporate ownership: Causes and consequences [J]. Harold Demsetz; Kenneth Lehn, 1985, 93 (6).

Eastwood D, Eaton M, Monds F, et al. Northern Ireland's green economy: An examination of environmentally based employment opportunities [J]. European Environment, 1995, 5 (5): 134 - 144.

Econie A, Dougherty M L. Contingent work in the US recycling industry: Permatemps and precarious green jobs [J]. Geoforum, 2019, 99: 132 - 141.

Edwards P, Sutton - Grier A, Coyle G. Investing in nature: Restoring coastal habitat blue infrastructure and green job creation [J]. Marine Policy, 2013, 38: 65 - 71.

Emery A, Davies A, Griffiths A, et al. Environmental and economic modelling: A case study of municipal solid waste management scenarios in Wales [J]. Resources, Conservation and Recycling, 2007, 49 (3): 244 - 263.

Falxa - Raymond N, Svendsen E, Campbell L K. From job training to green jobs: A case study of a young adult employment program centered on environmental restoration in New York City, USA [J]. Urban Forestry & Urban Greening, 2013, 12 (3): 287 - 295.

Fanning T, Jones C, Munday M. The regional employment returns from wave and tidal energy: A Welsh analysis [J]. Energy, 2014, 76: 958 - 966.

Fare R, Grosskopf S, Yaisawarng S, et al. Productivity growth in Illinois electric utilities [J]. Resources & Energy, 1990, 12 (4): 383 - 398.

Ferrão P, Ribeiro P, Rodrigues J, et al. Environmental, economic and social costs and benefits of a packaging waste management system: A Portuguese case study [J]. Resources, Conservation and Recycling, 2014, 85: 67 - 78.

Fershtman C. The interdependence between ownership status and market structure: The case of privatization [J]. Economica, 1990 (57): 319 - 328.

Fung M K - Y, Law J S, Ng L W - K. Economic contribution to Hong Kong of the aviation sector: A value – added approach [J]. Chinese Economy, 2006, 39 (6): 19 – 38.

Furchtgott – Roth D. The elusive and expensive green job [J]. Energy Economics, 2012, 34: S43 – S52.

Gaines L, Stodolsky F. Mandated recycling rates: Impacts on energy consumption and municipal solid waste volume [R]. Argonne National Lab., IL (United States), 1993.

Ge Y, Zhi Q. Literature review: The green economy, clean energy policy and employment [J]. Energy Procedia, 2016, 88 (Jun): 257 – 264.

George K, La Manna M M. Mixed duopoly, inefficiency, and public ownership [J]. Review of Industrial Organization, 1996, 11 (6): 853 – 860.

Goldstein J, Electris C, Morris J. More jobs, less pollution: Growing the recycling economy in the US [M]. Tellus Institute with Sound Resource Management, 2011.

Gu B, Wang H, Chen Z, et al. Characterization, quantification and management of household solid waste: A case study in China [J]. Resources, Conservation and Recycling, 2015, 98: 67 – 75.

Guo Y, Ren T. When it is unfamiliar to me: Local acceptance of planned nuclear power plants in China in the post – fukushima [J]. Energy Policy, 2017, 100: 113 – 125.

G. H C, P. S D. The role of majority shareholders in publicly held corporations: An exploratory analysis [J]. North – Holland, 1988 (20).

Harold, Demsetz, And, et al. Ownership structure and corporate performance Dividends and Expropriation [J]. Journal of Corporate Finance, 2001, 91 (1).

Harris J, Hassall M, Muriuki G, Warnaar – Notschaele C, Mcfarland E, Ashworth P. The demographics of nuclear power: Comparing nuclear experts', scientists' and non – science professionals' views of risks, benefits and values [J]. Energy Research & Social Science, 2018, 46: 29 – 39.

Hayashi M, Hughes L. The Fukushima nuclear accident and its effect on global energy security [J]. Energy Policy, 2013, 59: 102 – 111.

He B, Zhang Y, Sude Q. Overview of blockchain technology [R]. 2019.

Hsieh C T, Klenow P J. Misallocation and manufacturing TFP in China and India [J]. Quarterly Journal of Economics, 2009, 124 (4): 1403 – 1448.

Huang L, He R, Yang Q, Chen J, Zhou Y, Hammitt J K, Lu X, Bi J, Liu Y. The changing risk perception towards nuclear power in China after the Fukushima nuclear accident in Japan [J]. Energy Policy, 2018, 120: 294 – 301.

Huang L, Zhou Y, Han Y, Hammitt J K, Bi J, Liu Y. Effect of the Fukushima nuclear accident on the risk perception of residents near a nuclear power plant in China [J]. Proceedings of the National Academy of Sciences, 2013, 110 (49): 19742 – 19747.

Huddleston J R, Pangotra P P. Regional and local economic impacts of transportation investments [J]. Transportation Quarterly, 1990, 44 (4).

Hysa E, Kruja A, Rehman N U, et al. Circular economy innovation and environmental sustainability impact on economic growth: An integrated model for sustainable development [J]. Sustainability, 2020, 12 (12): 4831.

Irwin M D, Kasarda J D. Air passenger linkages and employment growth in US metropolitan areas [J]. American Sociological Review, 1991: 524 - 537.

Ivy R L, Fik T J, Malecki E J. Changes in air service connectivity and employment [J]. Environment and Planning A, 1995, 27 (2): 165 - 179.

Joskow P L, Parsons J E. The future of nuclear power after Fukushima [J]. Economics of Energy & Environmental Policy, 2012, 1 (2): 99 - 114.

Kammen D M, Engel D. Green jobs and the clean energy economy. 4. Copenhagen Climate Council Thought Leadership Series [R]. 2009.

Kessides I N. The future of the nuclear industry reconsidered: Risks, uncertainties, and continued promise [J]. Energy Policy, 2012, 48: 185 - 208.

Kim M - K, Kim T. Estimating impact of regional greenhouse gas initiative on coal to gas switching using synthetic control methods [J]. Energy Economics, 2016, 59: 328 - 335.

Kim Y, Kim M, Kim W. Effect of the Fukushima nuclear disaster on global public acceptance of nuclear energy [J]. Energy Policy, 2013, 61: 822 - 828.

Kongsamut P, Rebelo S, Xie D J R O E S. Beyond balanced growth [J]. Review of Economic Studies, 2001, 68 (4): 869 - 882.

Krugman P. The Myth of Asia's Miracle [J]. Foreign Affairs, 1994, 73 (6): 62 - 78.

Laes E, Meskens G, Van Der Sluijs J P. On the contribution of external cost calculations to energy system governance: The case of a potential large - scale nuclear accident [J]. Energy Policy, 2011, 39 (9): 5664 - 5673.

Langenhoven B, Dyssel M. The recycling industry and subsistence waste collectors: A case study of Mitchell's plain [C]. Urban Forum, 2007: 114 - 132.

Lee Y - H, Wang C - C. An evaluation of public attitude toward Nuclear Power after Fukushima Accident: Evidence from China Taiwan [J]. Asian Journal of Humanities and Social Studies (ISSN: 2321 - 2799), 2014, 2 (2).

Lee Y - H, Yu G - U, Kim M - S. Economic spillover effects of airport investment on regional production [J]. Journal of Korean Society of Transportation, 2005, 23 (2): 37 - 50.

Lehr U, Lutz C, Edler D. Green jobs? Economic impacts of renewable energy in Germany [J]. Energy Policy, 2012, 47: 358 - 364.

Li Z Y, Zhao T, Wang J, Cui X Y. Two - step allocation of CO_2 emission quotas in China based on multi – principles: Going regional to provincial [J]. Journal of Cleaner Production, 2021, 305.

Lins K V, Servaes H, Porta R L, et al. Is corporate diversification beneficial in emerging markets? Corporate ownership around the world [J]. Ssrn Electronic Journal, 2001, 54 (2).

Liu Y, Park S, Yi H, et al. Evaluating the employment impact of recycling performance in Florida [J]. Waste Management, 2020, 101: 283 – 290.

Ludwig C, Hellweg S, Stucki S. Municipal solid waste management: Strategies and technologies for sustainable solutions [M]. Springer Science & Business Media, 2012.

Mačiulis A, Vasiliauskas A V, Jakubauskas G. The impact of transport on the competitiveness of national economy [J]. transport, 2009, 24 (2): 93 – 99.

Markaki M, Belegri – Roboli A, Michaelides P, et al. The impact of clean energy investments on the Greek economy: An input – output analysis (2010—2020) [J]. Energy Policy, 2013, 57: 263 – 275.

Merrill W C, Schneider N. Government firms in oligopoly industries: A short – run analysis [J]. Quarterly Journal of Economics, 1966, 80 (3): 400 – 412.

Ming Z, Yingxin L, Shaojie O, Hui S, Chunxue L. Nuclear energy in the Post – Fukushima Era: Research on the developments of the Chinese and worldwide nuclear power industries [J]. Renewable & Sustainable Energy Reviews, 2016, 58: 147 – 156.

Morck R, Shleifer A, Vishny R W, et al. Management ownership and market valuation: An empirical analysis Governance Problems in Closely Held Corporations [J]. Journal of Financial and Quantitative Analysis, 1988, 20 (none): 0 – 315.

Moreira A M M, Günther W M R, Siqueira C E G. Workers' perception of hazards on recycling sorting facilities in São Paulo, Brazil [J]. Ciencia & Saude Coletiva, 2019, 24: 771 – 780.

Moreno B, Lopez A J. The effect of renewable energy on employment. The case of Asturias (Spain) [J]. Renewable and Sustainable Energy Reviews, 2008, 12 (3): 732 – 751.

Ngai L R, Pissarides C A. Structural change in a multisector model of growth [J]. American Economic Review, 2007, 97 (1): 429 – 443.

Nordian H, Bengtsson B. Occupational accidents and work – related diseases in Sweden. Swedish Work Environment Authority: Central supervision department [J]. Statistics Division, 2001.

Notter D A. Small country, big challenge: Switzerland's upcoming transition to sustainable energy [J]. Bulletin of the Atomic Scientists, 2015, 71 (4): 51 – 63.

Ouda O K, Rehan M, Nader N, et al. Environmental and economic benefits of recovered paper: A case study of Saudi Arabia [J]. Energy Procedia, 2017, 142: 3753 - 3758.

Patrick H. Jobs and the Environment [J]. Sierra Club Bulletin, 1975, 60: 25 - 29.

Percoco M. Airport activity and local development: Evidence from Italy [J]. Urban Studies, 2010, 47 (11): 2427 - 2443.

Pidgeon N F, Lorenzoni I, Poortinga W. Climate change or nuclear power—No thanks! A quantitative study of public perceptions and risk framing in Britain [J]. Global Environmental Change, 2008, 18 (1): 69 - 85.

Pociovălişteanu D M, Novo - Corti I, Aceleanu M I, et al. Employment policies for a green economy at the european union level [J]. Sustainability, 2015, 7 (7): 9231 - 9250.

Porter M E, Van Der Linde C. Toward a new conception of the environment - competitiveness relationship [J]. Journal of Economic Perspectives, 1995, 9 (4): 97 - 118.

Portney K E. Taking sustainable cities seriously [D]. Massachusetts Institute of Technology, 2003.

Ranis G, Fei J C. A theory of economic development [J]. The American Economic Review, 1961, 5 (13): 533 - 565.

Rasli A, Goh C F, Khan S U. Demystifying the role of a state ownership in corporate governance and firm performance: Evidence from the manufacturing sector in Malaysia [J]. Zbornik Radova Ekonomskog Fakulteta u Rijeci/Proceedings of Rijeka Faculty of Economics, 2013, 31 (2): 233 - 252.

Robertson J A. Airports and economic regeneration [J]. Journal of Air Transport Management, 1995, 2 (2): 81 - 88.

Sastresa E L, Usón A A, Bribián I Z, et al. Local impact of renewables on employment: Assessment methodology and case study [J]. Renewable and Sustainable Energy Reviews, 2010, 14 (2): 679 - 690.

Schuler R E, Holahan W L. Competition vs. vertical integration of transportation and production in a spatial economy [J]. Papers of the Regional Science Association, 1978, 41 (1): 209 - 225.

Sheard N. Airports and urban sectoral employment [J]. Journal of Urban Economics, 2014, 80: 133 - 152.

Sorensen B. Conditions for a 100% renewable energy supply system in Japan and South Korea [J]. International Journal of Green Energy, 2017, 14 (1): 39 - 54.

Srinivasan T, Rethinaraj T G. Fukushima and thereafter: Reassessment of risks of nuclear power [J]. Energy Policy, 2013, 52: 726 - 736.

Stavins R N. Environmental economics and public policy [M]. Robert Stavins, 2015.

Sulich A, Rutkowska M. Green jobs, definitional issues, and the employment of young people: An analysis of three European Union countries [J]. Journal of Environmental Management, 2020, 262: 110314.

Sun S, Li Y. An empirical analysis on influence of air transport development to Chinese economic growth [C]. 2011International Conference on E - Business and E - Government (ICEE), 2011: 1 - 4.

Tourkolias C, Mirasgedis S. Quantification and monetization of employment benefits associated with renewable energy technologies in Greece [J]. Renewable and Sustainable Energy Reviews, 2011, 15 (6): 2876 - 2886.

Trusts P C. The clean energy economy: Repowering jobs, businesses and investments across America [R]. Pew Charitable Trusts, Washington, DC, 2009.

Unay - Gailhard İ, Bojnec Š. The impact of green economy measures on rural employment: Green jobs in farms [J]. Journal of Cleaner Production, 2019, 208: 541 - 551.

Van Beukering P J, Bouman M N. Empirical evidence on recycling and trade of paper and lead in developed and developing countries [J]. World Development, 2001, 29 (10): 1717 - 1737.

Vaninsky A. Efficiency of electric power generation in the United States: Analysis and forecast based on data envelopment analysis [J]. Energy Economics, 2006, 28 (3): 326 - 338.

Vencatasawmy C P, Öhman M, Brännström T. A survey of recycling behaviour in households in Kiruna, Sweden [J]. Waste Management and Research, 2000, 18 (6): 545 - 556.

Viljoen K, Blaauw P, Schenck R. I would rather have a decent job: Potential barriers preventing street - waste pickers from improving their socio - economic conditions [J]. South African Journal of Economic and Management Sciences, 2016, 19 (2): 175 - 191.

Visschers V H, Siegrist M. How a nuclear power plant accident influences acceptance of nuclear power: Results of a longitudinal study before and after the Fukushima disaster [J]. Risk Analysis: An International Journal, 2013, 33 (2): 333 - 347.

Wallard H, Duffy B, Cornick P. After Fukushima—Global opinion on energy policy [R]. Ipsos Social Research Institute, Paris, 2012.

Wang Y L, Lei X D, Long R Y, Zhao J J. Green credit, financial constraint, and capital investment: Evidence from China's energy - intensive enterprises [J]. Environmental Management, 2020, 66 (6): 1059 - 1071.

White M D. Mixed oligopoly, privatization and subsidization [J]. Economics Letters, 1996, 53 (2): 189 - 195.

Yi H, Liu Y. Green economy in China: Regional variations and policy drivers [J]. Global

Environmental Change, 2015, 31: 11 - 19.

Yi H. Clean energy policies and green jobs: An evaluation of green jobs in US metropolitan areas [J]. Energy policy, 2013, 56: 644 - 652.

Yi H. Green businesses in a clean energy economy: Analyzing drivers of green business growth in US states [J]. Energy, 2014, 68: 922 - 929.

Yuan B L, Xiang Q L. Environmental regulation, industrial innovation and green development of Chinese manufacturing: Based on an extended CDM model [J]. Journal of Cleaner Production, 2018, 176: 895 - 908.

Yunos J M, Hawdon D. The efficiency of the National Electricity Board in Malaysia: An intercountry comparison using DEA [J]. Energy Economics, 1997, 19 (2): 255 - 269.

Zhu J, Krantzberg G. Policy analysis of China inland nuclear power plants' plan changes: From suspension to expansion [J]. Environmental Systems Research, 2014, 3 (1): 1 - 9.

Álvarez, L. J., Hurtado, S., Sánchez, I., Thomas, C. The impact of oil price changes on Spanish and Euro Erea Consumer Price Inflation [J]. Economic Modelling, Vol. 28, No. 2: 422 - 431.

图书在版编目（CIP）数据

畅通国内大循环的基础要素市场配置策略研究 / 李
程宇，严祥武著. —北京：中国农业出版社，2022.11
ISBN 978-7-109-30227-3

Ⅰ.①畅… Ⅱ.①李… ②严… Ⅲ.①生产要素市场
—市场配置—市场策略—研究—中国 Ⅳ.①F723.0

中国版本图书馆 CIP 数据核字（2022）第 218356 号

中国农业出版社出版

地址：北京市朝阳区麦子店街 18 号楼
邮编：100125
责任编辑：闫保荣
版式设计：杜　然　　责任校对：周丽芳
印刷：北京中兴印刷有限公司
版次：2022 年 11 月第 1 版
印次：2022 年 11 月北京第 1 次印刷
发行：新华书店北京发行所
开本：700mm×1000mm　1/16
印张：19
字数：326 千字
定价：78.00 元